Horst Hübel

Grundlagen der Quantenphysik

Das Schülerbuch

Grundlagen der Quantenphysik

Das Schülerbuch

Von
Horst Hübel
Würzburg

Bibliografische Information Der Deutschen Bibliothek

Die Deutsche Bibliothek verzeichnet diese Publikation in der Deutschen Nationalbibliografie; detaillierte bibliografische Daten sind im Internet über <http://www.dnb.ddb.de> abrufbar.

Das vorliegende Werk wurde sorgfältig erarbeitet. Dennoch übernehmen Autor und Verlag keinerlei Haftung für die Richtigkeit von Angaben, Ratschlägen und Hinweisen sowie für eventuelle Druckfehler.

Herstellung und Verlag:

Books on Demand GmbH, Norderstedt

ISBN-13: 978-3-8423-4748-9

Vorwort

In diesem Bändchen lernen Sie Grundlagen der Quantenphysik kennen, wie sie ca. seit den dreißiger Jahren des letzten Jahrhunderts in der Quantentheorie gelehrt werden. Die Quantentheorie befasst sich mit der physikalischen Mikrowelt, also mit Dingen, die sich unserer üblichen Erfahrung entziehen, u.a. weil sie zu klein sind. Es geht um Elektronen, Atome, Bestandteile von Atomen wie Protonen und Neutronen, kleine und große Moleküle, um „Lichtteilchen", so genannte Photonen, und viele andere Teilchen. Sie haben Eigenschaften, die Gegenstände unserer Erfahrungswelt, der Makrophysik, nicht haben, die aber wesentlich sind für den Bau aller dieser Gegenstände. Sie sind die Grundlage für viele technische Anwendungen.

Es geht hier nicht um die Frage, ob Elektronen oder Photonen Teilchen oder Wellen *sind*. Seit den 30-er Jahren des letzten Jahrhunderts, also seit Etablierung der gängigen Quantentheorie, ist es klar, dass Elektronen oder Photonen oder große Moleküle zwar Teilchen im Sinn der Quantenphysik sind, weil sie gezählt werden können, aber mit Sicherheit keine klassischen Teilchen und keine klassischen Wellen.

Hier müssen Sie umlernen. Von den Gegenständen unserer Umwelt und Ihren bisherigen physikalischen Kenntnissen haben Sie Erfahrungen, die Sie natürlich gern auf die Gegenstände der Mikrowelt übertragen würden. Aber es ist lediglich eine Vermutung, eine falsche sogar, dass solche Erfahrungen auch in der Mikrowelt noch gelten. Es wird sich herausstellen, dass Mikroteilchen nicht alle Eigenschaften von Teilchen aus Ihrer Erfahrungswelt haben, und vor allem: nicht alle gleichzeitig.

Sie sollen stattdessen lernen, was man wirklich über Quantenteilchen aussagen kann, nicht was sie sind. Ein Zitat des Forschers A. Zeilinger in seinem Artikel „Quantum Teleportation", Scientific American, April 2000, S. 32 – 41 belegt das:

"Indeed, following Bohr, I would argue that we can understand quantum mechanics, if we realize that science is not describing how nature is but rather expresses what we can say about nature."

Aus der Quantenphysik ergeben sich Möglichkeiten, die schon jetzt Ihre technische Umwelt gestalten, vom Laserpointer bis zum PC und zum Handy. Sie werden in Ihrem Leben höchstwahrscheinlich Anwendungen dieser neuen Erkenntnisse erleben, die für Sie noch revolutionärer sein werden als für Ihre Eltern die Einführung des PCs.

Berechnungen von Wahrscheinlichkeiten mit Hilfe von Schrödinger-Gleichung, Zeiger-Diagrammen und anderen Verfahren scheinen dem Autor für diesen Kurs sekundär, aber durchaus interessant und einen Schritt weit auch für Sie zugänglich zu sein. Der Anhang und viele Unterrichtsmaterialien in Büchern des Autors und im Internet ermöglichen Ihnen auch hier einen Zugang, der sich organisch in das angestrebte Konzept einfügt.

Das hier für den Schulunterricht an Gymnasien umgesetzte „**Würzburger Quantenphysik-Konzept**" mit den Kernpunkten „Heuristische Methoden" und „Grundfakten der Quantenphysik", finden Sie im Internet vor allem unter folgender Adresse:

http://www.forphys.de/Website/qm/inhalt.html

Eine Druckversion dieses Konzepts steht bereit in dem Buch

Was Sie schon immer über Quanten wissen wollten, von Horst Hübel, erschienen bei Books on Demand, Norderstedt, 2009, **ISBN 978-3-8370-8714-7**

Unterrichtsmaterialien dazu wurden schon früher beim gleichen Verlag veröffentlicht:

Schüleraktivierende Unterrichtsmaterialien, Band 1, Auf dem Weg zur Quantenphysik, ISBN 978-3-8370-1320-7

Schüleraktivierende Unterrichtsmaterialien, Band 2, Heuristische Methoden, ISBN 978-3-8370-0630-8

Schüleraktivierende Unterrichtsmaterialien, Band 3, Atomphysik, ISBN 978-3-8370-1321-4

Ihr Lehrer wird aus den vorgeschlagenen Unterrichtsmaterialien und anderen auswählen, was für Sie und Ihren Kurs besonders zweckmäßig ist.

Im Internet finden Sie auch **Simulationsprogramme** vom Autor und von anderen, auf die im Text immer wieder Bezug genommen wird. Es dürfte nicht schwer sein, sie mit einer Suchmaschine zu finden.

Im Internet stehen zahlreiche Materialien zur Verfügung, die genau das vorgeschlagene Konzept unterstützen, neben vielen anderen, die andere Konzepte favorisieren und deshalb oft Sprechweisen verwenden, die Sie verwirren könnten.

Insbesondere das Glossar (eine Art kurz gefasstes Lexikon für die wichtigsten einschlägigen Fachbegriffe):

http://www.forphys.de/Website/qm/glossar.html

und die Liste von wissenschaftlichen Experimenten:

http://www.forphys.de/Website/qm/liste2.html

scheinen nützlich.

Wenn Sie im Internet nach weiteren Informationen suchen, empfiehlt es sich das jeweilige Stichwort und „forphys" in Ihre bevorzugte Suchmaschine einzugeben. Dann stoßen Sie höchstwahrscheinlich auf passende Texte des Autors zu diesem Konzept.

Natürlich vertreten auch viele andere Texte eine richtige Sicht der Quantenphysik. Oft muss man aber etwas vorsichtig sein mit den dort angewandten Sprechweisen, die ihren Sinn haben, wenn man sie richtig interpretiert. In einigen Fällen sollte man sie nicht wörtlich nehmen, sondern nur als Metapher für etwas anderes.

Mit dem „**Würzburger Konzept der Quantenphysik**" wurde meines Erachtens ein Konzept gefunden, das relativ eindeutig mit einer relativ klaren Sprache die Grundfakten der Quantenphysik korrekt formuliert.

Viel Erfolg beim Studium,   Horst Hübel

Inhaltsverzeichnis

1 Elektromagnetische Strahlung

1.1 Wiederholung der Interferenz bei klassischen Wellen

Es geht dabei um folgende Stichworte aus dem letzten Kurs (Eventuell lesen Sie im Anhang D noch einmal nach):

- Überlagerungsprinzip
- Zweizentren-Interferenz bei Schall / Ultraschall (Experimente)
- Interferenzbedingungen für Minima und Maxima
- Doppelspalt-Versuch: Aus einer Quelle mache zwei! (Bezeichnungen: D Schirmabstand, d Spaltabstand, Δ Abstand des Beobachtungspunktes von der Symmetrieachse auf dem Schirm)
- Wellenlängenmessung von Schall / Ultraschall (Experimente)
- Parallelen- und Kleinwinkelnäherung

1.2 Doppelspalt-Versuch mit klassischen Teilchen

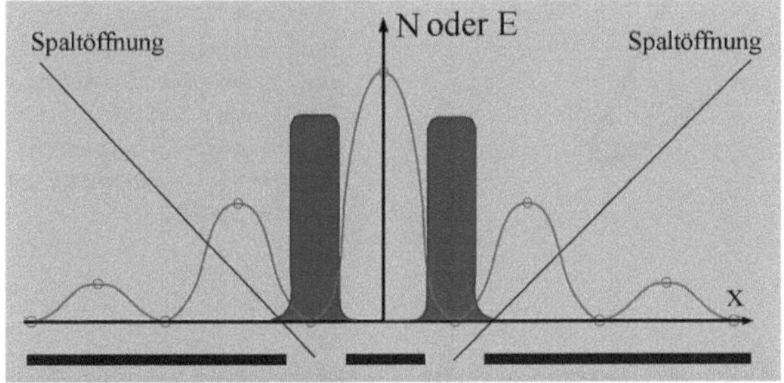

Abb. 1: Doppelspalt-Versuch mit klassischen Teilchen (Farbtröpfchen, Sandkörner, Schrotkugeln, ...) und einer klassischen Welle. N ist die Teilchenzahl, E die Energie. Klassische Teilchen sind fast ausschließlich direkt hinter der Spaltöffnung zu finden.

Durchstrahlt man einen Doppelspalt mit klassischen Teilchen wie Sandkörnern aus einer Sandstrahlpistole, Schrotkugeln aus einem Jagdgewehr oder Farbtröpfchen aus einer Farbsprühdose, so werden sich die Teilchen überwiegend direkt hinter den Spalten sammeln. Nur einige wenige werden vielleicht an den Spalträndern abgelenkt und „verschmieren" etwas die Verteilung der nachgewiesenen Teilchen.

Mit einem Simulationsprogramm, das Sie aus dem Internet herunterladen können, lassen sich diese und ähnliche Versuche in der Simulation durchführen (**DOPPEL-SPALT** von Muthsam).

Im Diagramm (Abb. 1) ist als Ergebnis die Teilchenzahl N in Abhängigkeit vom Ort x auf einem Schirm dargestellt. Ein Diagramm mit der an den Schirm übertragenen Energie E in Abhängigkeit vom Ort x auf dem Schirm hätte einen ganz ähnlichen Verlauf, wenn jedes Teilchen etwa die gleiche Energie hätte.

Auch bei einer klassischen Welle kann man die an den Schirm übertragene Energie in Abhängigkeit vom Ort x eintragen. Die Funktion hätte einen völlig anderen Verlauf mit Maxima und Minima.

> **Mit Hilfe der Interferenz lässt sich zwischen einer Strahlung von klassischen Teilchen und klassischen Wellen entscheiden:**
> **Klassische Teilchen zeigen keine Interferenz.**

1.3 Elektromagnetische Wellen

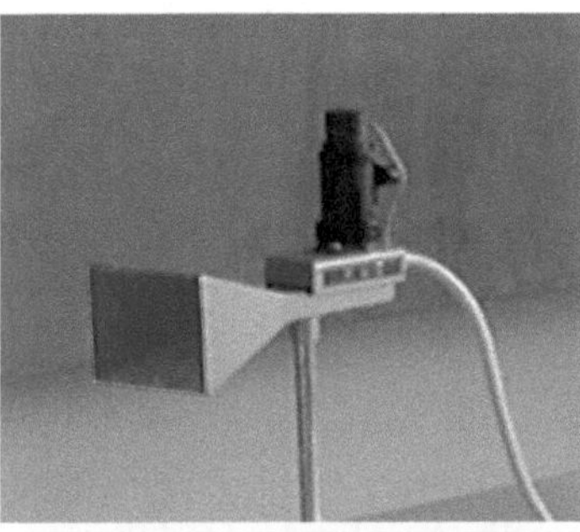

Abb. 2: Sender (oben) und Empfänger (unten) für Mikrowellen. Kern des Senders ist ein so genanntes Klystron (schwarz), das die hochfrequenten Schwingungen erzeugt.

Frequenzbestimmendes Element ist hier nicht ein Schwingkreis aus Spule und Kondensator, sondern ein quaderförmiger Hohlraum (hier unter dem Klystron). Die trichterförmigen Gebilde dienen zum Abstrahlen bzw. Auffangen der Mikrowellen.

1.3.1 Lassen sich bei der Dipolstrahlung Wellen*erscheinungen* nachweisen?

Wie sieht es denn jetzt mit Dipolstrahlung aus? Bei älteren Fernseh- oder UKW-Antennen ist Ihnen vielleicht aufgefallen, dass ein ganzes System von parallelen Dipolstäben angebracht ist, deren Senkrechte in eine bestimmte Richtung zeigt. Sie wissen vielleicht, dass man einen solchen Satz von Dipolstäben verwendet um die Richtwirkung der Antenne zu erhöhen. Sie empfängt dann besonders wirkungsvoll Sender aus der senkrechten Richtung und nimmt seitwärts einfallende Rundfunkstrahlung nur schwach auf. Hat das vielleicht etwas mit Interferenz zu tun?

Klarer wäre die Situation, wenn man zwei parallel ausgerichtete gleiche Sendedipole in einem gewissen Abstand aufstellen und durch den gleichen Sender versorgen würde. Würde sich dann ein Empfangsdipol parallel zur Verbindungslinie beider Sendedipole bewegen, dann müsste man abwechselnd Minima und Maxima feststellen können, wie beim entsprechenden Versuch mit Lautsprechern und Ultraschall (11. Klasse), wenn hier Interferenz entstünde.

Tatsächlich könnte man das beobachten. Allerdings wäre die Versuchsanordnung bei den meterlangen UKW-Wellen ziemlich groß und wäre nur schwer im Labor zu erreichen – ganz zu schweigen von Mittelwellen mit Wellenlängen im 100m-Bereich. Das Prinzip wurde jedoch angeblich in Kalifornien angewandt um eine Stadt mit einem Fernsehprogramm zu versorgen, die längs eines schmalen Küstenstreifens gebaut worden war. Niemand hatte ein Interesse daran, auch die dahinter liegende Wüste oder das davor liegende Meer mit Fernsehsendungen zu versorgen. Man stellte also zwei Sendeantennen so auf, dass die Stadt längs des zentralen Maximums verlief. Wo mussten dann die beiden Sendeantennen stehen?

Versuch: In der Schule kann man die Interferenz von elektromagnetischen Wellen leichter mit kürzeren Wellen zeigen, mit Wellen im dm- oder gar cm-Bereich. Statt zweier Sender nimmt man dann am besten einen Doppelspalt, der von dem einen Sender möglichst gleichmäßig "ausgeleuchtet" wird. cm-Wellen werden mit einem **Klystron** erzeugt (Abb. 2).

Verwendet man einen mit einem 50 Hz-Signal (bzw. 100 Hz-Signal) modulierten Mikrowellensender (Wellenlänge ca. 3 cm), dann kann man die Amplitude der Überlagerung auch hörbar machen: In den Maxima hört man den 50-Hz-Ton (bzw. 100-Hz-Ton) besonders laut.

Auch manche Mikrowellenherde erzeugen die Mikrowellen durch ein dem Klystron verwandtes Gerät, ein Magnetron, oder durch ein Halbleiterbauelement.

1.3.2 Entdeckung der elektromagnetischen Wellen

Im Prinzip ähnliche Versuche hatte **Heinrich Hertz 1886** durchgeführt und damit gezeigt, dass es elektromagnetische Wellen gibt. Diese Entdeckung beruhte auf einem glücklichen Zusammenspiel von Theorie und Experiment. Der Schotte **James Clark Maxwell** hatte wenige Jahrzehnte zuvor eine Theorie der Elektrizität und des Magnetismus entwickelt.

'Theorie' heißt dabei das Gesamtsystem von Gesetzmäßigkeiten und Gleichungen, mit dem sich die gesamte Elektrizität und der Magnetismus beschreiben lassen sollte.

Unerwarteterweise hatten seine Gleichungen ergeben, dass es – bis dahin noch unbekannte - elektromagnetische Wellen geben müsste. Indem Heinrich Hertz in Karlsruhe diese Wellen als erster technisch erzeugt und nachgewiesen hat, ist ihm nicht nur eine technische Erfindung gelungen, die aus unserem Leben nicht mehr wegzudenken ist, sondern er hat auch die Maxwell'sche Theorie des Elektromagnetismus glänzend bestätigt. Sie heißt immer noch 'Theorie', weil sie bestätigt ist. Anders als in der Umgangssprache ist 'Theorie' in der Wissenschaft ein (weitgehend) gesichertes und abgeschlossenes Gesamtgebäude von Ideen und Gesetzmäßigkeiten, klar zu unterscheiden von ungesicherten Hypothesen.

> Es gibt elektromagnetische Wellen. Sie eignen sich zur Übertragung von Nachrichten, Energie und Impuls.

Im letzten Kurs hatten wir versuchsweise rechnerisch die elektrische und die magnetische Feldkonstante kombiniert: Für $1/\sqrt{\varepsilon_0 \cdot \mu_0}$ hatten wir die Lichtgeschwindigkeit $c = 3 \cdot 10^8$ m/s erhalten. Rechnen Sie's mit $\varepsilon_0 = 8{,}85 \cdot 10^{-12}$ Vs/Am und $\mu_0 = 12{,}56 \cdot 10^{-7}$ As/Vm noch einmal nach! Der Grund ist genau der, dass sich bei elektromagnetischen Wellen elektrische und magnetische Felder gegenseitig bei der Ausbreitung helfen. **E** und **B** sind durch ε_0 und μ_0 bestimmt. Maxwells Theorie zeigt, wie sich dadurch die Lichtgeschwindigkeit ergibt: $1 / \sqrt{\varepsilon_0 \cdot \mu_0} = c$. Das wollen wir hier aber nicht weiter untersuchen. Wir wiederholen einige andere Eigenschaften.

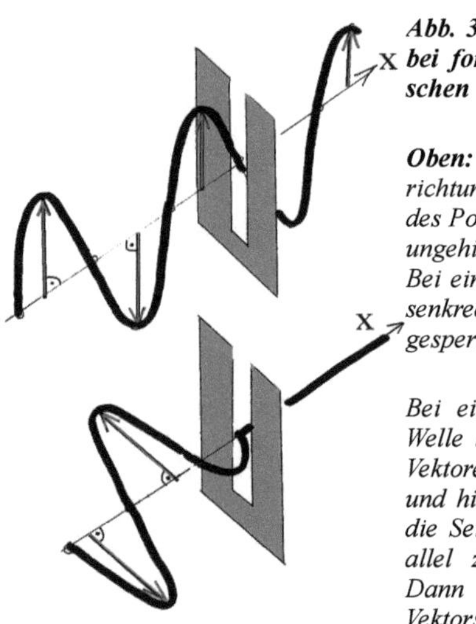

Abb. 3: (Lineare) Polarisation bei fortschreitenden mechanischen Wellen:

Oben: *Bei einer Schwingungsrichtung parallel zum Schlitz des Polarisators kann die Welle ungehindert passieren.* ***Unten:*** *Bei einer Schwingungsrichtung senkrecht zum Schlitz wird sie gesperrt.*

Bei einer linear polarisierten Welle liegen alle Auslenkungs-Vektoren in einer Ebene. Im und hinter dem Schlitz können die Seilteilchen höchstens parallel zum Schlitz schwingen. Dann ist die Komponente des Vektors der Auslenkung parallel zum Schlitz.

1.3.3 Eigenschaften elektromagnetischer Wellen

1. Im Vakuum haben elektromagnetische Wellen die gleiche Ausbreitungsgeschwindigkeit wie Licht: $c = 3 \cdot 10^8$ m/s.

2. **E** und **B** schwingen senkrecht zur Ausbreitungsrichtung: Elektromagnetische Wellen sind Transversalwellen. Sie können polarisiert werden, d.h. durch einen Polarisator treten ausschließlich Wellen, deren **E**-Vektor in eine bestimmte Richtung schwingt, der Polarisationsrichtung. (Richtung des **E**-Vektors und Polarisationsrichtung sollen übereinstimmen.) Für cm- oder dm-Wellen ist z.B. ein Satz von gut leitenden parallelen Stäben ein Polarisator.

Entscheiden Sie: Schwingt der **E**-Vektor der durchgelassenen Strahlung parallel oder senkrecht zur Orientierung der Stäbe?

Natürlich senkrecht. Denn die parallele Komponente von **E** würde in den Stäben erzwungene Schwingungen anregen (das elektrische Feld übt Kräfte auf die Leitungselektronen in den Stäben aus und lässt sie parallel zu den Stäben schwingen). Dann würden die Stäbe wie Dipole

Abb. 4: Zirkulare Polarisation bei fortschreitenden mechanischen Wellen:

Bei einer zirkular polarisierten Welle beschreiben die Spitzen der Auslenkungs-Vektoren eine Schraubenlinie. Nur die Komponente der Schwingungsrichtung parallel zum Schlitz kann passieren. Aus einer zirkular polarisierten Welle entsteht durch den Polarisator eine linear polarisierte Welle. Ein nachfolgender Analysator sperrt die so entstandene linear polarisierte Welle dann, wenn sein Schlitz senkrecht auf der Schwingungsrichtung steht.

Bei elektromagnetischen Wellen gelten die Aussagen analog statt für den Auslenkungs-Vektor für den E-Feld-Vektor. Allerdings braucht man andersartige Polarisatoren.

wirken und ihrerseits elektromagnetische Wellen abstrahlen, aber mehr oder weniger in alle Richtungen um den Stäbequerschnitt. In Durchlassrichtung würde kaum Energie zur Verfügung stehen. Genauere Überlegungen zeigen sogar, dass die Strahlung fast vollständig vom Polarisator reflektiert wird.

3. Wie Licht können elektromagnetische Wellen an glatten Flächen reflektiert oder an Grenzflächen zwischen

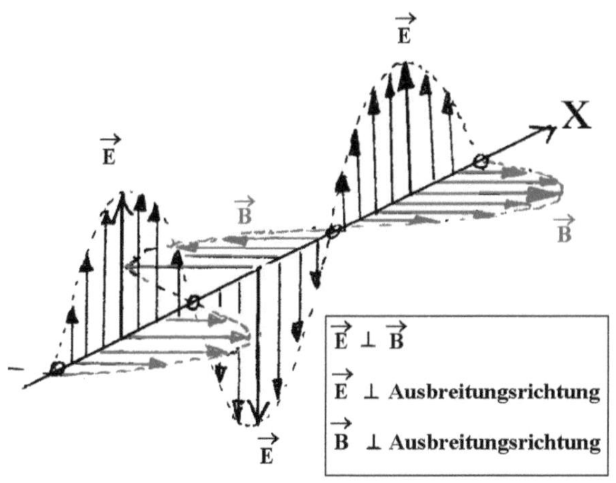

Momentaufnahme des Fernfelds:

überall stehen die Vektoren der elektrischen und magnetischen Feldstärke aufeinander senkrecht. Im Fernfeld sind sie auch zueinander in Phase

Abb. 5: *Fernfeld einer elektromagnetischen Welle*

zwei Medien gebrochen werden. Das ähnelt um so mehr den Verhältnissen bei Licht, je kleiner die Wellenlänge ist.

Hinweis: *In der Nähe eines Dipols* (Nahfeld) erzeugen und vernichten sich elektrische und magnetische Felder *abwechselnd* gegenseitig (siehe Maxwell-Gleichungen – Kasten unten).

Im Fernfeld dagegen (Abb. 5), wo wir bei Licht normalerweise beobachten, erreichen beide Felder, **E** und **B**, gleichzeitig ihren Maximalwert bzw. die Nullstellen (**E** und **B** sind in Phase). Die **E**-und **B**-Felder stehen immer senkrecht aufeinander und senkrecht zur Ausbreitungsrichtung. Das gilt bei einer linear polarisierten Welle.

Hinweis: Bei einer mechanischen Welle war die Auslenkung eines Teilchens an einem Ort x zur Zeit t gegeben durch

$$y(x,t) = A \cdot \sin[2 \cdot \pi \cdot (x/\lambda - t/T)],$$

wobei A die Amplitude, λ die Wellenlänge und T die Schwingungsdauer. In der gleichen Weise hängen bei einer sinusförmigen elektromagnetischen Welle - z.B. im Fernfeld - die elektrische Feldstärke **E** und die magnetische Flussdichte **B** von Ort x und Zeit t ab:

$$E(x,t) = E_0 \cdot \sin[2 \cdot \pi \cdot (x/\lambda - t/T)]$$
$$B(x,t) = B_0 \cdot \sin[2 \cdot \pi \cdot (x/\lambda - t/T)]$$

Die Amplituden sind dabei durch die Beträge von Vektoren gegeben: $E_0 = /\mathbf{E}_0/$ und $B_0 = /\mathbf{B}_0/$.

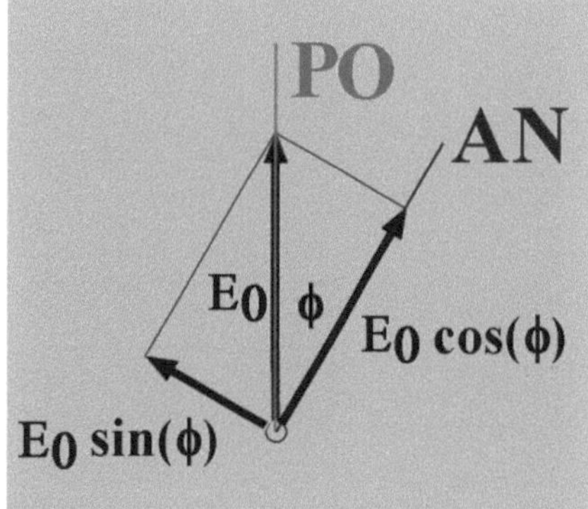

Abb. 6: *Berechnung der Amplitude des durch den Polarisator AN gelangenden Anteils der elektromagnetischen Welle, die der Polarisator PO durchgelassen hat.*

Bei einer linear polarisierten Welle (und nur solche betrachten wir), sind $\mathbf{E}_0$ und $\mathbf{B}_0$ konstant. Sie zeigen jeweils immer in die gleiche Richtung.

Sie verstehen jetzt, dass Interferenzfähigkeit von Wellen und die spezielle Abhängigkeit von Ort x und Zeit t auch bei elektromagnetischen Wellen zusammengehören, wie Sie das schon für mechanische Wellen kennen gelernt haben.

Andere Wellen verhalten sich unterschiedlich. Bei einer Schallwelle in Gasen schwingen die Gasteilchen um ihre Ruhelage in Ausbreitungsrichtung *hin und her* (Longitudinalwelle). Die Seilwelle wie die elektromagnetische Welle ist dagegen eine Transversalwelle. Bei der Seilwelle schwingen Teilchen des Seils quer zur Ausbreitungsrichtung. Bei elektromagnetischen Wellen bewegt sich dagegen nichts Materielles, auch nicht *quer zur Ausbreitungsrichtung*. Lediglich die quer gerichteten Felder **E** und **B** verändern sinusförmig ihren Wert.

Natürlich bewegt sich bei einer elektromagnetischen Welle wie schon bei einer Seilwelle oder einer Schallwelle nichts Materielles über größere Distanzen *in* Ausbreitungsrichtung. Aber die Stelle mit einer bestimmten, z.B. maximalen, elektrischen oder magnetischen Feldstärke "wandert" *in* Ausbreitungsrichtung.

So wird dann auch Energie und Impuls in Ausbreitungsrichtung transportiert, häufig auch Nachrichten.

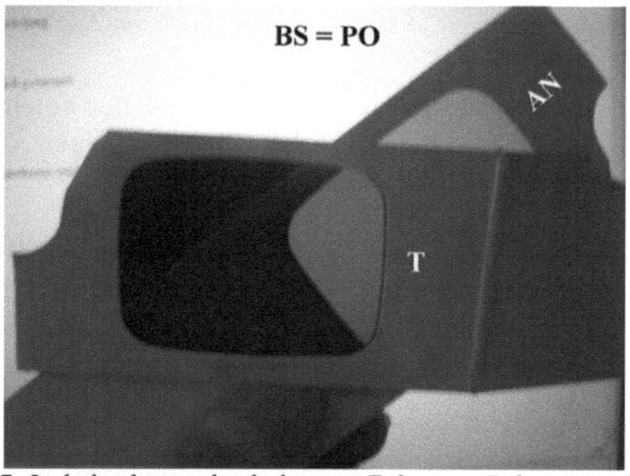

1.4 Die Lichtgeschwindigkeit geht bei Radiowellen ein? Lässt sich Licht etwa auch durch elektromagnetische Wellen beschreiben?

1.4.1 Doppelspalt-Versuch mit Licht

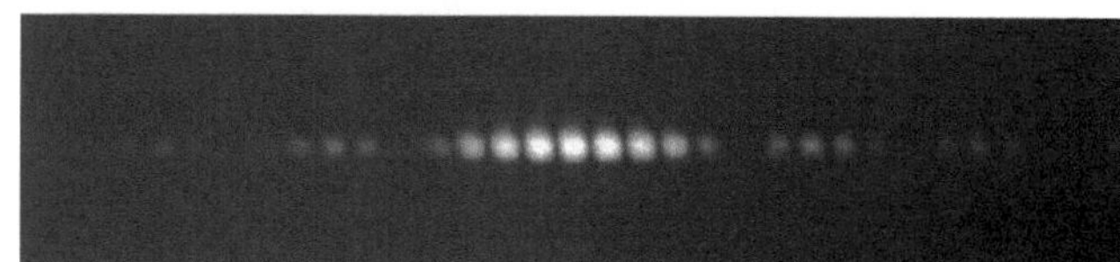

Abb. 8: Schirmbild bei Durchstrahlung eines Doppelspalts mit dem Laser

V Wie Thomas Young das schon um 1800 machte, durchstrahlen wir einen Doppelspalt mit einfarbigem Licht, heutzutage mit einem Laser.

E Bei geeignetem Spaltabstand d beobachten wir ein Punktemuster mit hellen Maxima und dunklen Minima (Abb. 8). Wegen der Interferenz ist klar:

> Licht ist kein Strom von klassischen Teilchen.

Licht als Strom kleiner klassischer Teilchen war eine Vermutung, die Newton in seiner „Optik" ausgesprochen hatte und lange diskutiert wurde. Sie ist seit den Doppelspalt-Versuchen von Young also endgültig widerlegt.

Auch Lichtwellen haben eine bestimmte Wellenlänge λ. Sie bestimmt - zusammen mit dem Spaltabstand d und dem Schirmabstand D - die Abstände der Maxima des Interferenzbilds. Lichtwellen breiten sich im Vakuum mit der Lichtgeschwindigkeit c aus. Sie sind Transversalwellen, weil sie z.B. mit Polarisationsfolien polarisiert werden können. Gleiches gilt, entsprechend modifiziert, für alle anderen elektromagnetischen Wellen.

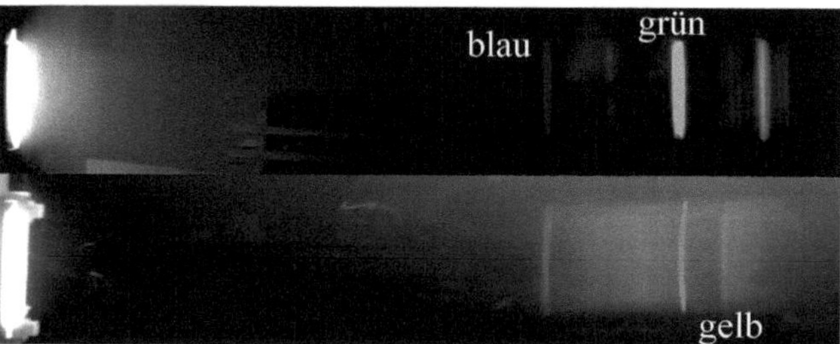

Abb. 9: Vergleich der Spektren einer Energiesparlampe (oben) mit dem einer gewöhnlichen Leuchtstoffröhre (Hg-Dampf). Man kann ahnen, dass die erste Lampe neben anderen Gasen ein wenig Hg enthält. Die gelbe Linie ist erahnbar.

Abb. 10: Spektrum einer Leuchtstoffröhre. Die Linien verraten eindeutig, dass die Leuchtstoffröhre mit Quecksilberdampf gefüllt ist. Dass die gelbe Doppellinie im Originalfoto grünlich erscheint und die violetten Linien fehlen ist eine Eigenheit der verwendeten Kamera.

Abb. 7: Lichtdurchgang durch die zwei Teile einer Polarisationsbrille. Polfilter T allein sperrt alles Licht vom Bildschirm BS eines Notebooks. Polfilter AN lässt einen Teil des Lichts vom Bildschirm BS durch. BS wirkt als Polarisator PO.

1.4.2 Polarisierbarkeit von Licht

Vom LCD-Bildschirm Ihres Notebooks oder PCs geht polarisiertes Licht aus. Sie finden das heraus, wenn Sie durch einen Polarisator (z.B. von einer billigen Polarisationsbrille) den Bildschirm betrachten (Abb. 7). Sie finden eine Orientierung des Polarisators, bei der quasi alles Licht hindurch tritt und eine Orientierung, bei der quasi alles Licht vom Bildschirm gesperrt wird.

Versuch: Nehmen Sie ein Polarisator-Analysator-Paar mit einstellbarer Polarisationsrichtung. Den Polarisator verlässt polarisiertes Licht. Beobachten Sie qualitativ, wie sich die Intensität des durchgelassenen Lichts ändert, wenn sie den Analysator um einen Winkel α gegenüber dem Polarisator drehen. Passt das Ergebnis zu Aufgabe 1.4.5 Nr. 10? Beachten Sie: „Intensität" wird hier im Sinn von Energie pro m² und s gebraucht. Sie ist proportional zum Amplitudenquadrat! Polarisator-Analysator-Paare verwendet man auch um die durchgelassene Intensität in einstellbarem Maße zu verringern (vgl. Kap. 2.3).

1.4.3 Interferenz am Einzelspalt

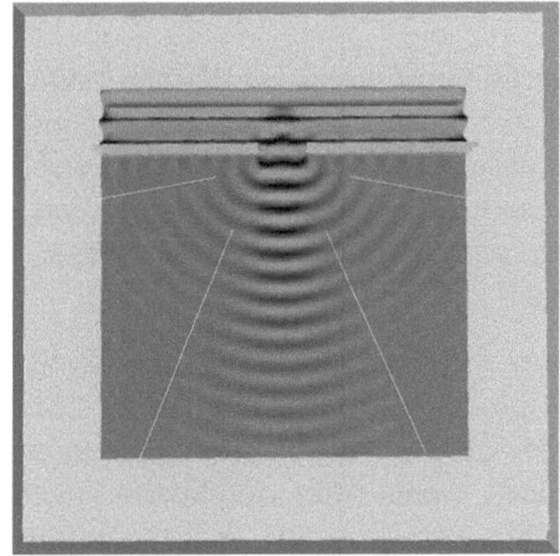

Abb. 11: *Simuliertes Experiment mit Wasserwellen (Programm WEL-LENWANNE von Martin Pabst): Beugung und Interferenz am Einfachspalt. Die Lage der Minima (Wasseroberfläche ständig in Ruhe) ist eingezeichnet.*

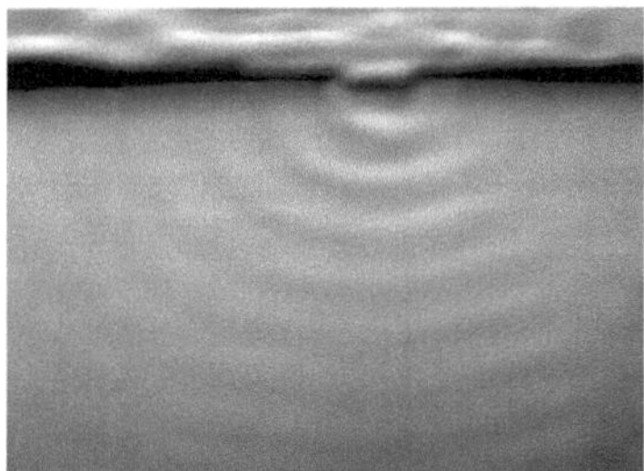

Abb. 12: *Realexperiment mit Wasserwellen: Beugung und Interferenz am Einfachspalt*

Wenn wir uns an Wasserwellen erinnern (Abb. 11, 12), vermuten wir, dass auch die an einem Einfachspalt nach Huygens gebeugten Lichtwellen Interferenz zeigen müssten. Ein qualitativer Versuch bestätigt das (Abb. 13).

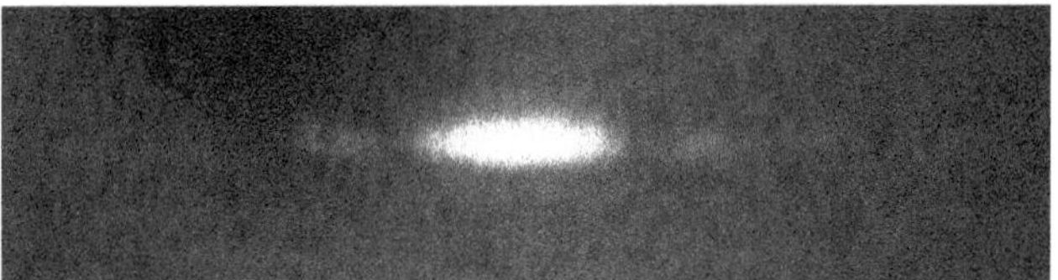

Abb. 13: *Beugung und Interferenz am Einfachspalt: Das also zeigt ein Experiment mit Lichtwellen (Laserlicht). Vergleichen Sie mit Abb. 8!*

1.4.4 Kohärenzbedingungen

Lichtwellen können sich immer überlagern. Aber nicht jedes Licht ist interferenzfähig:

a) Interferenz setzt gleiche Wellenlänge und gleiche Polarisation (gleiche Richtung des E-Vektors) der interferierenden Wellen voraus.

b) Es setzt ferner voraus, dass sich die Wellenzüge von den zwei Quellen (Spalten) auch im Beobachtungspunkt treffen. Von Wellenzügen spricht man, wenn die Wellen eine endliche Länge haben, z.B. 1000 Wellenlängen λ lang. Die Emission einer elektromagnetischen Welle durch ein Atom dauert typisch 10^{-8} s. In dieser Zeit schreitet die Wellenfront um $3 \cdot 10^8$ m/s$\cdot 10^{-8}$ s = 3 m fort und endet mit dem Emissionsvorgang. Wenn aber die Welle vom Zentrum A erst beim Beobachtungspunkt P eintrifft, wenn dort die Welle vom Zentrum B bereits vollständig durchgelaufen ist, können sich die beiden Wellenzüge nicht gegenseitig auslöschen. Wenn die Wellenzüge so lang sind, dass sich mindestens ein Teil von ihnen im Beobachtungspunkt P trifft, nennt man die beiden Wellen **zeitlich kohärent**.

c) Es setzt ferner voraus, dass die Lichtquelle nicht allzu groß ist. Seitlich nebeneinander liegende Punkte einer Lichtquelle erzeugen ja beim gleichen Doppelspalt auch seitlich gegeneinander versetzte Interferenzfiguren. Es sollte nicht vorkommen, dass Licht vom rechten Rand der Lichtquelle seine Maxima gerade dort hat, wo Licht vom linken Rand der Lichtquelle seine Minima hat. Dann würde bestenfalls eine sehr verwaschene Interferenzfigur entstehen. Wenn das nicht der Fall ist, spricht man von **räumlicher Kohärenz**. In Interferenzanordnungen verwendet man häufig einen engen **Kohärenzspalt**, der als enge Lichtquelle wirkt, so dass die Maxima von allen Punkten der Lichtquelle ungefähr gleiche Position haben.

Hinweis: Normales Licht einer Glühlampe etwa oder von der Sonne ist **inkohärent**. Es besteht aus einem Gewirr von Wellenzügen recht kurzer Länge (wenige m) mit den unterschiedlichsten Frequenzen bzw. Wellenlängen λ. Auch die Richtung des elektrischen oder des magnetischen Feldvektors ist bei jedem Wellenzug anders. (Jeder Wellenzug ist anders polarisiert). Es handelt sich um so genanntes thermisches Licht.

Beim **kohärenten Licht** eines Lasers sind die Wellenzüge sehr lang (einige hundert Meter), von einheitlicher Wellenlänge λ (Farbe) und häufig mit stets gleich ausgerichtetem E-Vektor (gleicher Polarisation).

Versuch:

Es soll die Wellenlänge von Laserlicht mit dem Doppelspalt gemessen werden. Dazu wird die Interferenzfigur mit der Parallelen- und der Kleinwinkelnäherung ausgewertet (Abb. 14).

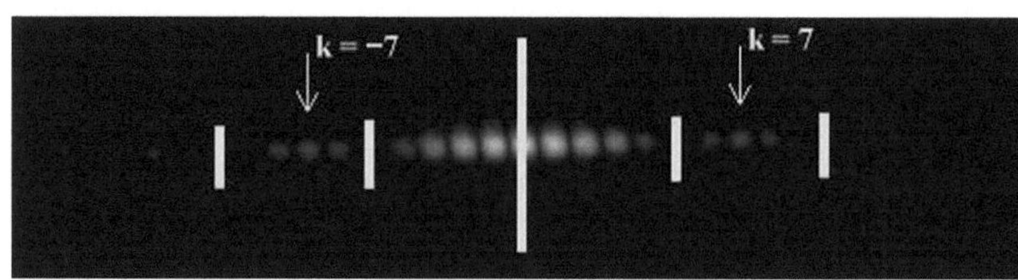

***Abb. 14:** Verwendet wird ein Doppelspalt mit dem Spaltabstand d = 6,0·10⁻⁴ m. Der Abstand des Doppelspalts vom Schirm beträgt D = 7,0 m. Für die Ordnung n = 7 messen Sie Δ = 5,3 cm. Berechnen Sie die Wellenlänge λ in Kleinwinkelnäherung! Es sollte etwas in der Größenordnung von 600 nm herauskommen.*

Wenn Sie sich nicht mehr sicher sind, wie der Versuch ausgewertet wird, schlagen Sie bitte in Ihrem Heft oder Buch bei der Wellenlehre der Mechanik nach. Eine so genannte „Kurzherleitung" mit Formeln ohne Begründung finden Sie aber auch im Kasten auf Seite 14/Anhang D..

Wiederholen Sie die **Maxwell-Gleichungen im Vakuum**, die Grundlage sind für die Ausbreitung von elektromagnetischen Wellen. Sie lauten ganz grob etwa wie im folgenden Kasten.

Maxwell-Gleichungen im Vakuum
1. Elektrische Ladungen sind Quellen und Senken des elektrischen Feldes. (Elektrische Feldlinien gehen von positiven Ladungen aus und enden an negativen Ladungen.)
2. Es gibt keine magnetischen Ladungen. Magnetische Felder können nur ringförmig in sich geschlossene Feldlinien haben.
3. Ein zeitlich sich änderndes magnetisches Feld erzeugt ringfömig geschlossene elektrische Felder (Induktionsgesetz).
4. Ein zeitlich sich änderndes elektrisches Feld oder ein elektrischer Strom erzeugen ringförmig geschlossene magnetische Felder (Maxwell'sche Ergänzung und Ampere'sches Gesetz).

Sie erinnern sich: Für die Wellenausbreitung sind vor allem die Gesetze 3 und 4 wesentlich. Elektrische und magnetische Felder erzeugen sich gegenseitig, wenn sie sich zeitlich verändern.

1.4.5   Aufgaben

1. Berechnen Sie die Lichtgeschwindigkeit c im Vakuum aus der elektrischen Feldkonstanten ε_0 = 8,85·10⁻¹² A·s/V·m und der magnetischen Feldkonstanten μ_0 = 12,56·10⁻⁷ V·s/A·m (c = $1/\sqrt{(\varepsilon_0 \cdot \mu_0)}$).

2. Entscheiden und begründen Sie: Sind Schallwellen in einem Gas polarisierbar?

3. Erläutern Sie 3 Gründe, weshalb man mit Licht einer Glühlampe am Doppelspalt normalerweise keine Interferenz erzielt!

4. Mikrowellen im cm-Bereich können durch ein Klystron erzeugt werden. Wie könnten Sie mit einem geeigneten Empfänger feststellen, ob die vom Klystron erzeugten elektromagnetischen Wellen polarisiert sind? Als Polarisator für diese Wellen ist ein Gitter aus parallelen, gut leitenden Metallstäben geeignet. Schildern Sie die Orientierung des Polarisators genau!

5. Ein Beobachter steht an einem Punkt P und kann dort den **E**-Vektor und den **B**-Vektor einer linear polarisierten Welle im Fernfeld messen. Was wird er feststellen? Schildern Sie den Zeit-Verlauf von **E** und **B** dort genau!

6. Bei einer linear polarisierten ebenen Lichtwelle gibt es Zeitpunkte, wo **E** und **B** gleichzeitig 0 sind. Wegen der Energiedichte ρ = 1/2 ($\varepsilon_0 E^2 + B^2/\mu_0$) verschwindet dort auch die elektromagnetische Energie. Was ist mit der Energie passiert, die kurz zuvor an dieser Stelle sogar maximal war?

7. Zwei sich überlagernde kohärente Wellen sollen im Maximum gleiche Amplituden haben. Antworten Sie spontan: Um welchen Bruchteil verringert sich die Energiedichte dort, wenn einer der Spalte zugehalten wird? Überlegen Sie jetzt genauer! Woher kommt im Fall der Interferenz die zusätzliche Energie(dichte)?

8. Auch für Lichtwellen gilt die Beziehung zwischen Frequenz f, Wellenlänge λ und Lichtgeschwindigkeit c: f·λ = c . Ergänzen Sie die folgende Tabelle!

Farbe	Wellenlänge λ in nm	Frequenz f in Hz
rot	632 (He-Ne-Laser)	(ca.5·10¹⁴)
gelb		5,09·10¹⁴
blau	480	
violett		7,45·10¹⁴

9. Zwei Töne in der Akustik bilden eine **Oktave**, wenn der eine die doppelte Frequenz des anderen hat. Man sagt auch, dass die Empfindlichkeit unseres Auges gerade eine Oktave umfasst. Begründen Sie!

10. Licht der Amplitude E_0 verlässt einen Polarisator PO, der um Φ = 30⁰ gegenüber dem Polarisator AN gedreht ist. Berechnen Sie die Amplitude der durch AN gehenden Welle (Vgl. Abb. 6). Welcher Bruchteil der durch PO gehenden Intensität (Energie pro m² und s; prop. E^2) kann AN passieren?

1.5 Beugungsgitter und Wellenlängenmessung

1.5.1 Schärfere Maxima durch mehr Spalte!

Beim Doppelspalt gehen Maxima und Minima allmählich ineinander über. Mit dem freien Auge ist es nicht leicht, die genaue Lage eines Maximums oder Minimums festzustellen. Hier hilft uns die Natur: Verwenden wir immer mehr Spalte, so werden die Maxima immer schärfer ausgeprägt, d.h. immer schmaler und intensiver, während die Minima immer breiter werden und allmählich breite dunkle Zonen zwischen den Maxima bilden.

Eine Anordnung mit sehr vielen parallelen Spalten in gleichen Abständen heißt **Beugungsgitter**. An jedem einzelnen der vielen Spalte findet Beugung statt, d.h. entsprechend dem Huygens'schen Prinzip gehen von jedem Spalt in guter Näherung Kreiswellen aus (so gilt das für Wellen auf Wasseroberflächen). Die gebeugten Wellen interferieren. Die gesamte Lichtenergie wird dann in die schmalen Maxima gelenkt und macht diese sehr lichtstark. Rechnerisch besteht der einzige Unterschied zum Doppelspalt darin, dass nicht nur zwei benachbarte Strahlen (von direkt benachbarten Gitteröffnungen) einen solchen Wegunterschied haben, dass im Beobachtungspunkt ein Maximum entsteht, sondern alle Paare von benachbarten Strahlen. Die Rechnung für die Maxima ist also identisch mit der für den Doppelspalt. Parallelen- und Kleinwinkelnäherung sind auch hier in der Regel möglich.

Es gibt **zwei Beobachtungsmethoden der Interferenz**:

a) **Objektive Methode:** Auf das beugende Objekt (Doppelspalt, Beugungsgitter) fällt paralleles Licht. Im „Unendlichen" (oder bei Verwendung einer Abbildungslinse: im Endlichen auf einem Schirm) wird eine Interferenzfigur projiziert. Sie wird auf dem Schirm aufgefangen und kann so betrachtet oder fotografiert werden. Die Maxima der Interferenzfigur stellen farbige reelle Bilder der Lichtquelle, z.B. des Kohärenzspalts, dar. Man kann einen Laser mit seinem   monochromatischen Licht verwenden. Andernfalls setzt man die so genannte „**Standardanordnung**" (Abb. 15) ein. Kernelemente sind hier der

Kohärenzspalt, die eigentliche Lichtquelle, der geeignet ausgeleuchtet wird, und die Parallellicht-Erzeugung durch die Linse L2. Die Abbildung durch L3 dient nur zur Beobachtung der Interferenzfigur auf einem Schirm im endlichen Schirmabstand D.

b) **Subjektive Methode:** Der Beobachter schaut durch ein

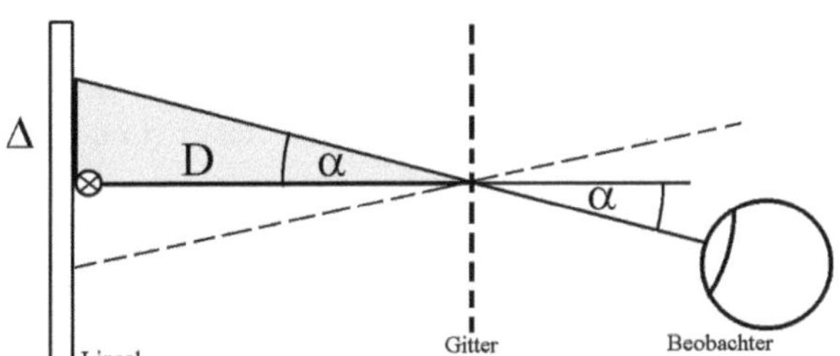

Abb. 16: *Geometrie bei der subjektiven Methode: Auch hier gilt: tan(α) = Δ/D. Das ermöglicht die Winkelmessung.*

Beugungsgitter vor seinem Auge (Abb. 16, 17). Da die Lichtstrahlen am Beugungsgitter quasi abgelenkt werden, sieht er Maxima unter verschiedenen Winkeln gegenüber der Symmetrieachse als farbige virtuelle Bilder der Lichtquelle.

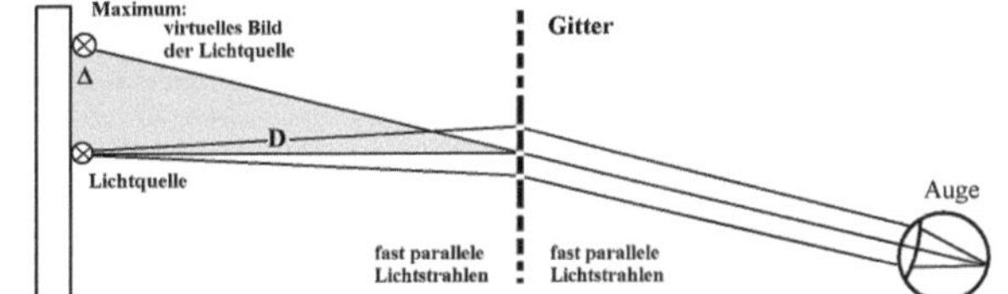

Abb. 17: *Subjektive Methode: Der Beobachter sieht durch das Gitter hindurch farbige virtuelle Bilder der Lichtquelle.*

Versuche:

1. Wellenlängenmessung von Laserlicht mit einem Beugungsgitter (objektive Methode, d.h. Projektion eines Interferenzbilds)

2. Wellenlängenmessung von Laserlicht mit einem Beugungsgitter (subjektive Methode, d.h. Betrachtung virtueller Maxima; Abb. 17)

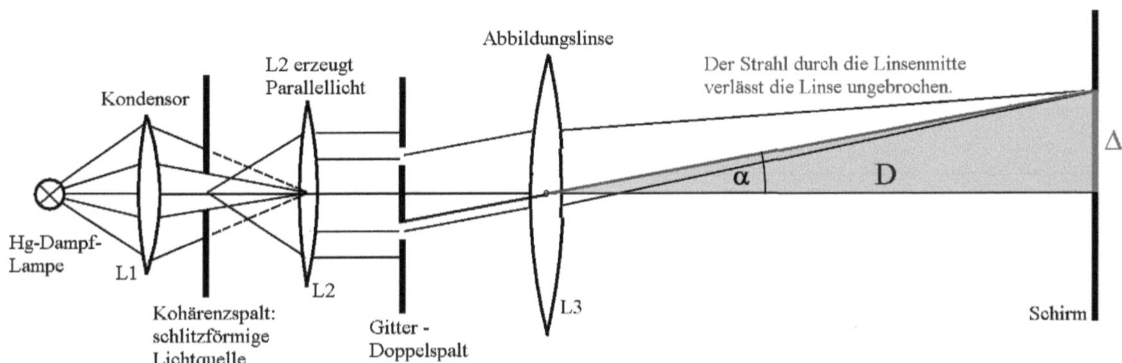

Abb. 15: Standardanordnung *mit Beobachtung auf einem Schirm im Endlichen. Der Kohärenzspalt ist die eigentliche schlitzförmige Lichtquelle. Der Mittelpunktsstrahl der Linse L3 verlässt die Linse ungebrochen. Auch hier gilt: tan(α) = Δ/D.*

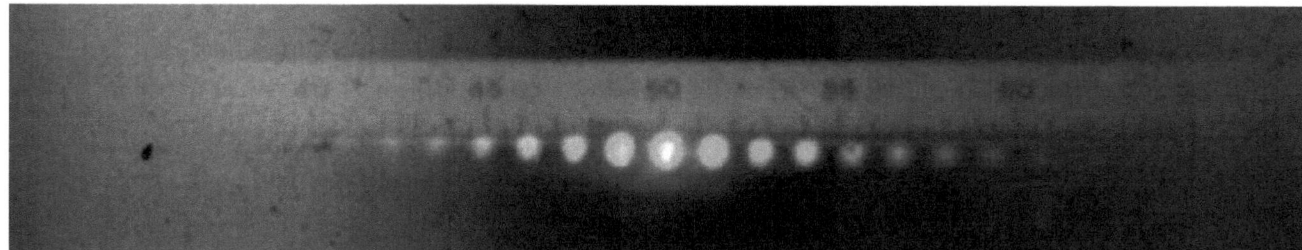

Abb. 18:   *Spektrum einer LED mit kreisförmiger Licht-Austrittsfläche. Die LED sendet monochromatisches rotes Licht aus. Subjektive Betrachtungsweise. Im Hintergrund ist ein Maßstab zur Positionsmessung der Maxima erkennbar.*

3. Wellenlängenmessung vom Licht einer Leuchtstoff-Lampe (Abb. 19)

Abb. 19: *Interferenzbild einer schlitzförmig abgeklebten Leuchtstoff-Lampe, subjektiv; mit hochauflösendem Beugungsgitter*

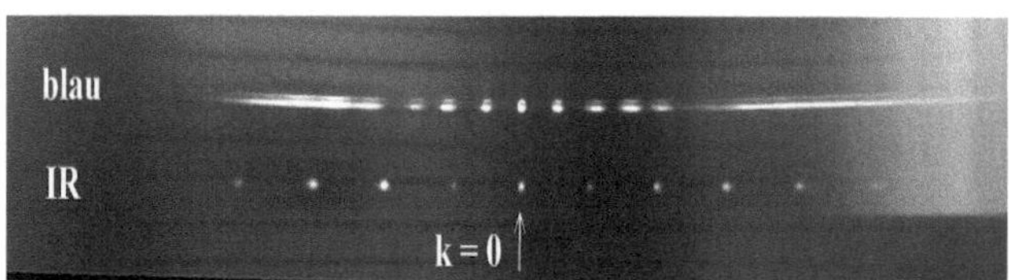

Abb. 20: *Webcamera-Aufnahme: Interferenzbild einer blauen und einer Infrarot-LED. Die doppelten Abstände bei IR verraten doppelte Wellenlänge.*

4. Wellenlängenmessung verschiedenfarbiger Leuchtdioden (von IR bis blau: Wellenlängenvergleich z.B. durch Betrachtung des Interferenzbilds durch eine auch IR-empfindliche Kamera, z.B. eine Webcam; Abb. 20)

5. Wellenlängenmessung auf dem Bildschirm (subjektive Methode; Abb. 21)

Abb. 21: *Interferenzbild einer blauen und roten Linie auf dem LCD-Bildschirm. Die überstrahlten Linien sind im Bild nachbearbeitet!*

Noch einmal: Aus der Tatsache, dass mit kohärentem Licht Interferenz erzeugt werden kann, müssen wir schließen:

> Interferenz mit Licht zeigt: Licht ist keine Strahlung von klassischen Teilchen.

Newtons Idee vom Licht als Strom klassischer Teilchen ist widerlegt.

Hinweis zu den Versuchen:

"Kurzherleitung" der Interferenz am Beugungsgitter - völlig analog zum Doppelspalt-Versuch

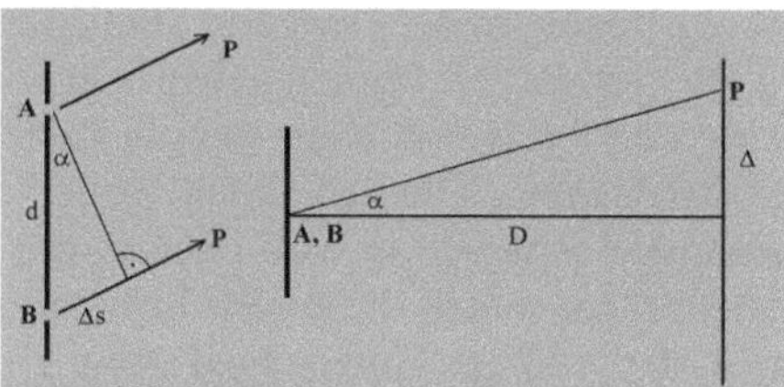

Für das linke Dreieck gilt:
$$\sin(\alpha) = \Delta s/d \qquad (1)$$
mit dem Wegunterschied Δs der interferierenden "Wellen", für das rechte:
$$\tan(\alpha) = \Delta/D \qquad (2)$$
Interferenzbedingung für das Maximum k-ter Ordnung :

$$\Delta s = k\cdot\lambda , \text{ wobei } k \in Z \qquad (3).$$

Wenn $/\alpha/ < 5^0$ gilt die Kleinwinkelnäherung $\sin(\alpha) \approx \tan(\alpha)$, also
$$\Delta s/d = \Delta/D$$

Andernfalls muss aus (2) der Winkel α berechnet werden.

Soll die Wellenlänge λ gemessen werden, wird also Δs für die bestimmte Ordnung k des Maximums durch die Wellenlänge λ ausgedrückt und nach λ aufgelöst:

$$\lambda = \Delta/D\cdot d/k$$

1.5.2 Aufgaben

1. Unter der Gitterkonstanten d versteht man den Abstand zweier benachbarter Spalte bei einem Beugungsgitter. Üblicherweise wird diese nur indirekt angegeben, z.B. durch 900 Striche/Spalte pro mm.

a) Berechnen Sie d für diesen Fall.

b) Ein Zaun hat 10 Latten pro Meter. Welchen Abstand haben 2 benachbarte? Müssen Sie Ihre Erkenntnis für das Beugungsgitter berücksichtigen?

Abb. 22: Bild eines Zauns mit 10 Latten pro Meter. Lattenabstand bei dieser Zählung? Sinnvollere Zählung?

2. Zeigen Sie, dass bei einem Beugungsgitter und monochromatischem Licht der Abstand zweier benachbarter Maxima konstant ist und nur vom Spaltabstand d, dem Schirmabstand D und der Wellenlänge λ abhängt, solange die Kleinwinkelnäherung erlaubt ist. Berechnen Sie diesen Abstand für D = 1,0 m, d = 4,0·10^{-5} m, λ = 632 nm.

3. a) Der Bereich des sichtbaren Lichts geht von ca. 400 nm bis ca. 800 nm. Schätzen Sie ab, ob bei einem Beugungsgitter mit 100 Strichen pro mm für die Maxima 1. Ordnung (k = 1) die Kleinwinkelnäherung angewandt werden kann.

b) Bei der Messung ergibt sich für einfarbiges Licht als Abstand der zwei ersten symmetrisch gelegenen Maxima 5,4 cm. Für den Schirmabstand wird D = 1,0 m gemessen. Berechnen Sie die Wellenlänge des Lichts! Schlagen Sie nach (z.B. in der Formelsammlung oder im Internet), welche Farbe dieses Licht hat.

4. Die beiden gelben Linien des Na-Spektrums 1. Ordnung mit den Wellenlängen λ_1 = 590 nm und λ_2 = 589 nm liegen auf einem 2,0 m vom Beugungsgitter entfernten Schirm 1,5 mm voneinander entfernt. Berechnen Sie die Gitterkonstante d. Wie vielen Strichen pro mm entspricht sie?

5. Das Quecksilberspektrum enthält u.a. zwei Linien mit den Wellenlängen λ_1 = 405 nm und λ_2 = 546 nm. Bei einer Gitterkonstanten d ergeben sich für die Maxima k-ter Ordnung die Ablenkungswinkel $\alpha_1(k)$ und $\alpha_2(k)$. Ab welcher Ordnung k beginnen sich die Spektren k-ter Ordnung und der darauf folgenden Ordnung k+1 zu überlappen? Das wäre der Fall, wenn $\alpha_1(k+1) \leq \alpha_2(k)$.

6. Der Betrag des Sinus ist bekanntlich ≤ 1. Nutzen Sie das um die Anzahl der beobachtbaren Maxima bei einem Beugungsgitter mit 1000 Strichen pro cm, beim Schirmabstand D = 1,0 m und und der Wellenlänge λ = 632 nm („Laserrot") zu berechnen.

7. Begründen Sie, weshalb das Spektrum, das mittels eines Beugungsgitters von einer monochromatischen Lichtquelle entworfen wird, häufig **Linienspektrum** heißt. Vergleichen Sie dazu mit dem Spektrum einer LED mit rechteckiger Licht-Austrittsfläche wie in Abb. 23. bzw. mit kreisförmiger wie in Abb. 24 oder 18. Wie würden Sie diese Spektren nennen?

8. Die Anhänger Newtons und Goethes führten (und führen manchmal auch heute noch) einen erbitterten Streit, wie Farben zu interpretieren seien. Heute wissen wir, dass es eine physikalische **Farbenlehre** und eine physiologisch-psychologische Farbenlehre gibt, die beide ihre Berechtigung haben. In der physikalischen Farbenlehre geht es um die Zusammensetzung von Licht, in der physiologisch-psychologischen um die Farb*empfindung* und ihr Entstehen in Auge und Gehirn.

Untersuchen Sie das Spektrum einer orange leuchtenden Zweifarben-LED ("physiologisches Orange") und den orangefarbenen Bereich, der aus weißem Licht (Sonnenlicht oder Glühlampenlicht) ausgeblendet wurde. Wie unterscheidet sich "physiologisches Orange" von "physikalischem Orange"? (siehe Abb. 23)

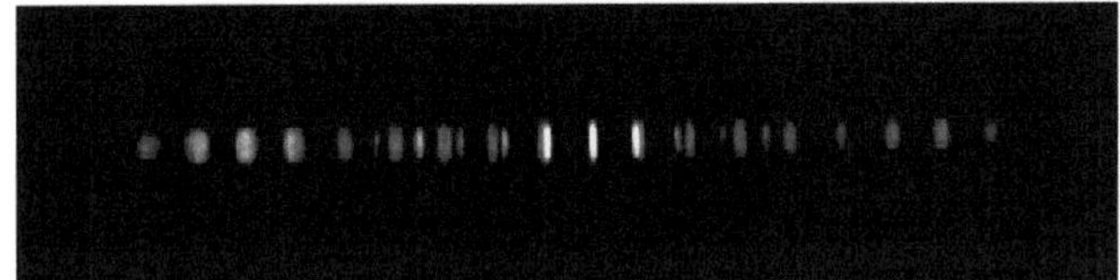

Abb. 23: *Spektrum einer LED mit rechteckiger Licht-Austrittsfläche. Die LED sendet rotes und grünes Licht aus. Sie erkennen rechteckige Bilder der LED in beiden Farben.*

1.6   Spektrum der elektromagnetischen Wellen

Das Spektrum der elektromagnetischen Wellen ist sehr umfassend: von den viele km langen Radiowellen (Langwellen) zur Röntgen- und Gammastrahlung (γ-Strahlung) mit Wellenlängen im nm- oder pm-Bereich! Zusammenhänge zwischen Wellenlänge und Frequenz werden in der nächsten Tabelle zusammengestellt, Anwendungen in der übernächsten Tabelle.

Aufgaben:

1. Ergänzen Sie folgende Tabelle nach geeigneter Rechnung (Beachten Sie: $\lambda \cdot f = c$):

Wellenart	Wellenlänge λ	Frequenz f in Hz
Langwellen (Rundfunk)		100 kHz
UKW-Wellen	3 m	
Mikrowellenherd		2,5 GHz
IR-Strahlung	1000 nm	
sichtbares Licht (rot)	632 in nm	(ca. $5 \cdot 10^{14}$ sollte herauskommen)
gefährliche UV-B-Strahlung		ca. 10^{15} Hz
Röntgenstrahlung	0,2 nm	
γ-Strahlung	2 pm	

2. In der Tabelle rechts sind einige Schlagworte zur wissenschaftlichen und praktischen Bedeutung von elektromagnetischer Strahlung in einigen Frequenzbereichen aufgeführt. Verschaffen Sie sich genauere Informationen zu einigen dieser Punkte durch Lexika oder Internet und berichten Sie Ihren Kurskollegen darüber.

Elektromagnetische Strahlung	*verschafft Erkenntnis über*	*wird genutzt bei*
2,7 K- Mikrowellenstrahlung (2,7 Kelvin weist auf die Temperatur des frühen Weltalls hin)	Frühzeit des Weltalls, zu einem Zeitpunkt, als sich Atome bildeten und „das Weltall durchsichtig wurde", ca. 300 000 Jahre nach dem „Urknall"	(kürzerwellige Mikrowellenstrahlung bei Radar und Mikrowellenherd)
Infrarot-Strahlung	Entstehung von Sternen; Zusammensetzung der interstellaren Materie aus Molekülen; Nachweis eines Schwarzen Lochs im Zentrum unserer Milchstraße mit 2,6 Millionen Sonnenmassen	Nachtsichtgerät; Temperaturmessung (z.B. in Hochöfen oder im Ohr); Fernbedienungen, manche Computer-Mäuse und Tastaturen; Signalübertragung in Lichtleitern; von Klapperschlangen bei der Ortung von Beutetieren
Radiowellen wie UKW (auch Röntgen-, γ-Strahlung)	Endphase der Sternentwicklung (weiße Zwerge, Neutronensterne, Schwarze Löcher)	Nachrichtenübertragung mit Radio, Handy und Fernsehen
sichtbares Licht	Kernverschmelzungsvorgänge (Kern-Fusion) wie in unserer Sonne; Aufbau der Elektronenhülle des Atoms	Energiegewinnung in Pflanzen (Photosynthese); Sehvorgang; Fotografie; Photovoltaik-Anlage;
UV-Licht	Galaxien-Entstehung	Sonnenstudio; Echtheitsprüfung von Geldscheinen; Chip-Herstellung;
Röntgen-Strahlen	Verteilung der dunklen Materie im Weltall; Frühzeit des Universums; Quasare	Medizinische Untersuchungen; Material-Untersuchungen; Gepäck-Kontrolle;
γ-Strahlung	Aufbau der Atomkerne	Medizinische Untersuchungen; Materialuntersuchung

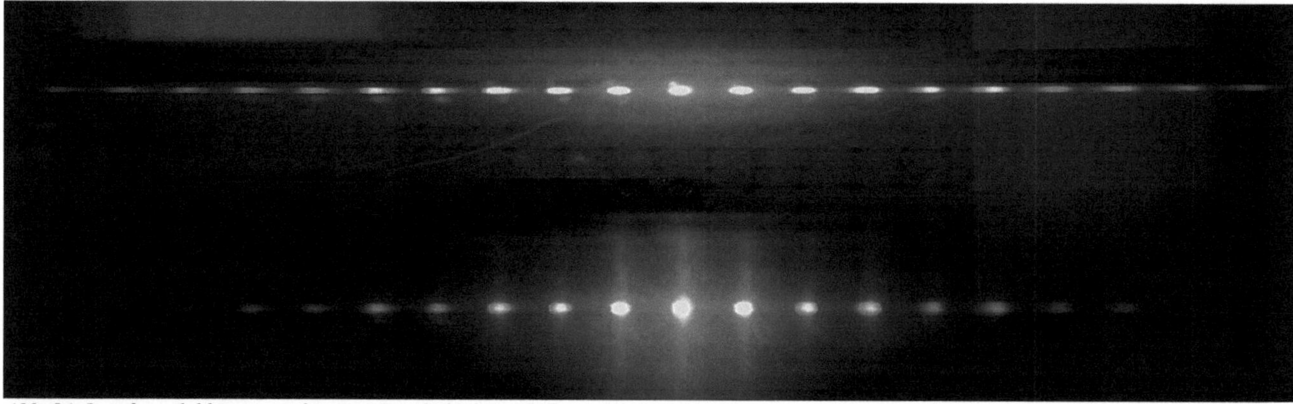

Abb. 24: Interferenzbild einer runden roten Leuchtdiode mit Reflex auf der Tischplatte

<table>
<tr><td>

Kapitel 1
Zusammen-
fassung

</td><td>

Elektromag-
netische
Wellen

</td></tr>
</table>

☺ **Beugung** am Einfach- und Doppelspalt und **Interferenz** zeigen in der Dipolstrahlung Wellen*erscheinungen*.

☺ Wellenstrahlung und Strahlung klassischer Teilchen verhalten sich total unterschiedlich hinter Spalten und Hindernissen: klassische Teilchenstrahlung und die mit ihr transportierte Energie ist nur außerhalb des Schattenbereichs zu finden. Wellenstrahlung greift in den Schattenbereich hinein, die Energieverteilung weist hier Maxima und Minima auf.

☺ Dipolstrahlung ist keine Strahlung von klassischen Teilchen.

☺ Beugung an Einfach- und Doppelspalt und beim Beugungsgitter und Interferenz zeigen auch bei Licht: Licht ist keine Strahlung klassischer Teilchen.

☺ Zum Nachweis von Beugung und Interferenz bei Licht verwendet man bei der „**objektiven Methode**" häufig die Standard-Anordnung. Bei der „**subjektiven Methode**" schaut der Beobachter direkt durch das Beugungsgitter zur Lichtquelle und sieht viele Ordnungen von Maxima als virtuelle Bilder der Lichtquelle.

☺ Bei einer schlitzförmigen oder spaltförmigen Lichtquelle sind die Bilder der Lichtquelle verschiedener Ordnung ebenfalls *schlitzförmig*. Bei mehrfarbigem Licht entstehen dann „**Spektral*linien*"**.

☺ Anhand der Dreiecke der „**Kurzherleitung**" können Beziehungen für den Ablenkungswinkel α bzw. die Lage der Maxima und Minima oder für die Wellenlänge aufgestellt werden.
Kann die Kleinwinkelnäherung nicht verwendet werden, muss in der Regel der Ablenkungswinkel α explizit ausgerechnet werden. Bei Gültigkeit der **Kleinwinkelnäherung** kann der Ablenkungswinkel wegen $\tan(\alpha) \approx \sin(\alpha)$ eliminiert werden.

☺ Alle Methoden dieses Kapitels gehen davon aus, dass **parallele Strahlen** in großer Entfernung interferieren (Parallelennäherung). Bei Licht kann man im Endlichen ohne Veränderung des Ablenkungswinkels beobachten, wenn man das Parallellicht hinter dem Beugungsobjekt durch eine Sammellinse bündelt.

☺ Voraussetzung für die Interferenzfähigkeit von Licht ist seine **Kohärenz**. Dazu gehört, dass die interferierenden Strahlen gleiche Wellenlänge und – bei Transversalwellen – gleiche Polarisation haben, aber auch, dass die von den Lichtquellen oder Spaltöffnungen ausgehenden Wellenzüge gleichzeitig (sich überlappend) am Beobachtungsort eintreffen (**zeitliche Kohärenz**). Auch **räumliche Kohärenz** ist erforderlich. Bei Doppelspalt und Beugungsgitter nutzt man den Trick, dass das von allen Öffnungen ausgehende Licht ursprünglich von derselben Lichtquelle kam.

☺ Das **Spektrum elektromagnetischer Wellen** ist sehr breit. Für uns interessant ist der Bereich von Rundfunkwellen über Mikrowellen, Infrarotstrahlung und sichtbarem Licht zu Ultraviolett-Licht, Röntgenstrahlen und Gammastrahlen (γ-Strahlen).

☺ Der Wellenlängenbereich des sichtbaren Lichts umfasst eine Oktave von ca. 400 nm (fast schon UV) bis ca. 800 nm (fast schon IR).

<table>
<tr><td>Kapitel 1
Checkliste</td><td>Das sollten Sie
jetzt können:</td></tr>
</table>

☐ Experimente (Beugung und Interferenz am Einfachspalt, Doppelspalt) beschreiben, mit denen nachgewiesen wird, dass Dipolstrahlung keine Strahlung klassischer Teilchen ist

☐ Experimente beschreiben, mit denen nachgewiesen wird, dass Licht keine Strahlung klassischer Teilchen ist

☐ die Gleichungen zur Auswertung eines Doppelspalt- oder Beugungsgitter-Versuches herleiten, insbesondere mit der „Kurzherleitung"

☐ entscheiden, ob die Kleinwinkelnäherung anwendbar ist. Die Parallelennäherung soll hier immer anwendbar sein.

☐ Wellenlängen aus den Daten von Doppelspalt- und Beugungsgitter-Versuch berechnen

☐ durch Rechnung entscheiden, unter welchen Winkeln Maxima oder Minima bestimmter Ordnung erscheinen

☐ durch Rechnung entscheiden, wie viele Maxima bei einem bestimmten Spaltabstand auftreten können

☐ durch Rechnung begründen, dass die Maxima beim Beugungsgitter bei Kleinwinkelnäherung äquidistant sind

☐ die Standard-Anordnung bei Licht (objektive) Methode bzw. die subjektive Methode zur Auswertung beschreiben und erklären

☐ aus dem Abstand zweier Maxima gleicher Ordnung beim Gitter bei bekanntem Wellenlängenunterschied und Kleinwinkelnäherung auf die Gitterkonstante schließen

☐ durch eine Rechnung entscheiden, von welcher Ordnung ab sich eine Spektrallinie mit einer anderen der nächsthöheren Ordnung überlappt. Die Wellenlängen sollen dabei gegeben sein.

☐ einfache Experimente zur Interferenz durchführen (z.B. Beugungsgitter-Versuch mit Leuchtdioden oder auf dem PC-Bildschirm)

☐ begründen, weshalb der Doppelspalt-Versuch von Young in Bezug auf Newtons Vermutung über Licht historisch so bedeutsam gewesen ist

☐ begründen, weshalb die verschiedenen Ordnungen der Maxima bei einfarbigem Licht eine bestimmte Form haben (vgl. Spektrallinien)

☐ Beispiele und ihre Bedeutung aus dem Spektrum der elektromagnetischen Wellen erläutern

2 Photonen

2.1 Der lichtelektrische Effekt (Fotoeffekt)

2.1.1 Versuche von Hallwachs 1888 (Grundversuche)

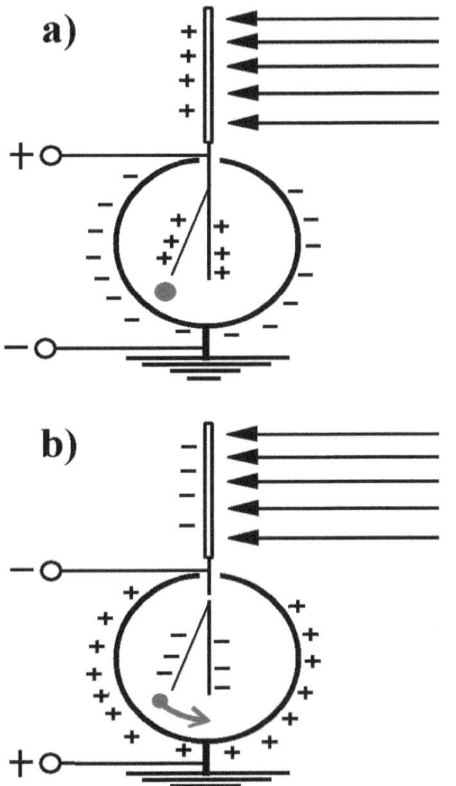

Abb. 25: Grundversuch 1 zum Fotoeffekt: nur im 2. Fall entlädt sich das Elektroskop. Am besten stellt man vor die Zinkplatte eine geerdete Spiralelektrode.

Grundversuch 1: Auf ein Elektroskop wird eine frisch gereinigte Zinkplatte aufgesteckt. (Als man weniger umweltbewusst war, nahm man eine amalgamierte, d.h mit Quecksilber behandelte Zinkplatte.) Sie wird mit dem Licht einer Quecksilberdampf-Lampe bestrahlt. Eine Quecksilberdampf-Lampe gibt gelbes, grünes, blaues, violettes und ultraviolettes Licht (UV) ab.

a) Die Platte wird positiv aufgeladen. Erwartungsgemäß geschieht gar nichts.

b) Die Platte wird negativ aufgeladen. Überraschenderweise geht der Ausschlag des Elektroskops sofort zurück: Das Elektroskop verliert seine Ladungen; die Zink-Platte verliert ihre negativen Ladungen.

Hallwachs vermutete 1888, dass Elektronen aus der Zinkplatte herausgeschlagen werden, die sogenannten **Photo-Elektronen** [*)]. Damit würde sich erklären, dass sich nur

das negativ geladene Elektroskop bei Bestrahlung entlädt.

[*)] Um Verwechslungen auszuschließen wird hier immer die Schreibweise Photo-Elektron angewandt.

Lenard wies 1899 nach, dass es wirklich negative Elektronen sind, die herausgeschlagen werden.

Betrachten wir den **Vorgang energetisch:**

Durch das Licht wird Energie zugeführt. Diese wird dazu verwendet, Elektronen aus der Zinkplatte herauszuschlagen und ihnen noch kinetische Energie mitzugeben.

Bei Stößen der herausgeschlagenen Elektronen mit den Molekülen der Luft könnten die Elektronen wieder zurückreflektiert und von der Zink-Platte wieder eingefangen werden. Dies wird durch die Spannung (das elektrische Feld) zwischen der Platte und der Umgebung verhindert.

Unklar ist noch der Mechanismus dieser Energieübertragung vom Licht an die Elektronen. Zunächst gingen die Forscher von der Annahme aus, dass sich Licht durch eine elektromagnetische Welle beschreiben lässt. Zur Untersuchung werden weitere Versuche gemacht:

c) Man könnte sich folgenden Mechanismus vorstellen: Das elektrische Feld in der Lichtwelle greift an den Elektronen an und übt Kräfte auf sie aus. Je nach der Größe

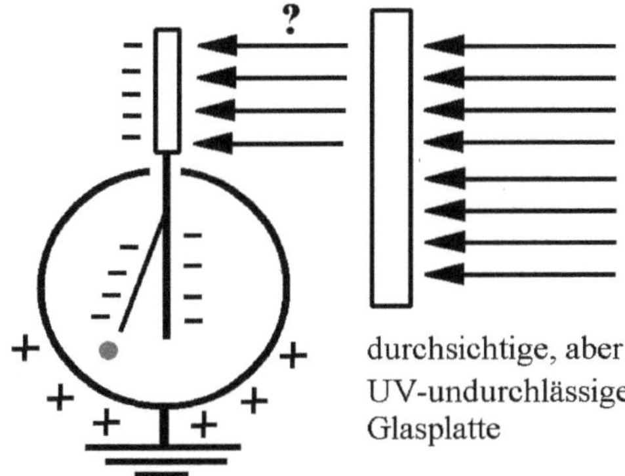

durchsichtige, aber UV-undurchlässige Glasplatte

Abb. 26: Grundversuch 2: Der Fotoeffekt ist von der Lichtfrequenz abhängig. Ohne UV-Licht funktioniert er nicht.

der Amplitude (des elektrischen Feldes) sollten die Elektronen unterschiedlich beschleunigt werden. Man würde erwarten, dass die **Energie der Elektronen** (so genannte Photo-Elektronen) **allein** ein von der Größe der **Amplitude** abhängt, nicht aber von der Frequenz (bzw. Farbe) verwendeten Lichts.

Die Vermutung wird mit folgendem Versuch (**Grundversuch 2**) getestet:

Die Zink-Platte (negativ geladen) wird durch eine Glasplatte hindurch bestrahlt. Die Glasplatte lässt Licht im sichtbaren Bereich weitgehend ungeschwächt (d.h. mit unveränderter Amplitude) hindurch, ist aber für UV-Licht undurchlässig.

Man erwartet noch obiger Vorstellung: Licht im sichtbaren Bereich sollte mit seiner unveränderten Amplitude Photo-Elektronen wie früher "auslösen". Durch den fehlenden UV-Anteil sollten lediglich einige Elektronen weniger ausgelöst werden.

Ergebnis des Versuchs: Die Platte entlädt sich gar nicht; der Fotoeffekt findet nicht mehr statt.

Deutung: Ursache für den Fotoeffekt ist das hochfrequente UV-Licht, nicht das niederfrequente sichtbare Licht. Der Fotoeffekt ist offensichtlich von der Frequenz des einfallenden Lichts abhängig. (**Frequenzabhängigkeit des Fotoeffekts**)

Gegenprobe zu Grundversuch 2:

1) Es gibt (dunkel aussehende) Gläser, die das sichtbare Licht absorbieren, aber durchlässig sind für UV-Licht. Sie behindern den Fotoeffekt nicht.
2) Eine Glühlampe (ohne UV-Licht) erzeugt keinen Fotoeffekt.

d) Verringern wir die Amplitude des Lichts (bzw. seine Lichtleistung, z.B. mit zwei gegeneinander verdrehten Polarisationsfiltern, oder durch vergrößerten Abstand), so würden wir nach obiger klassischer Vorstellung erwarten, dass die Elektronen weniger stark beschleunigt werden. Sie sollten also eine geringere Energie haben. Ihre Anzahl sollte sich aber nicht wesentlich verändern.

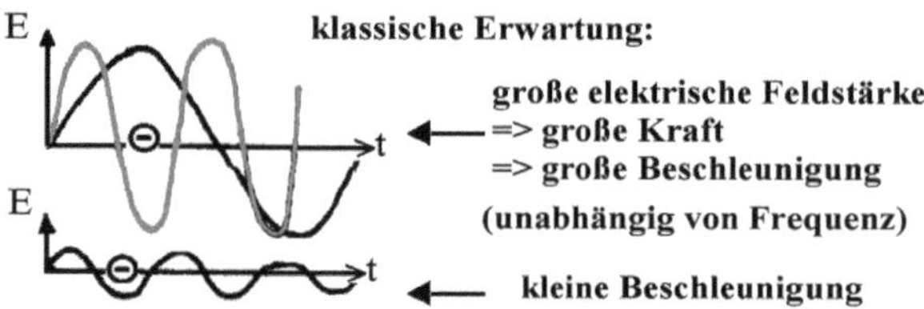

Abb. 27: Bei großer elektrischer Feldstärke (Amplitude) ist große Beschleunigung (unabhängig von der Frequenz) möglich; bei kleiner Amplitude: kleine Beschleunigung. Dementsprechend sollte die kinetische Energie der ausgelösten Photo-Elektronen von der Lichtamplitude abhängen, nicht von der Frequenz.

Vorbemerkung zum Grundversuch 3:

Bei kugelförmiger Ausbreitung von Licht muss sich die Energie, die die Strecke r von der Lichtquelle aus zurückgelegt hat, über eine Kugeloberfläche vom Radius r verteilen. Auf die Flächeneinheit entfällt dann die Energie $E/(4r^2\pi)$. Die Energie pro Flächeneinheit (und damit auch die Intensität oder Lichtleistung) ist deshalb **indirekt proportional zum Quadrat der Entfernung** von der Lichtquelle. Halbierung der Entfernung bedeutet deshalb 4-fache Intensität (oder doppelte Amplitude). (Vgl. die Argumentation beim „**quadratisches Abstandsgesetz**" der Radioaktivität).

Intensität bedeutet Energie pro m² und s, also auch Lichtleistung pro m². Diese ist proportional zum Amplitudenquadrat.

Grundversuch 3:

(1) Der Abstand der Lichtquelle von der negativ geladenen Zinkplatte wird verringert. Mehr Lichtenergie fällt auf die Zinkplatte. Die Intensität oder das Amplitudenquadrat der auf die Zinkplatte fallenden Welle erhöht sich.

Im Gegensatz zu unseren Erwartungen beobachtet man eine Zunahme der **Anzahl der pro Sekunde ausgelösten Photo-Elektronen**: Das Elektroskop entlädt sich schneller, wenn der Abstand verringert wurde, weil in der Zeiteinheit mehr Elektronen herausgeschlagen werden. Wie Sie später sehen werden, erfolgt **keine Veränderung der Elektronenenergie.**

Wird der Abstand der Lichtquelle von der Zink-Platte auf die Hälfte verringert, so steigt die Intensität auf den 4-fachen Wert an ebenso wie die gesamte Energie, die auf die Zn-Platte fällt.

Pro s werden jetzt mehr Photo-Elektronen ausgelöst. Das Elektroskop entlädt sich in ca. 1/4 der Zeit von vorher. Die Anzahl der Photo-Elektronen, die pro Zeiteinheit die Platte verlassen, also auch der sog. Photostrom, ist auf den 4-fachen Wert gestiegen. Allgemein: **Lichtleistung (Intensität)** und **Photostrom** sind einander **proportional.** Aber: Man beobachtet keine Zunahme der kinetischen Energie der Photo-Elektronen, wie man erwartet.

(2) Gegenprobe zu Grundversuch 3: Wird beim halben Abstand nur 1/4 der Zinkplatte bestrahlt (indem der Rest abgedeckt wird), so entlädt sich das Elektroskop genauso langsam wie vorher; der Photostrom ist also wieder der gleiche. Es fällt dann pro Zeiteinheit auch die gleiche Lichtenergie auf die Platte wie vorher.

Auch dieser Versuch bestätigt die **direkte Proportionalität zwischen Lichtleistung (Intensität) und Photostrom.**

e) **Grundversuch 4:** Wir stellen fest, dass der **Photostrom stets sofort einsetzt,** wenn die Zink-Platte beleuchtet wird. Selbst bei der kleinsten Lichtintensität, die überhaupt einen Photostrom bewirkt, ist keine Verzögerung des Photostromes zu erkennen.

Nach unserer Vorstellung würde es aber eine gewisse Zeit dauern, bis ein Elektron die Energie aus dem Licht aufgesammelt hätte, wenn die Lichtenergie - wie nach dem Wellenbild - kontinuierlich im Raum verteilt wäre.

Durch diese groben Versuche haben wir festgestellt:

> Der Fotoeffekt lässt sich mit unserer Vorstellung vom Licht als einer klassischen elektromagnetischen Welle nicht erklären.

Die bisherigen Experimente sind in folgenden 3 Punkten im Widerspruch zur Vorstellung von klassischen elektromagnetischen Wellen:

(1) Der Fotoeffekt ist **frequenzabhängig**, insbesondere findet er nur statt bei genügend hohen Frequenzen des Lichts. Es gibt eine **untere Grenzfrequenz**, unterhalb von der kein Fotoeffekt stattfindet (**GV2**).

(2) Die **Amplitude des Lichts** (und auch ihr Quadrat, also Lichtleistung oder Intensität) bestimmt die Anzahl der ausgelösten Photo-Elektronen pro Sekunde (bzw. den Photostrom), und nicht deren Energie (**GV3**).

(3) Der Fotoeffekt setzt sofort ein (**GV4**).

[GV 1 lehrte, was beim Fotoeffekt passiert, nämlich das Herausschlagen von Photo-Elektronen aus einer negativ geladenen Metallplatte.]

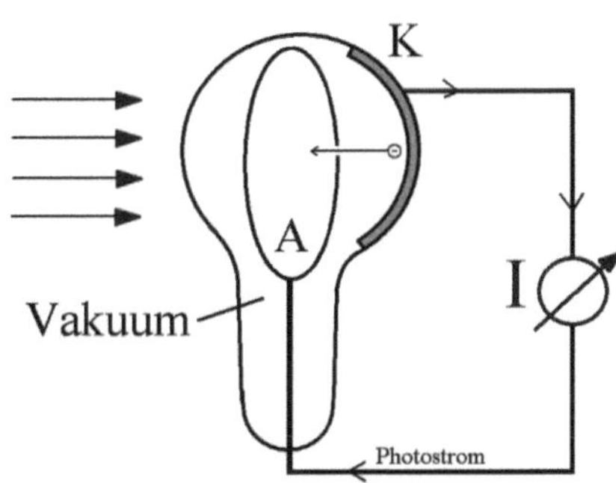

Abb. 28: *Vakuumfotozelle mit ringförmiger Anode und Photokathode.* <u>K</u> *Cäsium- (oder Kalium-)* ***Kathode; A ringförmige Anode als Auffängerelektrode; I empfindlicher Strommesser*** *(Messverstärker) zur Messung des Photostroms (proportional zur Anzahl der Photo-Elektronen, die pro Sekunde ausgelöst werden)*

Experimentelle Verfeinerung:

Man kann auf die hohe Spannung (als Folge der Aufladung der Zink-Platte) verzichten, wenn man auf eine andere Weise verhindert, dass die ausgelösten Photo-Elektronen bei Stößen mit den Molekülen der Luft zur Platte zurück reflektiert werden. Bei der **Vakuumfotozelle** entfernt man die umgebende Luft. Ausgelöste Elektronen bewegen sich ungehindert zu einer Auffängerelektrode. Durch einen empfindlichen Strommesser können sie dann außerhalb der Fotozelle zur Kathode zurückgeführt werden. Auf diese Weise ist der Photostrom messbar. Als Kathodenmaterial (moderne Bücher lassen das h in "Kathode" oft weg!) verwendet man meistens Cäsium oder Kalium, da sich aus diesen Metallen schon mit sichtbarem Licht Photo-Elektronen auslösen lassen. Für die Vakuumfotozelle ist also kein UV-Licht nötig!

Die Photo-Elektronen verlassen die Kathode bereits mit einer gewissen kinetischen Energie. Durch sie können sie gegen ein bremsendes Gegenfeld anlaufen. Bei geeigneter Größe des Gegenfeldes können die Photo-Elektronen dann sogar zum Stillstand abgebremst werden. Dann muss

die "Bremsarbeit", die das elektrische Feld aufnimmt, gerade gleich der anfänglichen kinetischen Energie der Photo-Elektronen sein. Die Größe des Gegenfeldes (bzw. der Gegenspannung) beim vollständigen Abbremsen der Photo-Elektronen ist dann ein Maß für die anfängliche kinetische Energie der Photo-Elektronen (Messverfahren für diese!).

Gegenüber den Grundversuchen zum Fotoeffekt mit der Zink-Platte hat die Anordnung mit der **Vakuumfotozelle** folgende Vorteile:

(1) Durch das Vakuum fließt auch ohne hohe "Saugspannung" ein Photostrom.

(2) Durch das besondere Kathodenmaterial (Cäsium oder Kalium) findet der Fotoeffekt bereits mit sichtbarem Licht statt, also bei kleineren Lichtfrequenzen.

(3) Durch eine bremsende Gegenspannung lässt sich die kinetische Energie der ausgelösten Photo-Elektronen messen.

2.1.2 Messung der maximalen kinetischen Energie der Photo-Elektronen durch die Gegenspannungsmethode

Durch sichtbares Licht werden aus Metallen Leitungselektronen ausgelöst. Leitungselektronen nehmen dabei im Metall aus dem Licht Energie auf, überwinden damit die Bindungskräfte an das Metall und behalten den Rest als kinetische Energie. Denkbar ist, dass sie auch Nachbarelektronen und -atomen noch einen Anteil dieser Energie überlassen, wodurch ihre kinetische Energie vermindert ist. Vor allem aber werden einige Elektronen schräg aus dem Kathodenmaterial austreten. Nur die Komponente der Geschwindigkeit parallel zum elektrischen Gegenfeld wird von diesem beeinflusst. Einige Elektronen werden sich parallel zum elektrischen Feld bewegen und auch den Maximalbetrag der kinetischen Energie übernehmen. Sie, die schnellsten Elektronen, werden durch das Gegenfeld schließlich zum Stillstand abgebremst. (Die langsameren erleiden dieses Schicksal schon bei einem kleineren Gegenfeld.)

a) Versuchsaufbau:

Zwischen Kathode und die ringförmige Anode wird jetzt eine Spannung angelegt, so dass die Anode negativ gegenüber der Kathode ist, bzw. die Kathode positiv im Vergleich zur Anode. Es handelt sich um eine bremsende Gegenspannung, da die negativen Elektronen von der negativen Anode abgestoßen werden. Die Größe dieser Gegenspannung wird mit Hilfe eines Potenziometers geregelt. Strom- und Spannungsmesser messen den Photostrom I und die Gegenspannung U.

Beachten Sie: Die Kathode (z.B. aus Cäsium) behält auch in dieser Schaltung ihren Namen bei, obwohl sie **jetzt po-**

sitiv geladen ist! Prägen Sie sich die Polaritäten an der Fotozelle bzw. am Potenziometer gut ein!

b) Versuchsdurchführung:

Man lässt **monochromatisches** (einfarbiges) **Licht** auf die Fotozelle fallen. Die Gegenspannung wird nun allmählich erhöht, bis der Photostrom **I Null** geworden ist. Dann können selbst die schnellsten Photo-Elektronen die Anode gerade nicht mehr erreichen. Die elektrische Arbeit beim Abbremsen e·U ist dann gleich der anfänglichen kinetischen Energie dieser schnellsten Elektronen ½ mv². (e Ladung des Elektrons, U Gegenspannung, m Masse des Elektrons, v seine Geschwindigkeit)

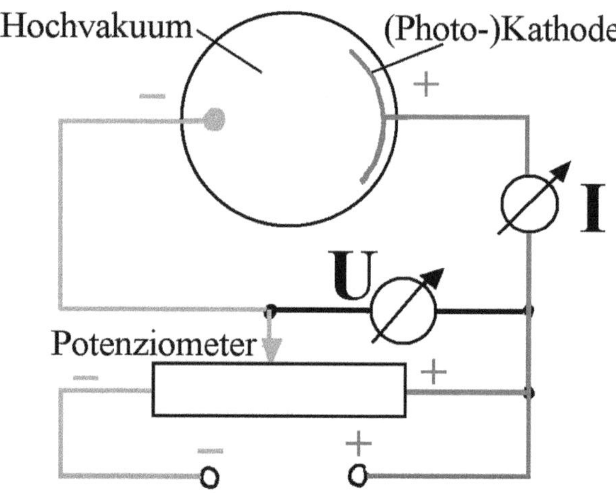

Abb. 29: Messung der Gegenspannung U. Beachten Sie die Polaritäten! Mit dem Potenziometer wird die Größe der Gegenspannung U eingestellt, bei der der Photostrom I verschwindet.

Es gilt also: $\qquad e \cdot U = \tfrac{1}{2} \cdot m \cdot v^2$

Die maximale kinetische Energie dieser (schnellsten) Photo-Elektronen lässt sich damit messen. Es wird jetzt der **Einfluss von Lichtleistung** bzw. **Intensität** (bzw. Amplitudenquadrat der Lichtwelle) oder der **Frequenz** des Lichts (Farbe) auf die max. **kinetische Energie** oder den **Photostrom I** untersucht.

(1) Die Intensität wird bei einer festen Lichtfrequenz ver-4-facht (bzw. die Amplitude des Lichts verdoppelt), indem der Abstand der Lichtquelle von der Fotozelle halbiert wird:

Nach der klassischen Vorstellung sollte die maximale kinetische Energie der Photo-Elektronen mit der Amplitude zunehmen. Die Anzahl der Photo-Elektronen pro Sekunde sollte unverändert bleiben.

Beobachtet wird dagegen:

a) Die maximale kinetische Energie der Photo-Elektronen bleibt unverändert (vorausgesetzt die Frequenz des Lichts bzw. seine Farbe war so, dass der Fotoeffekt überhaupt stattfand).
b) Der Photostrom hängt von der Lichtleistung (bzw. der Intensität bzw. dem Amplitudenquadrat) ab, wird hier also

ver-4-facht. Damit verändert sich also die Zahl der pro Sekunde ausgelösten Photo-Elektronen. Das entspricht Grundversuch 3.

(2) Die Frequenz wird verändert, indem Filter vorgesetzt werden, die nur Licht ganz bestimmter Frequenz (Wellenlänge) durchlassen (die Intensität sollte nach Möglichkeit konstant gelassen werden): Nach unseren klassischen Vorstellungen von Abb. 27 sollte dies keinen Einfluss auf die kinetische Energie der Photo-Elektronen haben, wenn nur der Fotoeffekt überhaupt stattfindet, vielleicht jedoch auf die Anzahl der Photo-Elektronen, die pro s ausgelöst werden,

Beobachtet wird dagegen:

a) **Je größer die Frequenz** wird (umso mehr sich die Farbe des Lichts gegen blau verschiebt), umso **größer** wird auch die max. kinetische **Energie** der Photo-Elektronen. Unterhalb einer bestimmten Frequenz, der Grenzfrequenz f_{gr} findet überhaupt kein Fotoeffekt mehr statt.

Die Grenzfrequenz f_{gr} ist vom Kathodenmaterial abhängig.

b) Die Anzahl der Photo-Elektronen pro Sekunde bleibt weitgehend unbeeinflusst, damit auch der Photostrom.

(3) Wie beim Grundversuch setzt der Fotoeffekt sofort ein, obwohl unsere klassischen Vorstellungen zu Grundversuch 4 eine gewisse Zeitdauer erwarten ließen, innerhalb der das Kathodenmaterial Energie aus dem Lichtwellenfeld aufsammeln müsste, bis das erste Photo-Elektron genügend Energie zur Überwindung der Bindungskräfte aufgesammelt hätte.

Wieder stoßen wir auf **Widersprüche** zwischen dem **Experiment** und der klassischen **Vorstellung** vom Licht als einer elektromagnetischen Welle (siehe S. 14). Wir können sie sogar als vier Widersprüche noch etwas schärfer formulieren:

Stichwort	nach Experiment	nach klassischem Modell
Frequenzabhängigkeit des Fotoeffekts (FE)	Der FE findet nur oberhalb einer unteren Grenzfrequenz statt	Bei genügender Amplitude findet der FE bei beliebigen Frequenzen statt.
Die **Frequenz des Lichts** bestimmt …	die kinetische Energie der ausgelösten Photo-Elektronen	bestenfalls die Anzahl der pro s ausgelösten Photo-Elektronen bzw. den Photostrom
Die **Amplitude des Lichts** bestimmt …	die Anzahl der pro s ausgelösten Photo-Elektronen bzw. den Photostrom.	die kinetische Energie der Photo-Elektronen
Zeitdauer bis zum Einsetzen des FE	sofort	erst nach Minuten bis Stunden

Also:

(1) Der Fotoeffekt ist **frequenzabhängig**, insbesondere findet er nur statt bei genügend hohen Frequenzen des Lichts. Es gibt eine **untere Grenzfrequenz**, unterhalb von der kein Fotoeffekt stattfindet.

(2) Die **Frequenz des Lichts** bestimmt die kinetische Energie der Photo-Elektronen und nicht die Anzahl der pro s ausgelösten Photo-Elektronen.

(3) Die **Amplitude des Lichts** (Lichtleistung, Intensität) bestimmt nur die Anzahl der Photo-Elektronen, die pro s ausgelöst werden bzw. den Photostrom, und nicht die Energie der Photo-Elektronen.

(4) Der Fotoeffekt setzt **sofort** ein und nicht erst nach Minuten oder Stunden.

Beachten Sie: Wenn Sie nach diesen Widersprüchen gefragt werden, genügt es nicht, zu sagen, was beobachtet wird. Sie müssen dem auch **gegenüberstellen**, was nach der klassischen Vorstellung vom Licht als elektromagnetischer Welle zu erwarten wäre! Beginnen Sie am besten immer mit den Beobachtungen!

Anhang:

Abschätzung, dass nach der Wellenvorstellung lange Zeiten (Minuten bis Stunden!) vergehen müssten, bis ein Elektron aus dem Wellenfeld genügend Energie zum Ablösen aufgesammelt hätte:

Bei einer „Schätzung" kommt es nicht auf genaue Werte an; man darf also die Eingangswerte beliebig - aber sinnvoll - erraten. Auch die Rechnung kann sehr grob sein, mehr im Sinne einer Überschlagsrechnung. Es kommt in allem nur auf die Größenordnung an!

(Manche Lehrpläne sehen als Lernzielkontrolle genau eine solche Abschätzung vor!)

Betrachten Sie die Anordnung mit der Zinkplatte; das Licht soll nicht durch eine Kondensorlinse fokussiert werden. Der Abstand zwischen Lampe und Zinkplatte betrage z.B. $r = 1$ m. Die Lampe habe eine Leistungsaufnahme von 150 W. Ein Zn-Atom hat einen Radius von größenordnungsmäßig 10^{-10} m, also eine Querschnittsfläche $A = 3 \cdot 10^{-20}$ m².

Maximal 10% der von der Lampe aufgenommenen Leistung werden als sichtbares Licht abgestrahlt (bei einer Glühlampe sind eher 2% realistisch). Licht der Leistung 15 W maximal wird nach allen Seiten abgestrahlt. Es verteilt sich über eine Kugeloberfläche mit dem Radius r. Der Anteil, der auf die Zinkplatte auffällt, wird aber zum größten Teil reflektiert. Der kleinste Teil dringt in die Zinkplatte ein, sagen wir, 10 %. Auf die Fläche eines Atoms in der Zinkplatte entfällt dann die Leistung $P = 1{,}5$ W $\cdot\ 3 \cdot 10^{-20}$ m²$/\ 4\ \pi \cdot r^2 = 1{,}5$ W$\cdot 3 \cdot 10^{-20}$ m² $/\ (4 \cdot \pi \cdot 1$ m²$) = 4 \cdot 10^{-21}$.W . Nach der klassischen Vorstellung wollen wir jetzt abschätzen, wie lange dieses Atom die eingestrahlte Energie aufsammeln müsste, um mindestens die Ablösearbeit W aufzunehmen. Man setzt also voraus, dass das ganze Atom beim Aufsammeln beteiligt ist. W beträgt bei Zn ca. 4 eV $= 6 \cdot 10^{-19}$ W$\cdot$s. Wegen $P = W/t$ vergeht also die Zeit $t = W/P = 6 \cdot 10^{-19}$ Ws $/\ 4 \cdot 10^{-21}$ W $= 1{,}5 \cdot 10^2$ s, also ca. 2 min. Mit etwas schärferen Annahmen wäre man zu noch längeren Zeitdauern gekommen.

Stellen Sie sich vor, wie unser Leben aussähe, wenn unser Auge auf einen Reiz, z.B. von einem entgegenkommenden Auto, erst nach 2 min reagieren könnte; beim Sehvorgang ist ja so etwas wie ein Fotoeffekt ebenfalls beteiligt.

Nein, die Alltagserfahrung und die Experimente zum Fotoeffekt, die das „plötzliche Einsetzen" des Fotoeffekts nahe legen, widersprechen der klassischen Vorstellung!

Zur Interpretation:

Bei der Abschätzung nach klassischen Vorstellungen hat man eigentlich die Frage gestellt:

„Wie lange dauert es, bis *ein bestimmtes* Elektron genügend viel Energie gesammelt hat?".

Die Frage ist aber gleichwertig zur Frage:

„Wie lange dauert es, bis *alle* Elektronen der Zinkplatte genügend Energie aufgesammelt haben?".

Die Elektronen sind ja aus der klassischen Sicht alle gleichwertig; die Energie wird danach gleichmäßig über alle verteilt.

Beim Experiment und auch bei einer korrekten quantentheoretischen Rechnung wird aber die Frage gestellt:

„Wie lange dauert es, bis *irgendein* Elektron genügend Energie gesammelt hat?"

Nach klassischer Vorstellung sind alle Fragestellungen gleichwertig. Der eigentliche Widerspruch liegt also darin, dass diese dritte Frage ein anderes Ergebnis liefert als die erste. Korrekte quantentheoretische Rechnungen liefern für die dritte Fragestellung in Übereinstimmung mit den Experimenten eine sehr kurze Zeit von weniger als 10^{-10} s (Vgl. Paul 1999: Photonen, Teubner-Verlag). Würde man die Quantentheorie auf die erste bzw. zweite Fragestellung anwenden, würde auch die Quantentheorie eine vergleichbar lange Zeit liefern wie die klassische Rechnung.

2.1.3 Die Einstein'sche Gleichung des Fotoeffekts und das Plancksche Wirkungsquant

In diesem Kapitel soll der Zusammenhang zwischen der Lichtfrequenz und der (max.) kinetischen Energie der Photo-Elektronen genauer untersucht werden. Dies führt zu einer Deutung des Fotoeffekts durch Einstein.

Wieder wird die **Gegenspannungs-** oder **Gegenfeldmethode** zur Messung der kinetischen Energie benutzt. Das Verschwinden des Photostroms wird jedoch anders angezeigt. Dies ist möglich, da als Lichtquelle eine pulsierende Lichtquelle benutzt wird, die 100-mal in der Sekunde maximale Lichtstärke bzw. verschwindende Lichtstärke abgibt. Im gleichen Takt schwankt dann auch der Photostrom. Er lässt sich durch einen Wechselstromverstärker leicht verstärken und mit einem Lautsprecher hörbar machen oder auf einem Oszillographenschirm sichtbar machen. Falls die Gegenspannung die Photo-Elektronen gerade zum Stillstand bringt, ist dann eine verschwindende Amplitude des verstärkten (pulsierenden) Photostroms beobachtbar.

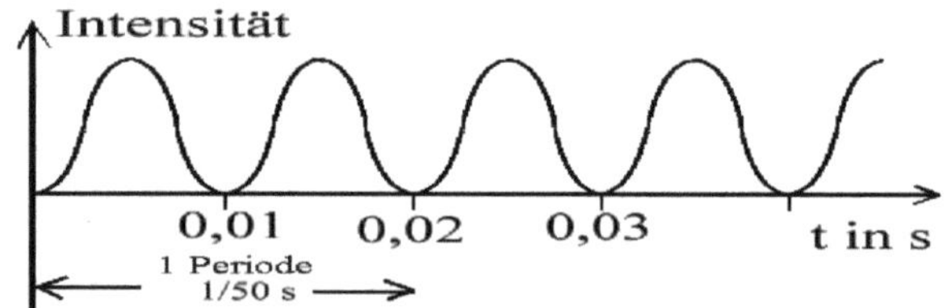

Abb. 30: Pulsierende Intensität einer Lichtquelle

a) Versuchsaufbau (Abb. 31):

b) Versuchsdurchführung: Durch Farbfilter wird Licht jeweils einer bestimmten Frequenz aus dem Frequenzgemisch der Lichtquelle ausgefiltert. Für dieses Licht wird nun die Gegenspannung soweit verändert, dass der **Photostrom gerade zu Null** wird.

[Zu einer genaueren Messung sollte man die Wurzel aus der Stromstärke gegen die Gegenspannung auftragen und zur Stromstärke 0 „extrapolieren". So lässt sich das Stromminimum unbeeinflusst von verschiedenen Störfaktoren (Netzbrumm, Temperatureinfluss, Fermi-Verteilung der Elektronen im Kathodenmetall, überlagerte Gegenbewegung von der Anode zur Kathode, ...) eindeutiger finden.]

Die gemessene Gegenspannung U ist nach Multiplikation mit der Elektronenladung e gleich der maximalen kinetischen Energie der Photo-Elektronen. **Gemessen wird also die Gegenspannung, und damit die kinetische Energie der Photo-Elektronen, in Abhängigkeit von der Lichtfrequenz.**

c) Versuchsauswertung: Tabelle der Messwerte:

U in V	0,42	0,57	1,14
Farbe	gelb	grün	blau
Wellenlänge in nm	577	546	436
f in 10^{14} Hz	5,18		
$e \cdot U = E_{kin}$ in eV	0,42		
$e \cdot U = E_{kin}$ in 10^{-19} J		0,9	

Hinweis zur Berechnung der Energie: Es gilt für die Elektronenladung: $e = 1{,}6 \cdot 10^{-19}$ A.s

Die Spannung U hat die Benennung V. Damit wird die Benennung der Energie (aus $e \cdot U$): $A \cdot V \cdot s$. Diese Benennung ist aber gleich J.   (1 $V \cdot A \cdot s$ = 1 J)

Man hätte die Energie aber auch in eV ("**Elektronenvolt**") angeben können. 1 eV ist die Energie, die ein Elektron beim Durchfallen einer Spannungsdifferenz von 1 V aufnimmt. Die Maßzahl der Energie in eV ist dann gleich der Maßzahl der Spannungsdifferenz in V. Mit der Formel $e \cdot U = E_{kin}$ folgt: 1 eV = $1{,}6 \cdot 10^{-19}$ $V \cdot A \cdot s$

$$\boxed{1 \text{ eV} = 1{,}6 \cdot 10^{-19} \text{ J}}$$

Damit ist die Umrechnung von eV in J festgelegt.

In der Regel haben Sie bisher nur einen Ausschnitt aus dem vollständigen Koordinatensystem gezeichnet. Schematisch sieht der Graph in zwei Quadranten folgendermaßen aus:

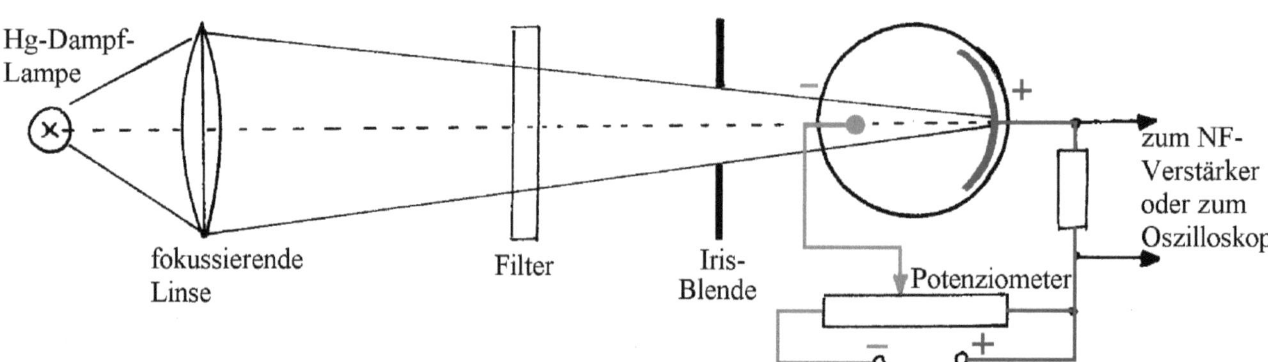

Abb. 31: Anordnung zur Messung der kinetischen Energie der von den Photonen ausgelösten Photo-Elektronen. Man kann statt der Quecksilberdampflampe auch Leuchtdioden als Lichtquellen verwenden. Statt der Linse führt dann ein Lichtleiter das Licht gebündelt zur Kathode. Bei Anordnungen aus dem Lehrmittelhandel (z.B. GRS Wasserburg) stehen dann bis zu 6 Lichtfrequenzen zur Verfügung. Siehe Abb. 38.

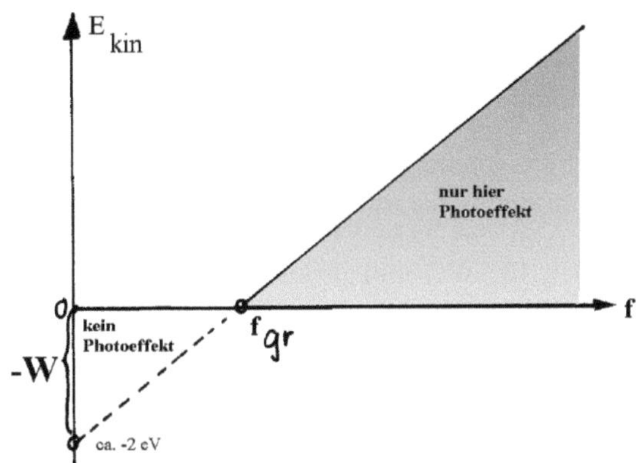

Abb. 32: *Energie der Photo-Elektronen in Abhängigkeit von der Frequenz. y-Abschnitt und Steigung h. Grenzfrequenz f_{gr}*

Bemerkenswert sind folgende Punkte:

1. Der Graph (Abb. 32) besitzt nur einen physikalischen Sinn für Frequenzen oberhalb der Grenzfrequenz f_{gr}. Nur dort gibt es einen Fotoeffekt.

2. Die Existenz und Größe der unteren Grenzfrequenz f_{gr}.

3. Der Zusammenhang zwischen kinetischer Energie der Photo-Elektronen und der Frequenz der Lichts ist **linear.**

4. Die Verlängerung der Geraden zur Frequenz f = 0 bestimmt den **"y-Abschnitt"** der linearen Funktion, den wir -W benennen wollen. W ist dann eine positive Größe. Sie wird **Austrittsarbeit** W genannt.

5. Der **Steigungsfaktor des f -E_{kin}-Graphen** soll mit h benannt werden. Aus dem Graphen kann jetzt die Funktionsgleichung der Funktion

$$f \ \ --> \ \ E_{kin}$$

entnommen werden (es handelt sich ja um eine lineare Funktion!):

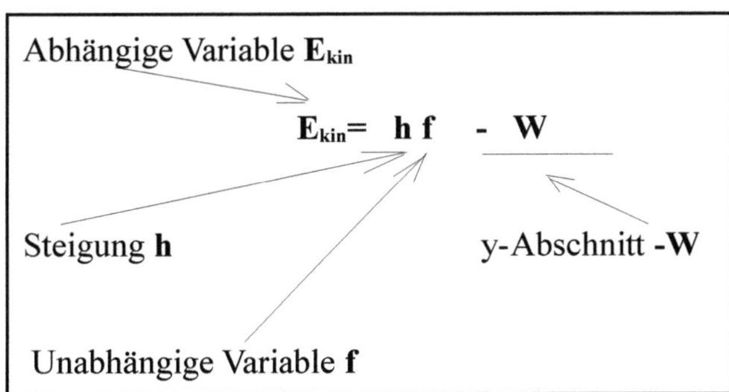

Nach Umstellung:

$$\boxed{h \cdot f = E_{kin} + W}$$

Einsteins Verdienst war es, diese Gleichung gedeutet zu haben. Dafür erhielt er 1905 den Nobelpreis.

Bestimmung der Konstanten:

1) Bestimmung von h:
Es gilt:　　　　(1) $e \cdot U_1 = h \cdot f_1 - W$

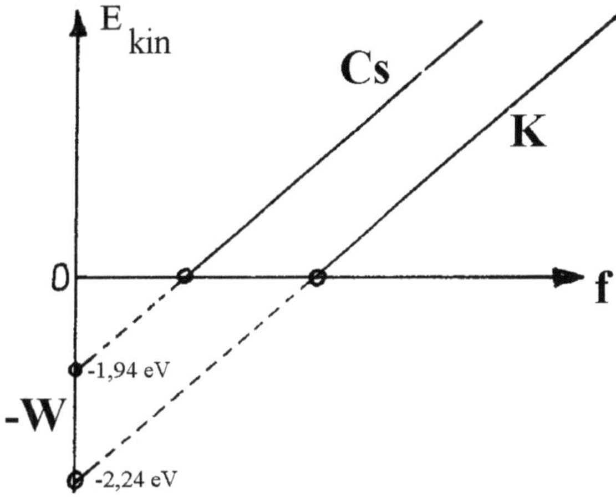

Abb. 33: *Einstein-Geraden für unterschiedliche Kathodenmaterialien*

$$(2) \ e \cdot U_2 = h \cdot f_2 - W$$

Subtraktion:　　　$h(f_2 - f_1) = e(U_2 - U_1)$

$$h = e \cdot \frac{U_2 - U_1}{f_2 - f_1}$$

Zahlenwerte (Ergänzen Sie!):

2) Bestimmung von W:

Es gilt:　$E_{kin} = e \cdot U = 0$　　bei der Grenzfrequenz　f_{gr}　, also

$$0 = h \cdot f_{gr} - W$$

oder　　　$W = h \cdot f_{gr}$

Zahlenwerte (Ergänzen Sie!):

Bei verschiedenen Kathodenmaterialien der Fotozellen (Abb. 33) stellt sich heraus:

h hat für alle Fotozellen den gleichen Wert. Es ist offensichtlich eine **"universelle" Konstante.** Ihr wird deshalb ein besonderer Name gegeben: **Plancksches Wirkungsquant.**
Als Folge dieser Tatsache haben alle f-E_{kin}-Graphen (Abb. 33) für verschiedene Kathodenmaterialien **dieselbe Steigung: sie verlaufen parallel!** Die Steigung h ist eine universelle (allgemeine) Konstante!

W hängt ebenso wie die Grenzfrequenz f_{gr} vom Kathodenmaterial ab. Es wird als die **Austrittsarbeit** oder **Ablösearbeit** bezeichnet.

(Der Name ergibt sich aus der Tatsache, dass Elektronen, die gerade noch abgelöst werden durch Photonen mit der Mindestenergie $h{\cdot}f_{gr}$, nach der Einsteingleichung keine kinetische Energie haben. D.h. in diesem Fall wurde die gesamte Energie der Photonen dazu benutzt, die Elektronen abzulösen oder austreten zu lassen ohne sie zu beschleunigen.)

SV   Messung des Planckschen Wirkungsquants mit Leuchtdioden - Messung der Photonenenergie in Abhängigkeit von der Licht-Frequen (s. Seite 28).

2.1.4   Die Deutung des Fotoeffekts durch Einstein

Das war die Situation vor Einstein: Elektromagnetische Wellen waren postuliert (Maxwell 1864) und nachgewiesen worden (H. Hertz 1886). Interferenz und Beugung von Licht wurde seit Beginn des 19. Jahrhunderts mit großem Erfolg immer wieder untersucht (Young 1802, Fresnel 1818, Fraunhofer 1821). Damit waren **Wellen**_erscheinungen_ im **Licht** nachgewiesen. Voreilig hatte man sogar gesagt "Licht *ist* eine Welle" (!). Maxwell (1861 - 1865) hatte auch gezeigt, dass seine elektromagnetischen Wellen wesensgleich mit Licht sind (u.a. Lichtgeschwindigkeit!).

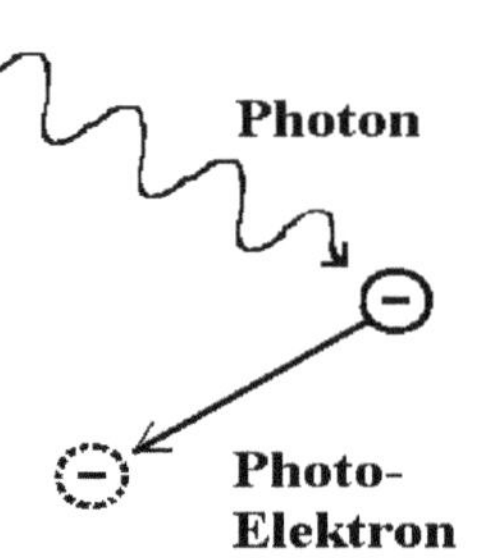

Abb. 34: Schema der Energieübertragung vom Photon an das Photo-Elektron. Ein Teil der Photonenenergie wurde als Austrittsarbeit W aufgewendet.

Vorsichtiger hatten wir dagegen aus dem Interferenz-Versuch am Doppelspalt geschlossen: **Licht ist keine Strahlung von klassischen Teilchen.**

Um die Versuche zum Fotoeffekt zu deuten, stellte Einstein nun für monochromatisches (einfarbiges) Licht die folgenden Hypothesen auf:

(1) Die Energie des Lichts ist nicht kontinuierlich im Raum verteilt wie bei einer Welle, sondern in Form von **Energie-Portionen** oder **Energie-Quanten** konzentriert, die unregelmäßig auf der Kathode eintreffen (Quantum = Portion). Zwischen zwei Energiequanten soll überhaupt keine Energie auf der Kathode eintreffen. Dies ist so, als werde die Energie von Energie-Teilchen zur Kathode getragen. Diese Energie-Portionen oder Energie-Teilchen nannte er **Photonen.**

Photonenenergie: $E = h{\cdot}f$

(2) Die Energie jedes dieser Photonen ist proportional zur Frequenz f des monochromatischen Lichts. Die Proportionalitätskonstante ist das **Plancksche Wirkungsquant** h.

(3) Trifft ein Photon mit genügender Energie auf die Kathode, so wird durch einen plötzlichen Stoß ein Elektron aus der Kathode „herausgeschlagen" (Abb. 34).

(4) Die Photonenenergie $E = h{\cdot}f$ wird beim Fotoeffekt aufgeteilt in eine Energie W, die beim Ablösen die Bindungskräfte an das Metall überwindet (daher der Name Ablösearbeit für W!) und in kinetische Energie E_{kin}, die dem Photo-Elektron mitgegeben wird. Es gilt der **Energieerhaltungssatz:**

Photonenenergie =

  Ablösearbeit

  + kinetische Energie der Photo-Elektronen

Dieser Energiesatz stellt die tiefere **Bedeutung der Einstein'schen Gleichung** dar:

Die Photonenenergie wird benutzt, um

a) ein Elektron vom Kathodenmaterial abzulösen und
b) dann noch zu beschleunigen.

Beachten Sie:

Einstein war nicht viel mehr bekannt über den Fotoeffekt als Sie erfahren haben. Es gab insbesondere **keine zwingenden Gründe** für Einsteins Hypothese. Einsteins Genialität in diesem wie in späteren Fällen (Relativitätstheorie!) zeigt sich darin, dass er von wenigen, zunächst unerklärlichen Fakten ausgehend die richtige Deutung mehr oder weniger "erriet"! So war es häufig in der Geschichte der Physik: Bahnbrechende Neuerungen in der Physik kamen seltener durch zwingende logische Schlussfolgerungen oder durch exakte Mathematik zustande, sondern häufig durch planvolles Raten, geleitet durch die **Intuition**, die auf viel **Erfahrung** in anderen Gebieten der Physik gestützt war. Solche Postulate (= Forderungen) können Außenstehende zunächst meist **nicht** als zwingend anerkennen; sie sind ja intuitiv gewonnen.

Vollständig anerkannt werden solche Postulate dann erst nach Jahren, wenn sich ihre **Zweckmäßigkeit** herausgestellt hat und keine **Widersprüche** gegen sie in anderen Experimenten oder in der logischen Schlüssigkeit der zugrunde liegenden Theorie gefunden wurden.

Eine Theorie ist in der Physik - anders als in der Umgangssprache - nicht eine unbewiesene Hypothese, sondern ein Gedankengebäude und System von Gesetzmäßigkeiten, das vielfältigste Naturerscheinungen und Experimente durch wenige Gesetzmäßigkeiten deuten kann. Es wurde stets so konstruiert, dass es in sich schlüssig und mit den Experimenten in Übereinstimmung war. Newtons Mechanik, Maxwells Elektrizitätslehre und Einsteins Relativitätstheorie sind Beispiele solcher anerkannter „Theorien".

Die Schlüssigkeit und innere Widerspruchsfreiheit eines solchen Gebäudes, einer solchen Theorie, ist deshalb neben den Experimenten das schärfste Kriterium für die

Gültigkeit physikalischer Erkenntnisse.

Die **Kreativität der Physiker** ist in gewisser Weise vergleichbar mit der Kreativität eines Künstlers: Mit naturgegebenen Materialien wird eine neue Form (die Physiker würden sagen: "ein Modell", hier etwa das Einstein'sche Photonenmodell) geschaffen, die **vorher in der Natur nicht vorhanden** war. Dafür gibt es im allgemeinen keine zwingenden Gesichtspunkte. Erschwerend kommt für den Physiker hinzu, dass seine „Kreation" nur dann Bestand hat, wenn sie der Natur angemessen ist, wenn er damit etwas beschreiben oder erklären kann.

Mit dem Einstein'schen Postulat lassen sich die **Widersprüche** zwischen Theorie und Experiment **beseitigen:**

(1) Die Energie der Photonen, die auf die Austrittsarbeit und die kinetische Energie der Elektronen aufgeteilt wird, ist frequenzabhängig. Damit ist auch die maximale **kinetische Energie der Photo-Elektronen frequenzabhängig.**

(2) Ist die Photonenenergie E kleiner als die Austrittsarbeit W, so können die Bindungskräfte des Elektrons an das Metall nicht überwunden werden. Der Fotoeffekt findet nicht statt. Dies erklärt die Existenz der unteren **Grenzfrequenz.**

(3) Damit kann die Energie der Photo-Elektronen nicht von der Amplitude des Lichte abhängen. Aber je größer die Lichtleistung (bzw. die Energie pro m^2 und s bzw. das Amplitudenquadrat) ist, desto mehr Photonen treffen pro Sekunde auf die Kathode auf, desto mehr Photo-Elektronen werden auch ausgelöst. Das **Amplitudenquadrat** des Lichts bestimmt also die Anzahl der Photonen und damit auch die Anzahl der Photo-Elektronen pro Sekunde und damit auch den **Photostrom.** (Proportionalität!).

(4) Der Fotoeffekt setzt sofort ein, da Elektronen in einem einzigen Stoß schlagartig ausgelöst werden. Wenn ein Photon auf der Kathode aufgetroffen ist – eigentlich müssten wir sagen, wenn es dort im Experiment nachgewiesen wird - ist seine **volle Energie** zur Ablösung eines Elektrons vorhanden. Das Elektron braucht nicht erst lange kontinuierlich verteilte Energie aufsammeln, diese kommt ja gleich in **den benötigten Quanten an!** Aber sie kommt in unregelmäßigen Zeitabständen an; es handelt sich um einen **zufälligen Vorgang.**

Weitere Folgerungen:

1. Die Ausstrahlung von Licht durch Atome erfolgt nicht kontinuierlich, sondern in Form von „Energieportionen": Energiequanten (Photonen). Wenigstens ist das häufig das geeignete Modell zur Beschreibung der Lichtemission.

2. Es gibt eine kurzwellige Grenze für die Energieverteilung von Röntgenbremsstrahlung:

Röntgenbremsstrahlung (siehe Anhang B; Abb. 86, 87) entsteht dadurch, dass Elektronen mit einer Energie von

---

Merken Sie sich:

Die **Amplitude des Lichts** (Lichtleistung, Intensität) bestimmt die Anzahl der pro s ausgelösten Photo-Elektronen (bzw. den Photostrom).

Die **Frequenz des Lichts** bestimmt die kinetische Energie der ausgelösten Photo-Elektronen.

Die **Austrittsarbeit des Kathodenmaterials** W bestimmt die untere Grenzfrequenz des Fotoeffekts. Unterhalb von ihr kann kein Fotoeffekt stattfinden.

---

typisch einigen keV auf eine Schwermetall-Anode geschossen werden (Anode z.B. aus Wolfram oder Kupfer). Im Anodenmaterial werden sie stark abgebremst und geben ihre Energie ganz oder teilweise in Form von Photonen ab. Eine Austrittsarbeit von Photonen ist klein im Vergleich zur kinetischen Energie der Elektronen und deshalb vernachlässigbar.

Die Entstehung von Röntgenbremsstrahlung ist also eine Art **Umkehrung des Fotoeffekts.** Da die Elektronen nach dem Eintritt in die Anode häufig nicht gleich beim ersten Stoß mit einem Elektron ihre gesamte Energie in Form eines einzigen Photons abgeben, sondern meist erst nach vielen Stößen mit Elektronen nach und nach, ist die Photonenenergie sehr unterschiedlich. Manche Photonen werden erst nach vielen Stößen ausgesandt und haben deshalb sehr geringe Energie (kleine Frequenz der elektromagnetischen Welle bzw. große Wellenlänge). Röntgenphotonen können aber höchstens die Energie haben, die die Elektronen mitbrachten und bei einem einzigen Stoß ganz abgaben, ohne weitere Energieverluste durch Stöße mit den Nachbarelektronen, also:

$$E_{kin} = h \cdot f_{max} = h \cdot c / \lambda_{min}$$

(Die Elektronenenergie wurde dann vollständig in Photonenenergie umgewandelt). Der **Maximalenergie** für die Röntgen-Photonen entspricht eine **obere Frequenzgrenze** (f_{gr}) bzw. **eine untere Grenze für die Wellenlänge** λ (λ_{min}).
Rechnen Sie's nach: $E_{kin} = 100$ keV => $f_{gr} = 0{,}24 \cdot 10^{18}$ Hz; $\lambda_{min} = 12{,}4 \cdot 10^{-10}$ m

Abb. 35: Einstein ist mehr durch seine Relativitätstheorien mit seiner berühmten Formel bekannt. Den Nobelpreis erhielt er aber für die Deutung des Fotoeffekts.

SV Messung von h mit Leuchtdioden

Benutzt wird die Tatsache, dass bei Leuchtdioden Strom erst fließt, wenn die angelegte Spannung die sogenannte Knickspannung U_D überschreitet (im ersten Bild für eine rote LED bei ca. 1,5 V). Dann erst beginnt die Leuchtdiode, relativ monochromatisches Licht auszustrahlen. Ein sehr stark vereinfachtes Modell für die Existenz der Knickspannung ist, dass durch die äußere Spannung den Ladungsträgern in der LED erst eine Mindestenergie $e \cdot U_D$ zugeführt werden muss, damit die LED leitend wird. Bei Stromfluss wird diese Energie wieder in Form von Licht abgegeben. Damit hat man durch die Knickspannung U_D direkt die Photonenenergie ($e \cdot U_D$), gemessen in Abhängigkeit von der Frequenz, die über $\lambda = c/f$ durch ein Beugungsgitter für verschiedenfarbige Leuchtdioden ebenfalls im Schülerversuch gemessen wird.

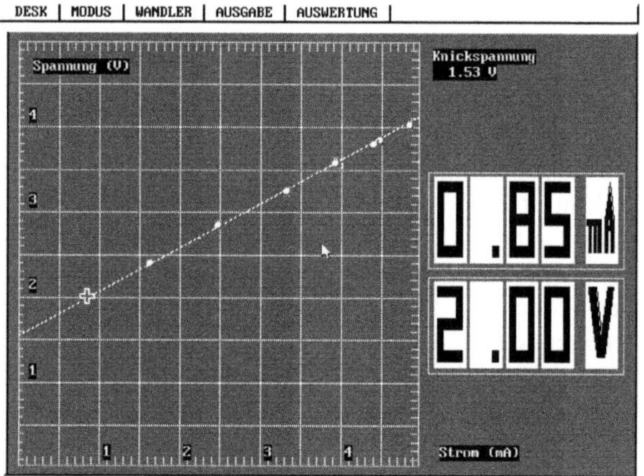

Abb. 36: I-U-Kennlinie einer Leuchtdiode. Bis 1,6 V fließt so gut wie kein Strom. Der lineare Verlauf der Kennlinie ist auch die Folge eines Vorwiderstands (330 Ω), der eine reproduzierbare Extrapolation zu I = 0 ermöglicht.

Ergebnis:

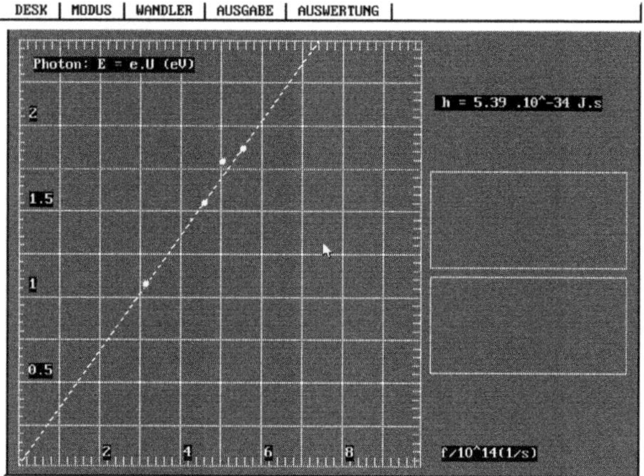

Abb. 37: Einstein-Gerade aus dem Experiment mit Leuchtdioden: Photonenenergie in Abhängigkeit von der Lichtfrequenz.

Die Photonenenergie E_{ph} ist auch nach diesem Versuch proportional zur Frequenz des Lichts.

Technische Hinweise:

1. Eine alternative Anordnung zur Messung der kinetischen Energie der Photoelektronen:

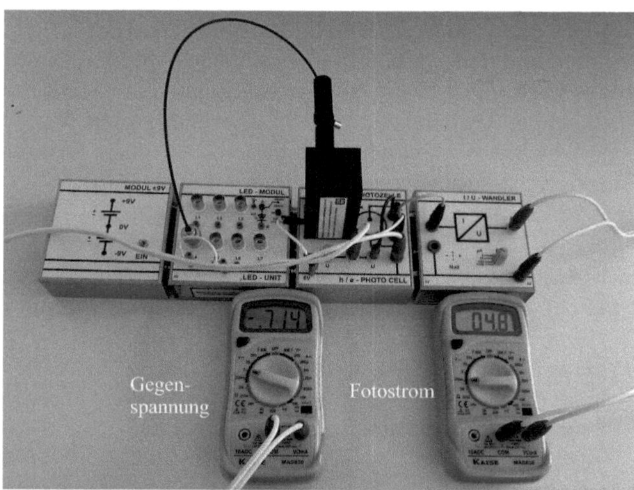

*Abb. 38: Anordnung von **GRS Wasserburg** zur Messung der kinetischen Energie der Photoelektronen in Abhängigkeit von der Lichtfrequenz. Leuchtdioden im zweiten Gehäuse erzeugen fast monochromatisches Licht, das per Lichtleiterkabel zur Fotozelle geschickt wird. Mit einem Potenziometer im Fotozellenmodul wird die Gegenspannung erzeugt. Das Verstärkermodul erzeugt eine zum Fotostrom proportionale und leicht messbare Spannung.*

2. Aus verschiedenen Gründen ist die Gegenspannung nicht leicht zu finden, bei der der Fotostrom einer Fotozelle verschwindet. Mit Hilfe der „**Wurzelmethode**" (siehe Internet) wird die „Nullstelle" des Fotostroms reproduzierbar durch Extrapolation von höheren Strömen her ermittelt. Das gilt für alle Anordnungen, aber nicht für die „Auflademethode", die ihre eigenen Probleme hat.

3. Auch bei der Messung von h über die Knickspannung von Leuchtdioden empfiehlt sich eine **Extrapolation** von höheren Strömen her gemäß Abb. 36. (siehe Internet auf der Homepage des Autors).

2.1.5 Wo spielen Photonen noch eine Rolle in der Natur?

1. Beim Sehvorgang: Photonen treffen auf die lichtempfindlichen Stäbchen und Zäpfchen der Netzhaut und zersetzen dort den Sehpurpur. Die Zäpfchen und Stäbchen leiten den Reiz an das Gehirn weiter. Angeblich reichen 2 - 3 Photonen von Licht aus dem sichtbaren Bereich aus, um einen Reiz zu erzeugen. (Andere Physiker sprechen von 30 - 50 Photonen). Untersuchungen zeigten, dass man bei Licht so geringer Intensität nicht auf der ganzen Netzhaut Dämmerlicht wahrnimmt, sondern einzelne kleine **Lichtblitze, die völlig statistisch** (ohne Gesetzmäßigkeit) auf der Netzhaut verteilt erscheinen. Im allgemeinen ist es jedoch zu unserem Glück so, dass immer sehr viele Photonen beteiligt sind, sodass die statistischen Schwankungen der Photonenzahlen nicht auffallen.

2. Bei der Photographie: In der Filmschicht werden durch **einzelne** Photonen Silberhalogenide (AgJ oder AgBr) der lichtempfindlichen Schicht in Silber zersetzt. Erst durch den Entwicklungsvorgang im Labor entstehen aus diesen "Silberkeimen" (die unsichtbar sind) sichtbare Silberkörner, die die Schwärzung des Film darstellen. Im Mikroskop stellt man wieder eine **statistische Verteilung** der Silberkeime (bzw. Silberkörner) fest, nicht etwa eine gleichmäßige Schwärzung.

In beiden Fällen ist das Auftreten von Energiequanten wesentlich. Würde die Energie wie durch eine **Welle** an die Netzhaut bzw. die Photoschicht übertragen werden, so würde es evtl. **Stunden dauern**, bis ein Zäpfchen oder Stäbchen bzw. ein Sillberhalogenidmolekül die Energie aufgesammelt hätte, die zum Zersetzen nötig ist. Da aber die Energie gleich in „größeren Portionen" ankommt, erfolgt die Zersetzung sofort.

3. Bei kurzwelligen Röntgenstrahlen und γ-Strahlen ist die Photonenenergie - also die Energie, die bereits ein Photon überträgt - so groß, dass man meist nur den "gekörnten" Charakter der Energie wahrnimmt. Wellenerscheinungen spielen hier fast keine Rolle mehr. Man kann sich fast alle Vorgänge so erklären, als würden **Stöße von Photonen mit anderen Materiebausteinen** (z.B. Elektronen oder Atomen stattfinden.

4. Auch bei **Radiowellen** sind Photonen beteiligt. Allerdings sind bei allen technischen Vorgängen wegen der extrem geringen Photonenenergie extrem viele Photonen beteiligt, so dass die statistischen Streuungen so gut wie nicht auffallen. Berechnen Sie für ein UKW-Photon (f = 100 MHz) die Photonenenergie und vergleichen Sie mit der Photonenenergie im Bereich des sichtbaren Lichts von ca. 2 eV! Wie viele Photonen werden benötigt, um bei dieser Frequenz die geringe Energie von 1 eV an eine Antenne zu übertragen?

2.1.6 Eigenschaften von Photonen

(1) Für die Energie eines Photons gilt bei monochromatischem Licht:

$$\boxed{\textbf{Energie:} \qquad E = h \cdot f}$$

Dabei ist h eine universelle Konstante; das Planck'sche Wirkungsquant, f die Frequenz des Lichts.

Die Frequenz f errechnet sich aus der Lichtgeschwindigkeit c und der Wellenlänge λ

$$c = \lambda \cdot f$$

(2) Wenn man den Photonen eine Geschwindigkeit zuschreiben will, kann dies nur die **Lichtgeschwindigkeit c** sein. Dann muss nach Einsteins Relativitätstheorie die Masse (Ruhemasse) des Photons 0 sein.

(3) Wenn wir voraus greifen, müssen wir für so schnell bewegte Teilchen die Relativitätstheorie anwenden. Allgemein gilt dann $E = m \cdot c^2$. Dadurch können wir eine Masse m (die so genannte bewegte Masse) für das Photon **definieren** (!) (in der modernen Physik unterlässt man das aber lieber): $m = E/c^2$.

$$\boxed{\textbf{Masse:} \quad m = E/c^2 = h/(\lambda \cdot c)}$$

(4) Wichtiger ist die Größe $m \cdot c = E/c$, die üblicherweise als Impuls p bezeichnet wird:

$$p = E/c = h \cdot f/c = h/\lambda$$

$$\boxed{\textbf{Impuls:} \quad p = h / \lambda}$$

(5) Wegen $E = h \cdot f$ sind UV-Photonen energiereicher als Photonen des blauen Lichts (größere Frequenz!), diese wiederum sind energiereicher als Photonen des gelben und diese als Photonen des roten Lichts.

(6) Noch geringere Energie haben die Photonen des Infrarot-Lichts (Wärmestrahlung!) und die Photonen der Radiowellen.
Deren Energie ist so gering, dass sie als einzelne Photonen kaum mehr in Erscheinung treten. Bei allen beobachtbaren Erscheinungen mit ihnen sind große Anzahlen von ihnen beteiligt. Wenn die Anzahl der nachgewiesenen Photonen an einer Stelle etwas statistisch schwankt - wie das nach dem Photonenmodell zu erwarten ist - , macht das im Vergleich zum sehr großen Mittelwert fast nichts aus: die „körnige Struktur" wird nicht wahrgenommen; man bemerkt kaum einen Unterschied zu den Vorhersagen des Wellenmodells.

(7) In den Experimenten treten Photonen nur in **zwei Polarisationsrichtungen senkrecht zur Ausbreitungsrichtung** auf, entsprechend der Polarisierbarkeit der elektromagnetischen (Transversal-)Wellen.

(8) Photonen lassen sich nicht von elektrischen und magnetischen Feldern beeinflussen. Wohl aber könnte die Wechselwirkung von Photonen mit Materie durch solche Felder beeinflusst werden, weil die Felder Einfluss auf die Materie haben und die Materie wieder auf

Abb. 39: Max Planck, der Entdecker der Photonen wider Willen

die Ausbreitung der Photonen (vgl. Faraday-Effekt).

(9) Photonen sind die Teilchen, die die elektromagnetische Wechselwirkung zwischen elektrischen Ladungen vermitteln, ähnlich wie die Gluonen die starke Kraft zwischen Quarks, und die Teilchen W^+, W^- und Z^0 die schwache Kraft zwischen Leptonen und Protonen, Neutronen und Quarks vermitteln (vgl. **Standard-Modell**). (Siehe auch Spektrum der elektromagnetischen Wellen)

Warnung:

Einstein behauptete nicht (oder hätte es jedenfalls nicht tun sollen) "Licht besteht aus klassischen Teilchen mit dem Namen 'Photonen' ". Der Doppelspalt-Versuch mit Licht hatte ja gezeigt, dass **Licht keine Strahlung klassischer Teilchen** sein kann. Er stellte lediglich die allgemein anerkannte Hypothese auf, dass sich Licht beim Fotoeffekt **wie** eine Teilchen*erscheinung* verhalte.

Ganz entsprechend war es früher nicht zulässig, zu behaupten „Licht hat Welleneigenschaften" oder „Licht ist eine Welle". Man kann nur sagen, dass es manchmal zweckmäßig ist, so zu tun, als verhalte sich Licht **wie** eine Welle, z.B. bei einem Interferenz-Versuch, wenn es um die Lage der Maxima und Minima geht.

Der Beziehung von Wellen und Teilchen im Zusammenhang mit Licht muss noch genauer geklärt werden.

Das Planck'sche Wirkungsquant h

Die Gleichung $E = h\cdot f$ verknüpft durch h Größen aus dem Teilchenbild (Energie E eines Photons) mit einer

Größe aus dem Wellenbild (Frequenz f des Lichts). Exakte Messungen zeigen:

$$h = 6{,}625\cdot10^{-34}\ \text{J}\cdot\text{s}$$

Eine Größe mit der Benennung J·s hatte man früher als "Wirkung" bezeichnet. Daher der Name für h. Die Konstante h ist unabhängig von Frequenz und Kathodenmaterial, sie ist eine „universelle" Konstante.

Max Planck hatte schon früher (1900) bei der Strahlung glühender Körper („schwarzer Körper") Beobachtungen durch die Annahme von Energiequanten der Größe $h\cdot f$ erklären können. Er konnte damit die Strahlungsgesetze exakt erklären, aber die Annahme von Quanten schien ihm widersinnig. Ein Verständnis war erst nach Einsteins Postulat möglich: Strahlung eines glühenden Körpers verhält sich so, als bestünde sie aus einem Gas von Photonen.

2.1.7   Übersicht über Frequenz, Wellenlänge und Photonenenergie für Licht aus dem gesamten Spektrum der elektromagnetischen Wellen

Die Werte werden jeweils errechnet aus den Formeln:

(1) $c = \lambda\cdot f$ **(2)** $E = h\cdot f = h\cdot c/\lambda$ **(3)** $p = E/c = h/\lambda$

Führen Sie die Rechnungen durch!

Strahlungs-art	Frequenz f (typische Werte)	Wellenlänge λ	Photonen-energie
UKW	10^{8} Hz	3 m	0,4 µeV !
Infrarot	10^{12} Hz		
Sichtbares Licht	$5\cdot10^{14}$ Hz		
UV-Licht	10^{16} Hz		
Röntgen-strahlung	10^{19} Hz		
γ-Strahlung	10^{24} Hz		

2.1.8 Aufgaben

1. Beschreiben Sie, wie man von Messwerten der von Ihnen verwendeten Apparatur zum Fotoeffekt auf die Photonenenergie schließen kann,
   a) wenn Sie als Forscher Pionierarbeit auf diesem Gebiet zu leisten hätten,
   b) wenn Ihnen die Einstein-Hypothese bereits bekannt wäre.

2. Für Licht der Wellenlänge λ = 480 nm (blau) wird beim Fotoeffekt eine elektrische Gegenspannung von U = 1,8 V gemessen. Das ist die Bremsspannung (bei der "Gegenfeldmethode") bzw. im Fall der "Auflademethode" die Spannung, die zwischen Anode und Kathode entsteht. Berechnen Sie die Austrittsarbeit für das verwendete Material der Photokathode.

3. Welche Spannung ergibt sich in der Anordnung der Aufgabe 2 für gelbes Licht (λ_g = 580 nm; f_g = 5,17·10^{14} Hz statt f_b = 6,25·10^{14} Hz)? (gleiches Kathodenmaterial!)

4. Berechnen Sie h aus einer Graphik mit Licht mehrerer Wellenlängen.

Farbe	gelb	grün	blau
Wellenlänge in nm	578	546	436
Frequenz * 10^{-14} Hz	5,19		
Gegenspannung in V	0,27	0,32	0,89

5. Bestimmen Sie die Austrittsarbeit des Kathodenmaterials mit den Daten von Aufgabe 4.

6. Die Austrittsarbeit von Na (Cs) beträgt 2,28 eV (1,94 eV). Von welcher Frequenz, Wellenlänge und Farbe des Lichts ab findet Fotoeffekt statt? Geht's mit einem roten He-Ne-Laser (λ = 632 nm)?

7. Mit welcher maximalen Geschwindigkeit treten Elektronen aus einer Na-Photokathode (Austrittsarbeit W = 2,28 eV) aus, wenn blaues Licht der Wellenlänge 480 nm einfällt? Welche Wellenlänge müsste Licht haben, das bei einer Cs-Kathode (W = 1,94 eV) Elektronen gleicher Maximalgeschwindigkeit auslösen würde?

8. Entnehmen Sie einer Tabelle die Austrittsarbeit von Zink. Begründen Sie rechnerisch, dass der Fotoeffekt bei Zink nicht mit sichtbarem Licht stattfinden kann.

9. Eine Leuchtdiode sendet rotoranges Licht der Wellenlänge λ = 605 nm aus. Berechnen Sie einen Näherungswert für die Knickspannung der LED, also für die Spannung, oberhalb von der die LED leitfähig wird.

10. Bei einer Infrarot-LED beginnt erst ein Strom zu fließen, wenn die angelegte Spannung 1,15 V übersteigt. Berechnen Sie einen Näherungswert für die Wellenlänge des IR-Lichts.

11. Photonen haben auch einen Impuls p = E/c = h/λ und können deshalb kleine Teilchen beim Stoß beschleunigen. So schlägt Sonnenlicht aus einem Kometen Staubkörnchen heraus und erzeugt so einen Schweif.

a) Welche Richtung hat dieser? b) Berechnen Sie die maximale Impulsänderung / Geschwindigkeitsänderung für ein Staubteilchen der Masse m = 10 µg, das in 1s von 10^{20} Photonen mit λ = 570 nm (gelb) getroffen wird. Beachten Sie: Maximaler Impuls würde übertragen werden, wenn das Photon am Staubteilchen genau rückwärts reflektiert werden würde.

12. Diskutieren Sie den Einfluss des **Photonenimpulses** auf die Solarpaneele der Internationalen Raumstation ISS. Diese sind ja "tagsüber" der ständigen Bestrahlung durch die Sonne ausgesetzt.

13. Auf die geschwärzte Fläche eines Flügels einer evakuierten Lichtmühle mit A = 4 cm^2 fallen monoenergetische Photonen mit f = 5·10^{14} Hz. Ihre Zahl in 2 s betrage 2·10^{20}. a) Berechnen Sie die Lichtleistung. Beachten Sie: Leistung ist übertragene Energie pro Zeiteinheit. b) Die Photonen werden von der schwarzen Fläche absorbiert. Es wird also auch ihr Impuls ganz aufgenommen. Berechnen Sie die Impulsänderung der Lichtmühle in 2 s. Schätzen Sie ab, zu welcher Geschwindigkeitsänderung diese Impulsänderung führt, wenn die Masse der 4 Flügel zusammen 1 mg beträgt. Wird mehr Impuls an den Flügel übertragen, wenn die blanke oder wenn die schwarze Seite dem Licht ausgesetzt ist? In welche Richtung dreht sich also dieser Typ von Lichtmühle? (Hinweis: Handelsübliche Lichtmühlen sind empfindlicher und funktionieren anders: Hier spielt die Erwärmung der Luft an der schwarzen Seite eine wesentliche Rolle.)

14. **Röntgenbremsstrahlung (vgl. Anhang B):** Elektronen der einheitlichen Energie 50 keV sollen auf eine Anode aus Wolfram-Metall auftreffen. Sie werden dort in einem Stoß oder vielen aufeinander folgenden Stößen abgebremst, wobei sie Energie in Form von Röntgenphotonen abgeben.

a) Erläutern Sie, weshalb die entstehenden Röntgenphotonen ein kontinuierliches Energie- bzw. Wellenlängen-Spektrum aufweisen mit einer hochenergetischen bzw. kurzwelligen Grenze. Handelt es sich um eine hochfrequente oder niederfrequente Grenze?

b) Berechnen Sie die Wellenlänge der kurzwelligen Grenze der Röntgenstrahlung bzw. die Maximalenergie der entstehenden Röntgenphotonen.

c) Als untere Wellenlängengrenze wird λ_{gr} = 2,5·10^{-11} m gemessen. Aus ihr ergibt sich i.A. eine sehr genaue Messung des Planck'schen Wirkungsquants h. Welchen Wert erhalten Sie für h hier im Versuch?

15. Monochromatisches Licht der Wellenlänge λ = 540 nm und der Intensität 2,2·10^{-15} J/(m^2·s) fällt in einer **Fotozelle** auf eine Kathode aus Cs (Austrittsarbeit 1,94 eV) mit der Fläche 5 cm².

a) Berechnen Sie die kinetische Energie der schnellsten aus der Kathode ausgelöst Photo-Elektronen.

b) Berechnen Sie die Zahl der Photonen, die pro Sekunde auf die Kathode auftreffen.

2.2 G-R-A-Versuch am Strahlteiler: Photonen sind unteilbare Teilchen im Sinne der Quantenphysik – der Teilchenbegriff der Quantenphysik

Von 3 französischen Physikern, **Grangier**, **Roger** und **Aspect** stammt ein Versuch, der als zwingendster Versuch zur Bestätigung der Einstein'schen Photonen-Hypothese gilt (1986):

Dabei geht es um die Frage, wie sich Photonen an einem Strahlteiler (halbdurchlässiger Spiegel) verhalten. Bei einer klassischen elektromagnetischen Welle wäre das klar: Die Welle würde sich zu je 50% auf beide Wege aufteilen.

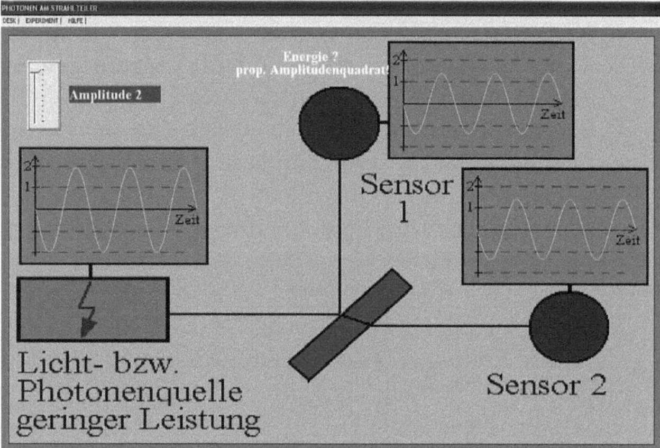

Abb. 40: *So würden sich klassische Wellen am Strahlteiler aufteilen*

Statt der einfallenden Welle würde wir zwei genau gleich aussehende Wellen mit jeweils halbierter Intensität registrieren. Machen das die Photonen auch, oder geht das eine Photon den einen Weg, ein anderes den zweiten?

Um den Versuch am Strahlteiler mit Photonen durchzuführen werden zwei Photonenzähler S_1 und S_2 eingesetzt.

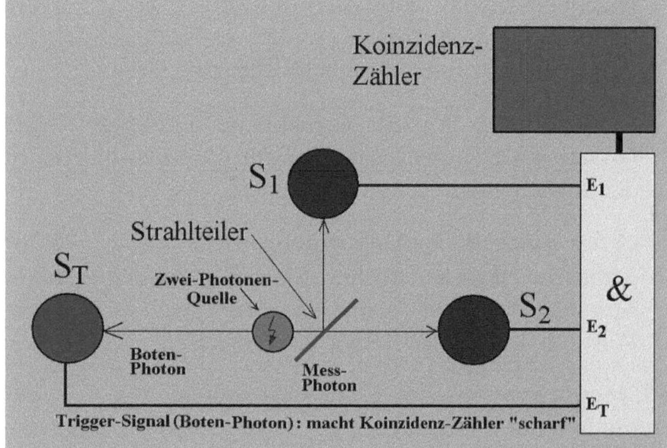

Abb. 41: *Der originale G-R-A-Versuch schematisch: Untersucht wird das Verhalten von Photonen am Strahlteiler. Um sicher zu stellen, dass jeweils genau 1 Messphoton beteiligt ist wird erst durch ein gleichzeitig erzeugtes Botenphoton die Koinzidenz-Elektronik „scharf" geschaltet.*

Das Versuchsergebnis ist sehr überraschend – ganz anders als bei klassischen Wellen: **Entweder** spricht der eine Zähler an, **oder** der andere. Photonen werden offenbar

nicht aufgeteilt, sie bilden eine unteilbare „Einheit".

In der raffiniertesten Anordnung verwenden die Autoren eine Zwei-Photonen-Quelle, die quasi gleichzeitig zwei Photonen aussendet. Eines der beiden Photonen, das Mess-Photon, gelangt zu einem Strahlteiler (halbdurchlässiger Spiegel), an dessen beiden Ausgängen die Detektoren S_1 und S_2 stehen. Die Frage ist: Sprechen sie gemeinsam an, wie das bei einer klassischen elektromagnetischen Welle der Fall wäre, oder spricht immer nur der eine oder der andere an? Um sicher zu sein, dass das Zählereignis wirklich durch das einzige in der Apparatur vorhandene Mess-Photon ausgelöst wird, wird das Boten-Photon genutzt. Wenn es den Detektor S_T zum Ansprechen bringt, wird ein Koinzidenz-Zähler "scharf" geschaltet. Erst dann registriert er, wenn Zähler S_1 und S_2 gleichzeitig ansprechen. Natürlich ist die Anlage so dimensioniert, dass unterschiedliche Laufzeiten der Photonen keine Rolle spielen. Koinzidenz bedeutet gleichzeitiges Eintreffen.

Sie können den Versuch in einer Simulation mit Hilfe des Programms **PHOTONEN** vom Autor (siehe Internet) nachvollziehen. In der Simulation wird der Versuch in folgenden Stufen durchgeführt:

- Wie verhalten sich elektromagnetische Wellen am Strahlteiler?
- Wie verhalten sich Photonen wirklich am Strahlteiler? Mit getrennten Detektoren für beide Wege werden Photonen gezählt.
- Wie verhalten sich Photonen am Strahlteiler? Verschärfter Nachweis durch ausbleibende Koinzidenzen, wobei also niemals zwei Photonen auf beiden Wegen gleichzeitig auftreten.
- Test der Koinzidenz-Messung

Um das Geschehen zu veranschaulichen werden in der Simulation anfangs laufende Photonen gezeigt, die entweder den einen oder den anderen Weg am Strahlteiler wählen. Dann wird die Simulation unterbrochen, laufende Photonen werden "abgeschaltet" und nur Beobachtbares gezeigt, also nur noch Zählereignisse. Laufende Photonen, also beim Lauf zu beobachtende Photonen, widersprechen der Quantenphysik, wie Sie bald verstehen werden.

Lösen Sie mit dem Simulationsprogramm PHOTONEN folgende Aufgaben:

1. Wie unterscheidet sich das Verhalten von elektromagnetischen Wellen von dem einzelner Photonen am Strahlteiler?

2. Ergänzen Sie: Aus einer elektromagnetischen Welle entstehen am Strahlteiler zwei Wellen. Aus einem einzelnen Photon entsteht am Strahlteiler ....

3. Wenn man statt einer Zweiphotonenquelle eine gewöhnliche Photonenquelle verwendet hätte, die in unregelmäßigen Zeitabschnitten einzelne Photonen emittiert, hätte es ganz selten sein können, dass beide Sensoren S_1 und S_2 gemeinsam ansprechen. Was ist der

Grund dafür? Wie wurde das Problem von G-R-A gelöst?

4. Diskutieren Sie die Fragestellung, ob sich Photonen wie Teilchen oder wie Wellen verhalten.

5. Erläutern Sie ohne technische Details, wie eine Koinzidenz-Messung funktioniert!

Insgesamt folgern Sie:

1. Es wird die Vorstellung von Photonen als unteilbaren „Einheiten", als Teilchen gefestigt. Denn es kommt so gut wie nie zu einem gemeinsamen Ansprechen beider Detektoren S_1 und S_2.

2. Photonen können gezählt werden.

Unter anderem deshalb wurde in der Quantenphysik generell festgelegt:

> **In der Quantenphysik spricht man von Teilchen (im Sinne der Quantenphysik), wenn diese unteilbar auftreten und gezählt werden können.**

In der Quantentheorie formuliert man präziser: „Teilchenzustände sind Eigenzustände des Teilchenoperators." Die anschauliche Bedeutung dieser Formulierung haben Sie eben kennen gelernt. Darüber, was mit der quantentheoretischen Formulierung noch gemeint sein könnte, brauchen Sie sich hier nicht den Kopf zerbrechen

Wellen können nicht gezählt werden. So hat es keinen Sinn zu fragen, wie viele Huygens'sche Elementarwellen sich überlagern, um eine Wellenfront zu bilden.

Um die Teilchen (im Sinne der Quantenphysik) von klassischen Teilchen zu unterscheiden, nennt man sie oft **Quantenteilchen**, **Mikroteilchen** oder allgemeiner **Quantenobjekte** oder **Mikroobjekte**.

Der Doppelspalt-Versuch lehrte: Solche Teilchen sind keine klassischen Teilchen. Weitere Eigenschaften von Photonen sind belanglos für die Auffassung als Teilchen (im Sinne der Quantenphysik). Es kommt nur darauf an, dass ihre Anzahl bestimmt werden kann.

> Photonen sind im Sinne der Quantenphysik eindeutig Teilchen, weil sie gemäß der quantenphysikalischen Teilchendefinition gezählt werden können. Sie sind Quantenteilchen, aber keine klassischen Teilchen.

Da Photonen keine klassischen Teilchen wie Sandkörner oder Tennisbälle sind, liegen viele ihrer Eigenschaften **außerhalb unseres Erfahrungsbereichs**. Sie können gezählt werden, aber sonst sind sie mit kaum etwas aus unserer bisher bekannten Welt vergleichbar. Wie Sie bald sehen werden, können sie zusätzliche Eigenschaften haben, die wir uns an klassischen Teilchen nicht vorstellen können. Dazu gehört z.B., dass die unteilbaren Quantenteilchen interferenzfähig sind.

Beim Strahlteiler kann nicht vorhergesagt werden, in welchem Zähler ein bestimmtes Photon nachgewiesen wird. Das ist ganz **zufällig**. Es gibt hier aber auch **gesetzmäßiges** Verhalten: Im Mittel – zu sehen bei langer Versuchsdauer - registriert jeder Zähler gleich viele Photonen.

2.3 Doppelspaltversuch mit Licht bei reduzierter Leistung: Auch bei der Interferenz zeigen sich Photonen

2.3.1 Interferenz – erst nach und nach sichtbar

Wir haben gerade festgestellt, dass Licht als ein Strom von Teilchen, den Photonen, beschrieben werden kann. Früher hatten wir behauptet, Licht könne als elektromagnetische Welle beschrieben werden. Was gilt nun? Etwa beides zugleich?

Gehen wir zu extrem schwachem Licht über, bei dem wir sogar einzelne Photonen zählen können. Dazu reduzieren wir - im Prinzip - die Intensität eines Lasers immer weiter, z.B. mit Polfiltern, und beobachten das Interferenzbild. Wenn Licht eine Welle wäre, müsste dabei einfach die Amplitude sinken. Der Verlauf des Interferenzbilds sollte sonst unbeeinflusst bleiben. Ein intaktes, aber immer schwächer werdendes Interferenzbild sollte resultieren.

Als Zähler wird eine Photoplatte oder ein Flächenzähler verwendet. Dieser besteht aus lauter kleinen lichtempfindlichen Flächenelementen. Der Zähler eines Flächenelements zählt, wie viele Teilchen innerhalb eines Flächenelements nachzuweisen sind.

Der Versuch zeigt etwas völlig anderes als bei einer klassischen Welle: Auch bei geringer Intensität sollte dort ein glattes Interferenzbild entstehen (Abb. 46), wenn auch ein sehr abgeschwächtes. Hier aber sprechen zunächst nur einzelne Flächenelemente an. Diese liegen völlig unregelmäßig verteilt. Das leuchtet ein, wenn wir an einzelne, ungeteilte Photonen denken; von Interferenz zunächst keine Spur! (Abb. 42)

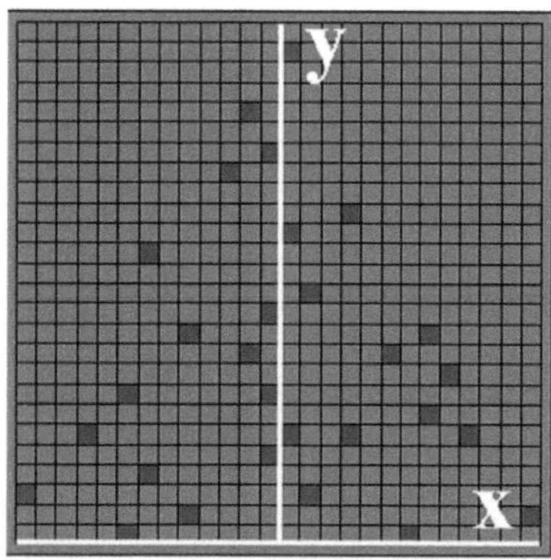

Abb. 42: Eingefärbt sind die Flächenelemente auf einem Schirm, die ansprechen, wenn ein Photon registriert wird. Zunächst sprechen nur wenige, statistisch verteilte Flächenelemente an.

Die Nachweisorte sind völlig unregelmäßig, zufällig verteilt. Es zeigt sich der **objektive Zufall**: Es ist nicht vorhersagbar, welches Flächenelement als nächstes ansprechen wird (wo ein Photon als nächstes nachgewiesen wird).

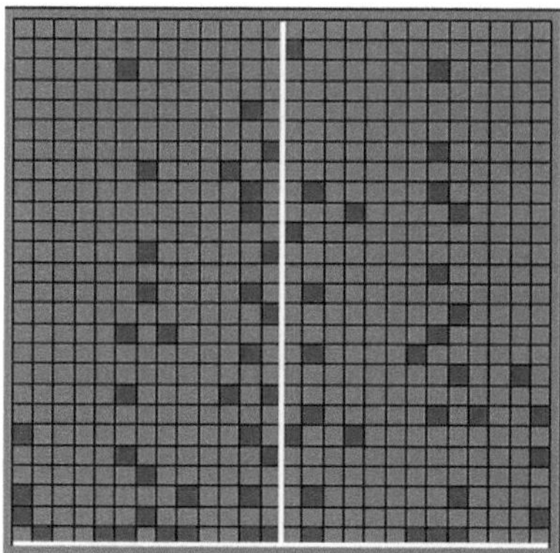

Abb. 44: Nach und nach stellt sich heraus, dass vor allem Flächenzähler in der Nähe der Maxima einer Interferenzfigur ansprechen.

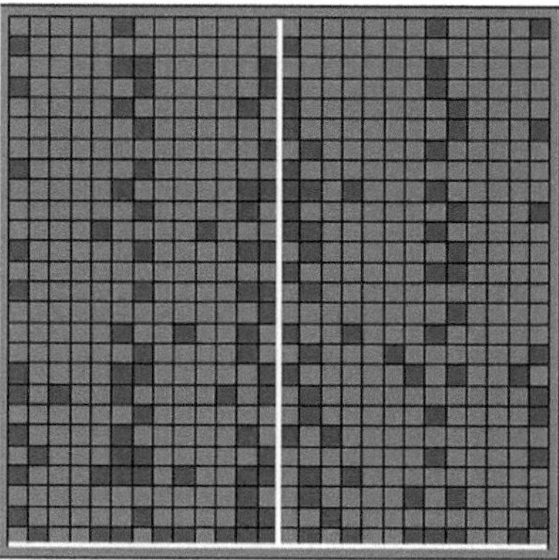

Abb. 45: Das wird um so klarer, je mehr Photonen auf dem Schirm nachgewiesen werden.

Aber je mehr Photonen nachgewiesen werden (Abb. 43, 44, 45), desto mehr stellt sich heraus: Der Zufall wird kontrolliert durch eine **Gesetzmäßigkeit**: Es sprechen vor allem die Flächenzähler in der Nähe der Maxima einer Interferenzfigur an. Man kann das auch mit der Wahrschein-

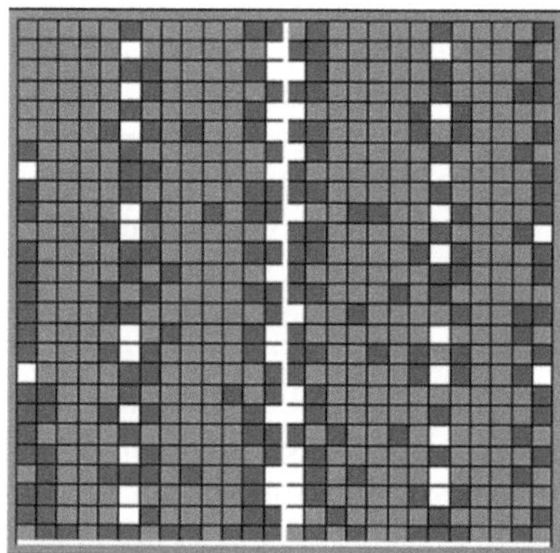

Abb. 43: Im Laufe der Zeit sprechen sogar Flächenelemente mehrfach an. Diese werden zunächst in der Abbildung hell eingefärbt.

lichkeit für den Nachweis eines Photons formulieren: Die **Nachweiswahrscheinlichkeit** in einem Flächenelement ist besonders groß bei den Maxima einer Interferenzfigur, und quasi 0 in der Nähe deren Minima. Wegen der zufälligen Vorgänge sind starke statistische Schwankungen beobachtbar, die Zahl der nachgewiesenen Photonen auch im Maximum streut von Flächenelement zu Flächenelement. Bei wenig Teilchen ist die Streuung der Nachweisorte zwar ebenfalls klein, aber auch sehr auffällig. Mit zunehmender Photonenzahl machen sich Streuungen immer weniger bemerkbar.

Schematisch zeigt das die folgende Tabelle. Interpretieren Sie die Daten! (Die genaue Definition der mittleren quadratischen Streuung $<\Delta N>$ oder der relativen Streuung $<\Delta N>/<N>$ brauchen Sie nicht zu kennen. Die eckigen Klammern $<>$ bedeuten immer einen Mittelwert über viele Messungen.)

mittlere Zahl der Nachweise in einem bestimmten Flächenele-ment $<N>$	mittlere quadratische Streu-ung $<\Delta N>$	2/3 aller Nachweise finden statt im Intervall	relative Streu-ung $<\Delta N>/<N>$	2/3 aller Nachweise unterscheiden sich vom Mittelwert höchstens um
10	3	7 < N < 13	0,3	30,00%
100	10 = $\sqrt{100}$	90 < N < 110	0,1	10,00%
10000	100 = $\sqrt{10000}$	9900 < N < 100100	0,01	1,00%
1 000 000				

Ergänzen Sie entsprechend des angewandten Schemas!
Ganz klar: Die relative Streuung $<\Delta N>/<N>$ - auch prozentuale Abweichung genannt - der Teilchennachweise in einem bestimmten Flächenelement wird immer kleiner mit zunehmender mittlerer Zahl $<N>$ der Nachweise: Mit zunehmender Zahl der Nachweise wird der Zufall und das "körnige" Verhalten immer weniger auffällig. Das geschieht also bei großer Intensität des Lichts.

Die Tabelle erläutert die oft näherungsweise gültige „Wurzel-Regel".

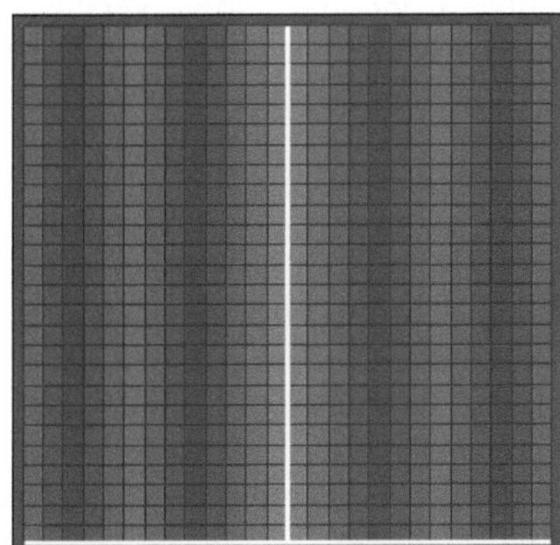

Abb. 46: *Hier ist schematisch dargestellt, was bei einer klassischen Welle zu erwarten wäre: Je höher der Weißanteil, desto höher die Energie pro Flächenelement.*

Beim Doppelspalt-Versuch mit verminderter Leistung der Photonenquelle zeigen sich die Photonen also einerseits als Teilchen, wie man es erwartet hätte. Andererseits entsteht mit zunehmender Photonenzahl immer mehr eine Interferenzfigur, die der bei klassischen Wellen ähnelt.

> **Im Doppelspalt-Versuch mit verminderter Lichtleistung zeigt sich:**
>
> Licht kann **nicht aus klassischen Wellen** bestehen, weil einzelne Photonen nachgewiesen werden und sich die Interferenzfigur erst allmählich aus lauter Einzelnachweisen aufbaut (**Thomas Young hatte Unrecht**).
>
> Licht kann **nicht aus klassischen Teilchen** bestehen, weil diese keine Interferenz zeigen. Aus dem gleichen Grund können Photonen keine klassischen Teilchen sein (**Isaac Newton hatte Unrecht**).

2.3.2 Der abgewandelte G-R-A-Versuch zum Doppelspalt

Die Glaubwürdigkeit des Versuch kann noch verschärft werden: Mit der folgenden Anordnung (Abb. 47) kann garantiert werden, dass immer nur ein einziges Photon den Doppelspalt durchläuft und auch nachgewiesen wird

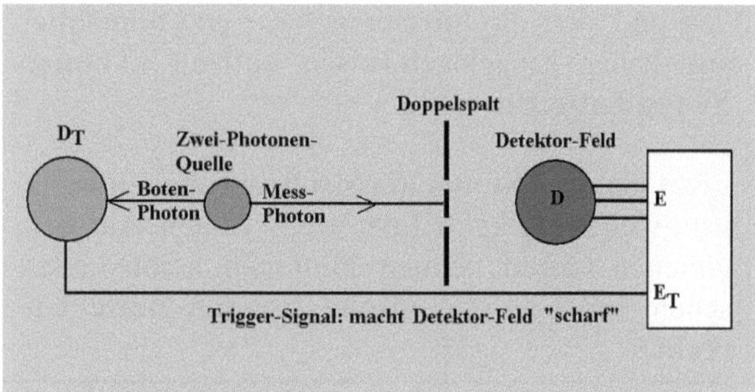

Abb. 47: Prinzip-Experiment zum abgewandelten G-R-A-Versuch zum Doppelspalt (nach Zeilinger):

Es wird eine Zweiphotonenquelle verwendet. Sie sendet quasi gleichzeitig zwei Photonen in entgegengesetzte Richtungen aus, das eigentlich interessierende Mess-Photon und ein Boten-Photon. Nur, wenn ein Boten-Photon und ein Mess-Photon gleichzeitig registriert werden, ist sicher, dass genau ein Photon in der Anordnung ist. Nur dann wird die Elektronik im Kasten rechts "scharf gemacht" um das Interferenzbild auf dem Detektorfeld zu registrieren.

(zusätzlich zum Botenphoton). Nur, wenn ein Botenphoton das Detektor-Feld „scharf" schaltet, wird das einzige sonst noch in der Apparatur vorhandene Photon in einem Flächenelement registriert.

Dennoch entsteht nach und nach die Interferenzfigur. Man sieht sie allerdings erst, wenn man den Versuch sehr oft wiederholt. Die einzelnen Photonennachweise erfolgen völlig zufällig und unregelmäßig. Ihre Wahrscheinlichkeitsverteilung weist aber die Struktur der Interferenzfigur auf.

Sie beobachten also Folgendes:

1. Photonen treten stets als einzelne Teilchen auf, die gezählt werden können. Sie sind also wirklich **Teilchen im Sinne der Quantenphysik.**

2. Für die Nachweisorte jedes einzelnen Photons gilt aber der **objektive Zufall** mit **objektiven Wahrscheinlichkeiten.** Es kann nicht vorhergesagt werden, wann und wo ein Photon auf dem Schirm nachgewiesen wird. Die Wahrscheinlichkeiten selbst genügen jedoch bestimmten **Gesetzmäßigkeiten.**

3. Aber: **Jedes einzelne Photon zeigt Interferenz** (Einteilchen-Interferenz). Diese wird allerdings erst sichtbar, wenn viele Photonen registriert wurden. Interferenz bedeutet dabei: Es gibt eine Wahrscheinlichkeitsverteilung für die Nachweisorte mit Minima und Maxima. Am größten ist die Wahrscheinlichkeit, dass ein Photon in der Umgebung eines Maximums nachgewiesen wird. Die Wahrscheinlichkeit, dass ein Photon in der Umgebung eines Minimums nachgewiesen wird,

ist quasi null. Das unterscheidet Photonen völlig von klassischen Teilchen.

4. Es ist ausgeschlossen, dass die Interferenz durch irgendein „Zusammenwirken" von Photonen zustande kommt: Es ist immer nur eines in der Apparatur!

> Photonen treten auch beim Doppelspaltversuch als Quantenteilchen auf, aber nicht als klassische Teilchen.

[Außerdem: Geschwindigkeitsmessungen an Photonen im Vakuum würden immer die Lichtgeschwindigkeit $c = 3 \cdot 10^8$ m/s liefern. (Sie werden erst später verstehen, weshalb eigentlich nicht gesagt werden darf: "Photonen bewegen sich stets mit Lichtgeschwindigkeit".)

Das ist für klassische Teilchen aus einem ganz anderen Grund nicht möglich. Mit Einsteins Relativitätstheorie folgt dann nämlich daraus, dass die Masse der Photonen stets 0 ist (die so genannte Ruhemasse), was es bei klassischen Teilchen nicht gibt.

Dem widerspricht nicht, dass früher für Photonen nach einem bestimmten Verfahren eine endliche Masse definiert wurde, die so genannte "bewegte Masse" oder auch "relativistische Masse".]

Hier bewährt sich der **quantenphysikalische Teilchenbegriff**: Er trägt der Tatsache Rechnung, dass wirklich ungeteilte Photonen auftreten und gezählt werden können.

Er schließt aber nicht aus, dass diese Quantenteilchen völlig andere Eigenschaften als klassische Teilchen haben. Das erlaubt uns einen griffigen Umgang mit solchen Quantenobjekten. Es ist ganz klar, was gemeint ist, und was alles nicht gemeint ist. Wir können über solche Quantenobjekte reden, ohne falsche Assoziationen beim Zuhörer anzuregen. Das wäre aber sicher der Fall, wenn wir unter einem Teilchen ein klassisches Teilchen mit Zusatzeigenschaften wie einen vermeintlichen „Wellencharakter" verstehen würden, wie das früher oft versucht wurde.

Hinweis: Die hier beobachtete Art von Interferenz unterscheidet sich offenbar von der **Interferenz von Wellen.** Sie findet bereits bei einem einzigen Teilchen statt, wird aber erst sichtbar, wenn gleichartige Versuche mit gleichartigen Teilchen sehr oft wiederholt werden. Es ist dabei gleichgültig, ob immer dasselbe Teilchen verwendet wird, oder verschiedene gleichartige. Sie müssen vor der Messung nur im gleichen Ausgangszustand sein. Man sagt, sie müssen vorher „**in den gleichen Zustand präpariert**" sein. Teilchen mit gleichen Eigenschaften sind ja ununterscheidbar. Die hier beobachtete Interferenz heißt deshalb **Einteilchen-Interferenz.** Einteilchen-Interferenz wurde durch Taylor um 1909 entdeckt. Eine Variante des Versuchs für Photonen heißt deshalb **Taylor-Versuch.** Die Interferenz von Wellen ist bereits um 1800 durch **Thomas Young** bekannt geworden.

> Auch bei der Teilchen-Interferenz wird die Lage der Minima und Maxima der Interferenzfigur berechnet **wie mit** klassischen Wellen der Wellenlänge λ.

Unsere „Doppelspalt-Theorie" mit „Kurzherleitung" und evtl. Kleinwinkelnäherung (S. 14) bleibt weiterhin wichtig.

2.4 Genaueres zum Doppelspalt-Versuch mit Licht

(In der folgenden Argumentationsreihe geht es nicht darum, die Eigenheiten eines Quantenobjekts zu beweisen, sondern sie zu veranschaulichen und plausibel zu machen. Dass in einzelnen Fällen andere Erklärungen möglich sind, wird nicht ausgeschlossen.)

2.4.1 Untersuchungen an einem präparierten Doppelspalt

Der Versuch wird mit einem präparierten Doppelspalt durchgeführt. Er besteht aus zwei Einzelspalten, die mit zueinander senkrecht orientierten Polarisationsfiltern bedeckt sind. Als Lichtquelle wird ein Laser benötigt.

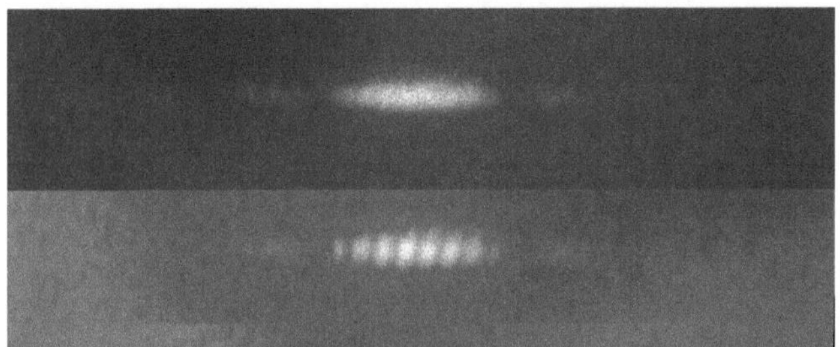

Abb. 48: **oberes Bild:** *Interferenz an den Einzelspalten (kein Analysator oder wenn dieser so ausgerichtet ist, dass seine Polarisation mit der eines der Einfachspalte übereinstimmt);* **unteres Bild:** *Interferenz am Doppelspalt, wenn der Analysator schräg (unter 45⁰) steht.*

1. Schritt: (Kennenlernen des präparierten Doppelspalts)

Der Doppelspalt wird mit einer Linse projiziert. Sie erkennen die Bilder beider Spalte. Eine Messung (Abschätzung) des Mittenabstands d wird durchgeführt. Stellt man in den Strahlengang ein Polfilter (Analysator), können Sie erkennen, dass das Licht der beiden Spalte unterschiedlich polarisiert ist. Je nach Stellung des Analysators sehen Sie den linken oder den rechten Spalt, oder - bei Schrägstellung - beide gleichzeitig in der Projektion.

2. Schritt: (Beobachtung der Einzelspalt-Interferenz)

Der Doppelspalt (ohne Analysator) wird mit Laserlicht durchstrahlt. Es entsteht eine Interferenzfigur.

Es wird an Lichtwellen erinnert, auch dass Young so (ähnlich) um 1800 den so genannten "Wellencharakter von Licht" nachgewiesen hatte. (Wir wollen diese irreführende Sprechweise aber lieber nicht verwenden.)

Es soll entschieden werden, ob es sich um Doppelspalt-Interferenz handelt. Mit der bekannten Doppelspalt-Theorie (die vielleicht hierbei wiederholt wird), dem gemessenen Doppelspalt-Abstand und den gemessenen Lagen von Maxima und Minima wird bei bekannter Wellenlänge entschieden, dass es sich **nicht** um Doppelspalt-Interferenz handeln kann. Sie glauben vielleicht der Mitteilung, dass es sich um Beugung und Interferenz an jedem der beiden Einfachspalte handelt. Es ist hier nicht nötig, das mit einer Theorie des Einzelspalts zu bestätigen. Jeder der beiden Spalte liefert eine Interferenzfigur. Beide Interferenzfigu-

ren addieren sich.

In einem Messbeispiel liegt das Maximum 1. Ordnung ca. 8 cm vom zentralen Maximum entfernt, während es bei Doppelspalt-Interferenz nur ca. 1,1 cm entfernt sein sollte.

3. Schritt: (Messung des Durchtrittsorts der Photonen)

Ein Analysator wird in den Strahlengang gestellt - zunächst so orientiert, dass nach wie vor einer der Einzelspalte die vorher beobachtete Interferenzfigur vom Einzelspalt zeigt. (Sie dürften kaum bemerken, dass die Intensität insgesamt halbiert ist, da ja jetzt nur einer der Einzelspalte zur Interferenzfigur beiträgt.) Zur Interferenzfigur tragen jetzt nur solche Photonen bei, die den Einfachspalt passiert haben, der die gleiche Polarisation wie der Analysator hat.

> Mit dem Analysator wird also eine Messung des Durchtrittsorts vorgenommen.

4. Schritt: (Abänderung des Doppelspalt-Versuchs, so dass Interferenz möglich wird)

Der Analysator wird um 45⁰ gedreht. Plötzlich sind die breiten Maxima der Interferenzfigur vom Einfachspalt von Minima der Doppelspalt-Interferenz durchzogen! Jetzt findet also Doppelspalt-Interferenz statt. Die Doppelspalt-Theorie bestätigt die gemessene Lage der Maxima und Minima bei bekannter Wellenlänge.

> Mit (kohärentem Laser-) Licht entsteht bei dieser Stellung des Analysators Doppelspalt-Interferenz wie bei Schallwellen oder Wasserwellen.

Es ist plausibel: Die Einfachspalte bestimmen die Intensitätsverteilung der Doppelspalt-Interferenz (siehe Abb. 48).

5. Schritt: (Erinnerung an Photonen als unteilbare und zählbare Quantenobjekte, also als Teilchen im Sinne der Quantenphysik)

Sie erinnern sich an den Fotoeffekt und das G-R-A-Experiment, mit dem die Existenz von Photonen nachgewiesen wird. Aus dem G-R-A-Experiment am Strahlteiler folgte:

> Photonen treten stets ungeteilt auf.

und auch:

> Photonen sind im Sinne der Quantenphysik eindeutig Teilchen, weil sie gezählt werden können.

Wellen dagegen können nicht gezählt werden. Sie wissen ja, dass sich eine Wellenfront durch Überlagerung vieler Huygens'scher Elementarwellen ergibt. Aber es ist sinnlos zu fragen, wie viele Elementarwellen zu einer bestimmten Stelle der Wellenfront beitrugen.

6. Schritt: (Lässt sich das Doppelspalt-Experiment mit klassischen Wellen deuten? / Einteilchen-Interferenz)

Deutet das Doppelspalt-Experiment auf eine Wellenerscheinung hin?

Erinnern Sie sich an die Experimente mit reduzierter Lichtleistung. Es werden einzelne Photonen nachgewiesen, aber vor allem an den Stellen der Maxima der Interferenzfigur. Aus einzelnen Nachweisen baut sich bei längerer Versuchsdauer allmählich eine Interferenzfigur auf. Erinnern Sie sich auch an das modifizierte G-R-A-Experiment zum Doppelspalt oder den Taylor-Versuch, mit dem gesichert wird, dass wirklich einzelne Photonen den Doppelspalt durchlaufen und zur Interferenz führen.

Jeweils ein einziges Photon in der Anordnung führt zur Interferenz, die allerdings erst bei häufiger Wiederholung des Versuchs erkennbar wird.

> Doppelspalt-Interferenz mit Licht kommt durch einzelne Photonen zustande (Einteilchen-Interferenz).

7. Schritt: (Interferenzfigur als Ausdruck des objektiven Zufalls mit objektiven Wahrscheinlichkeiten)

Im Doppelspalt-Versuch mit Licht zeigt sich Licht **anders als eine klassische Welle**, obwohl die Lage der Minima und Maxima und auch die Intensitätsverteilung bei einer großen Zahl von Photonen **wie** nach der klassischen Wellentheorie berechnet werden kann. Für eine kleine Zahl von Photonen ist die Intensitätsverteilung auf keine Weise vorherberechenbar. Es zeigt sich der **objektive Zufall**. Er heißt objektiv, weil er nicht auf menschlicher Unzulänglichkeit, also subjektiver Unkenntnis beruht. Es ist weitgehend zufällig, wo ein bestimmtes Photon innerhalb der Interferenzfigur nachgewiesen wird. Allerdings ist das **statistische Verhalten der Photonen** nicht völlig willkürlich, sondern mit einem **gesetzmäßigem** Verhalten kombiniert: Die Intensitätsverteilung der klassischen Wellentheorie entpuppt sich - gesetzmäßig - als ein Maß für die **Wahrscheinlichkeit für den Nachweis von Photonen** in der Nähe einer bestimmten Stelle der Interferenzfigur. Diese Erkenntnis geht letzten Endes auf Max Born zurück (**Born'sche Wahrscheinlichkeitsdeutung 1926**). Die Wahrscheinlichkeit wird wieder objektiv genannt, weil sie nicht auf einer subjektiven Unkenntnis des Beobachters beruht, die vermeidbar wäre.

> Es zeigt sich der **objektive Zufall** mit gesetzmäßig bestimmten **objektiven Wahrscheinlichkeiten**.

8. Schritt: (Wie tritt Licht durch den Doppelspalt hindurch?)

Gehen wir noch einmal auf den Doppelspalt-Versuch bei geringer Lichtleistung mit unserem präparierten Doppelspalt ein.

Bei **klassischen Teilchen** würden wir uns vorstellen, dass das jeweils eine passierende Photon **entweder** durch den einen **oder** aber durch den anderen Spalt hindurch tritt. Weil ein Photonen stets ungeteilt auftritt, ist auszuschlie-

ßen, dass es durch beide Spalte **gleichzeitig** tritt. Bei **klassischen Wellen** dagegen könnten wir uns Interferenz nur durch die Vorstellung erklären, dass die Welle durch beide Spalte **gleichzeitig** hindurch ginge.

Beide Vorstellungen sind nicht zu vereinbaren.

Beide Vorstellungen passen offenbar nicht zu Photonen bzw. Licht: Hier spielen offenbar **weder klassische Teilchen noch klassische Wellen** eine Rolle. Oder auch:

> **Photonen bzw. Licht lassen sich weder als klassische Teilchen noch als klassische Wellen korrekt beschreiben.**

9. Schritt: (Alle klassisch denkbaren Eigenschaften von Mikroobjekten lassen sich messen – aber nicht alle gleichzeitig)

Nach Schritt 3 können wir bei unserem präparierten Spalt durch eine Messung entscheiden, durch welchen Spalt das Photon getreten ist:

Bei einer bestimmten Orientierung des Analysators können nur Photonen mit der zu ihm passenden Polarisation passieren, also Photonen durch den Spalt A. Bei dazu senkrechter Orientierung des Analysators nur die Photonen, die durch den Spalt B gingen. Eine Wegentscheidung ist damit möglich. Man nennt ein solches Experiment ein **Welcher-Weg-Experiment (WWE)**. Man gewinnt mit ihm **Welcher-Weg-Information (WWI)**.

Allgemein ist es so, dass nach allen **klassisch denkbaren Eigenschaften** von Mikroobjekten/Mikroteilchen/Quantenteilchen durch ein Experiment gefragt werden kann, also auch nach dem Durchtrittsort durch einen der Spalte. Man kann das Experiment immer so durchführen, dass die Natur darauf mit einer be-stimmten (für das einzelne Experiment) eindeutigen Antwort reagiert. Klassisch denkbare Eigenschaften sind solche Eigenschaften, die makroskopische Gegenstände/Teilchen aller Erfahrung nach besitzen. Dazu gehören etwa auch Ort und Geschwindigkeit eines Teilchens.

Experimente können so angelegt werden, dass man zu allen klassisch denkbaren Eigenschaften durch eine Messung eindeutige Antworten bekommt, also auch z.B. zum Ort eines Mikroteilchens oder aber zu seiner Geschwindigkeit. Mit dem Analysator kann man z.B. eindeutig den Durchtrittsort durch den Doppelspalt messen.

> Alle klassisch denkbaren physikalischen Eigenschaften sind eindeutig messbar.

Es ist allerdings möglich, dass aufeinander folgende Messungen derselben Messgröße jeweils ein anderes eindeutiges Ergebnis liefern.[*]

---

[*] Dabei ist es unerheblich, dass anders angelegte Messungen kein eindeutiges Ergebnis liefern, z.B. eine ungenaue Messung des Durchtrittsorts. Jeweils andere eindeutige Ergebnisse bei wiederholten Messungen bei gleicher Ausgangssituation erhält man dann, wenn das Mikroobjekt die betreffende Eigenschaft im untersuchten Zustand nicht besitzt.

Aber zurück zum Doppelspalt: Sobald wir mit Hilfe des Analysators den Weg des Teilchens festgestellt haben (WWI vorhanden), ist die Interferenzfigur vom Doppelspalt verschwunden! Nur bei Schrägstellung des Analysators entsteht Interferenz; dann ist der Durchtrittsort unbekannt (keine WWI).

> Wir können nicht beides zugleich haben: einen bekannten Weg der Photonen durch den Doppelspalt und eine Interferenzfigur (vom Doppelspalt)! WWI und Doppelspalt-Interferenz schließen sich gegenseitig aus.

Man braucht zur Messung auch Versuchsanordnungen, die sich gegenseitig ausschließen, hier einen jeweils unterschiedlich orientierten Analysator. Man sagt, die Versuchsanordnungen und die mit ihnen zu messenden Eigenschaften der Quantenteilchen sind **komplementär** zueinander.

> WWI und Doppelspalt-Interferenz sind komplementär zueinander.

Andere Experimente zeigen: Es gibt viele weitere Paare von solchen komplementären Eigenschaften von Mikroobjekten.

> Z.B. auch: Ort und Geschwindigkeit eines Mikroteilchens sind komplementär zueinander.

Das heißt, es ist auf keine Weise möglich, gleichzeitig gültige Werte von Ort und Geschwindigkeit eines Mikroobjekts zu erhalten. Man sagt dann manchmal, ein Mikroteilchen kann nicht gleichzeitig die Eigenschaften "be-stimmter Ort" und "be-stimmte Geschwindigkeit" haben. Aber natürlich kann der Ort eines Mikroobjekts oder - in einer anderen, komplementären Apparatur - seine Geschwindigkeit jeweils für sich eindeutig gemessen werden. Dann ist der Ort bzw. die Geschwindigkeit "be-stimmt".

Unsere Erfahrungen sind an Gegenständen der klassischen Physik gewonnen. Dort hat also ein Tennisball oder ein geworfener Stein – wenn wir von seiner Ausdehnung absehen – gleichzeitig Ort und Geschwindigkeit als Eigenschaften. Die Mikrophysik ist jedoch außerhalb unserer gewöhnlichen Erfahrung. Warum sollten dort die Erfahrungen der Makrophysik weiterhin gelten? Das wäre eine reine Spekulation. Es gibt keinen Grund dafür, und die neuen Erfahrungen mit Quantenteilchen zeigen: Eine solche Spekulation ist falsch!

Wir verwenden hier die nicht duden-gemäße Schreibweise für „be-stimmt" um auf die spezielle Bedeutung des Wortes hinzuweisen. In der umgangssprachlichen Bedeutung wird der Bindestrich weggelassen.

Ebenso wenig kann ein Photon gleichzeitig die Eigenschaften "be-stimmter Weg durch den Doppelspalt" und "Interferenzfähigkeit" besitzen. Dennoch kann einerseits ein eindeutiger Durchtrittsort gemessen werden oder - in einer anderen, komplementären Apparatur (Analysator schräg gestellt) - eine eindeutige Interferenzfigur.

Diese Komplementarität hängt mit der Heisenberg'schen Un-be-stimmtheitsrelation für solche Paare komplementärer Messgrößen zusammen (S. Kap. 4.2.4).

Misst man im Doppelspaltexperiment den Durchtrittsort des Photons, dann verliert es seine Interferenzfähigkeit. Beobachtet man eine Interferenzfigur, dann ist der Durchtrittsort durch den Doppelspalt un-be-stimmt. Man sagt auch, es besitzt jetzt keinen (be-stimmten) Durchtrittsort, oder vereinfacht: keinen Durchtrittsort. (Es muss natürlich irgendwie durch den Doppelspalt gekommen sein.)

> Eine klassisch denkbare Eigenschaft, die ein Mikroobjekt ohne eine Messung nicht besitzt, heißt **un-be-stimmt**.
> Eine un-be-stimmte Eigenschaft eines Mikroobjekt kann durch eine Messung **be-stimmt** werden.

Liefern aufeinander folgende Messungen einer Messgröße – stets ausgehend vom gleichen Zustand – immer den gleichen Messwert (z.B. den Spalt A als Durchtrittsort), dann ist die Messgröße **be-stimmt**. Das Teilchen hat dann diesen Messwert als Eigenschaft. Ist das nicht der Fall, dann ist die zugehörige Messgröße **un-be-stimmt**.

[Die Formulierung „**klassisch denkbare Eigenschaft**" ist ein raffinierter Trick: Man kann in gewisser Weise noch klassisch denken, wie man es bei makroskopischen Teilchen gelernt hat. Gleichzeitig schränkt man ein, dass ein Quantenteilchen möglicherweise diese Eigenschaft gar nicht besitzt. Erst nach einer Orts-Messung besitzt ein Mikroobjekt etwa die Eigenschaft "be-stimmter Ort". Dann besitzt es aber keine "be-stimmte Geschwindigkeit": Eine Geschwindigkeitsmessung am jeweils gleich präparierten Zustand (mit dem gleichen be-stimmten Ort) liefert dann streuende Geschwindigkeitsmesswerte. Das ist die Folge der Tatsache, dass das Mikroobjekt die Eigenschaft "be-stimmte Geschwindigkeit" jetzt nicht besitzt. Das gilt auch umgekehrt.

Gemeint sind jeweils gleichgerichtete Komponenten von Ortsvektor und Geschwindigkeitsvektor, also z.B. x und v_x.]

> Aufeinander folgende Messungen an gleich präparierten Mikroobjekten liefern zu einer un-be-stimmten Eigenschaft streuende Messwerte.

(Vergleichen Sie mit dem am Doppelspalt-Versuch mit einzelnen Photonen (Kap. 2.3): Ohne eine Messung ist der Durchtrittsort un-be-stimmt. Dann erhält man bei verschiedenen aufeinander folgenden gleichartigen Messungen unter gleichen Bedingungen streuende Messwerte für den Durchtrittsort.)

Das ist plausibel: Das Mikroobjekt besitzt ja jetzt - vor einer Messung - diese Eigenschaft nicht.

Man kann sich eine Messanordnung vorstellen (wie den abgewandelten G-R-A-Versuch am Doppelspalt), mit der von jedem Photon entschieden wird, durch welchen Spalt es hindurch tritt. Weil jetzt WWI bekannt ist, kann es nicht zur Interferenz kommen. Umgekehrt: Findet Doppelspalt-Interferenz statt, ist der Durchtrittsort un-be-stimmt.

10. Schritt: (Wann fällt die Entscheidung?)

Handelt es sich um eine besondere Eigenschaft von einzelnen Photonen, dass sie Interferenz zeigen? Gibt es einen Mechanismus am Doppelspalt, der zur Einteilchen-Interferenz führt?

Bei der Interferenz klassischer Wellen (Welleninterferenz) gibt es einen solchen Mechanismus: Die beiden durch jeden der beiden Spalte gehenden Teilwellen überlagern sich und löschen sich aus oder verstärken sich. So haben Sie das bei der Interferenz mechanischer Wellen kennen gelernt. Aber bei der Einteilchen-Interferenz? Hängt es etwa vom Photon allein ab, ob Interferenz stattfindet?

Nach klassischer Vorstellung sollen also Photonen durch den Doppelspalt treten. Wann (an welcher Stelle) sollte dann die Interferenz stattfinden? Die Entscheidung darüber fällt in unserem Experiment tatsächlich erst durch den Analysator. Dort aber sollten die Photonen den Doppelspalt längst passiert haben. Bei Wellen war dagegen gerade der Durchtritt durch beide Spalte gemeinsam für die Interferenz entscheidend. Wie sollte jetzt noch - beim Analysator - eine "Wirkung" auf die Photonen beim Durchtritt ausgeübt werden, die sie jetzt nachträglich noch zur Interferenz zwingt oder auch nicht? Man spricht von einem **Experiment mit verzögerter Entscheidung**.

Mit der Vorstellung von klassischen Teilchen geht es offenbar nicht. Die klassische Argumentation muss falsch sein. Die Entscheidung über Interferenz oder WWI hat offenbar nur zum Teil mit einem „Verhalten" von Photonen zu tun. Es gibt keine Rückwirkung des Analysators auf ein früheres „Verhalten" von Photonen am Doppelspalt. Interferenz oder WWI hängt nicht davon ab, ob das Photon durch einen oder zwei Spalte tritt. Denn, es ist erstens auf keine Weise feststellbar, wie ein Photon, das im Maximum der Interferenzfigur nachgewiesen wird, durch den Doppelspalt getreten ist. Das regelt die Komplementarität. Und zweitens kann die Entscheidung erst lange nach dem Durchtritt fallen, unter Umständen nach Milliarden von Jahren, wie das Gedankenexperiment des Wheeler'schen **Gravitationslinsen-Interferometers** zeigt (siehe Internet).

Das hat eher etwas damit zu tun, welche Informationen man über Licht bzw. Photonen gewinnen möchte:

Entscheidet man sich für ein Interferenz-Experiment (Analysator in Schrägstellung), dann ist es physikalisch sinnlos (weil prinzipiell nicht entscheidbar), von einem be-stimmten Weg des Photons durch den Doppelspalt zu sprechen. Man kann ihn in diesem Fall ja auf keine Weise feststellen. Die Eigenschaft "be-stimmter Weg" besitzt jetzt das Photon nicht.

Entscheidet man sich aber für ein Experiment, mit dem sich der Weg durch den Doppelspalt feststellen lässt, dann hat es keinen physikalischen Sinn, nach der Interferenz zu fragen. Das Photon besitzt jetzt nicht die Eigenschaft "interferenzfähig".

WWI und Interferenz sind zueinander komplementär.

Es gibt sogar Experimente, bei denen erst nach vollständigem Ablauf des Experiments, wenn alle Messdaten bereits registriert sind, entschieden wird, ob die Messdaten im Sinne eines Interferenz-Experiments oder im Sinne eines WWE ausgewertet werden sollen. Mit einem speziellen Verhalten der Mikroteilchen hat das nichts zu tun, wohl aber damit, welche Informationen man über das Mikroteilchen gewinnen möchte (**Experimente mit verzögerter Entscheidung, delayed choice**).

Experimente mit verzögerter Entscheidung (delayed choice) gehören zu den klarsten Hinweisen, dass man auf keinen Fall behaupten darf, ein Photon verhalte sich in einer bestimmten Situation „wie ein klassisches Teilchen", in einer anderen „wie eine Welle".

Flapsig könnte man sagen: Die Entscheidung fällt erst, wenn ein eventuelles Verhalten längst vorbei ist.

11. Schritt: (Unter welcher Voraussetzung findet Einteilchen-Interferenz statt?)

Diese Überlegungen und viele andere, bestätigt durch viele Experimente, haben zu der Überzeugung geführt: Es lässt sich in der Mikrophysik kein Mechanismus angeben, mit dem Interferenz von Teilchen erzeugt wird (wie das etwa bei der Interferenz von klassischen Wellen der Fall wäre). Danach zu fragen hätte keinen physikalischen Sinn. Immer aber stellt man fest:

Interferenz findet statt, wenn zwischen zwei oder mehr klassisch denkbaren Möglichkeiten **nicht entschieden** wird (Einteilchen-Interferenz).

Beim Doppelspalt wurde zwischen den beiden klassisch denkbaren Möglichkeiten „Durchtritt durch Spalt A" oder „Durchtritt durch Spalt B" nicht entschieden. Nur dann kam es zur Interferenz. Wenn aber – mittels einer Messung des Durchtrittsorts - entschieden wurde, verschwindet die Interferenz.

Im Unterschied zur Interferenz von Wellen (**Wellen-Interferenz**) spricht man von **Einteilchen-Interferenz**, weil bereits ein einzelnes Teilchen zur Interferenz führt. Inoffiziell spricht man bei der Teilchen-Interferenz manchmal von der "**Interferenz der Möglichkeiten**". Sie verstehen den Grund für diese Sprechweise!

Es gibt auch eine Zweiteilchen-Interferenz; über sie soll hier nicht gesprochen werden.

Auch beim Einfachspalt selbst findet Interferenz statt, wenn zwischen den verschiedenen klassisch denkbaren Möglichkeiten, an welcher Stelle Mikroteilchen den Spalt passieren, nicht entschieden wird. Das erklärt die Interferenz von Schritt 2.

Weil durch den Analysator Information über den Durchtrittsort „ausgelöscht" werden kann, spricht man von einem „**Quantenauslöscher**" (siehe Internet).

2.4.2　Klassische elektromagnetische Wellen in der Quantenphysik?

Es gibt aber doch klassische elektromagnetische Wellen wie Radiowellen! Und auch Laserstrahlung lässt sich in vieler Hinsicht perfekt wie eine klassische Welle behandeln. Klassische Wellen breiten sich im uns umgebenden Raum, dem „Anschauungsraum" aus. Ist die Quantenphysik für sie nicht zuständig? Passt für sie die Vorstellung von Photonen nicht?

Keineswegs! Den Zusammenhang zwischen klassischen elektromagnetischen Wellen und Photonen und speziell zwischen Welleninterferenz und Einteilchen-Interferenz hat man seit einigen Jahrzehnten verstanden, zumindest bei idealen **elektromagnetischen Wellen**. Man hat herausgefunden (**Glauber** 1963, Nobelpreis 2005), dass sich solche klassischen Wellen tatsächlich auch quantentheoretisch beschreiben lassen. Am besten lassen sie sich durch eine bestimmte Überlagerung von Zuständen mit allen möglichen Photonenzahlen annähern (so genannte "**kohärente Zustände**" mit **un-be-stimmter Photonenzahl**). Mit un-be-stimmter Photonenzahl ist folgendes gemeint: Führt man in solchen Zuständen eine korrekte Messung der Photonenzahl N durch, streuen die Messwerte stark um einen Mittelwert (Erwartungswert) <N>, Indiz dafür, dass ohne eine solche Messung die Photonenzahl N keine Eigenschaft einer solchen elektromagnetischen Welle ist.

Man kann es für sie aber nachrechnen: Die Beobachtungen an einzelnen dieser Photonen "schlagen durch" auf die Beobachtung der ganzen elektromagnetischen Welle. Man kann für einzelne Photonen am Doppelspalt die Lage der Maxima und Minima berechnen, *so als ob* hier zwei klassische Wellen interferieren würden. Aber das Ergebnis gilt nur für die Wahrscheinlichkeitsverteilung beim Nachweis eines einzelnen Photons. Sie legt fest, mit welcher Wahrscheinlichkeit ein Photon an einer bestimmten Stelle nachgewiesen werden kann. In einem Maximum wird man sehr häufig ein Photon finden – dort ist der Nachweis sehr wahrscheinlich. In der Nähe eines Minimums wird man sehr selten ein Photon finden – dort ist der Nachweis sehr unwahrscheinlich. Es hat keine physikalische Bedeutung zu fragen, von welcher Art die bei der Einteilchen-Interferenz für einzelne Photonen interferierenden Wellen sind. Bei "kohärenten Zuständen" (eben mit un-be-stimmter Photonenzahl) überträgt sich das Phänomen der Interferenz (die zunächst eine **Einteilchen-Interferenz** ist) auf die ganze elektromagnetische Welle. Es wird dann dort - ähnlich wie bei Wasserwellen - mit Recht so interpretiert, als würde die elektromagnetische Welle *wirklich* durch die zwei Spalte gleichzeitig hindurch treten (**Wellen-Interferenz**). Für sie hat der gleichzeitige Durchtritt durch die zwei Spalte einen physikalischen Sinn, für die einzelnen Photonen nicht.

Dass bei klassischen elektromagnetischen Wellen im Mittel **extrem viele Photonen beteiligt** sind, begründet außerdem, weshalb man bei klassischen elektromagnetischen Wellen das "körnige" Verhalten bzw. die statistischen Vorgänge nicht erkennt: Denken Sie nur an Radio-

wellen! Bei UKW-Wellen mit ca. 100 MHz nutzt man ja gerade die Tatsache für perfekten HiFi-Klang bei Musikübertragungen, dass diese Wellen quasi „rauschfrei" sind.

Auch die Messwerte der elektrischen Feldstärke **E** (wie auch der magnetischen, **B**) streuen im Allgemeinen. Beide Feldstärken sind in solchen Zuständen un-be-stimmt, was mit der un-be-stimmten Photonenzahl N zusammenhängt. Mit der mittleren Photonenzahl <N> in solchen Zuständen wächst der Mittelwert (Erwartungswert) <E> der elektrischen Feldstärke an einem bestimmten Ort x zu einer bestimmten Zeit t. Ähnlich wächst – wenn auch nicht ganz so stark (vgl. „Wurzel-Regel" von Kap. 2.3.1) – auch die mittlere quadratische Abweichung <ΔE> der elektrischen Feldstärke. Deshalb sinkt die relative (prozentuale) quadratische Abweichung <ΔE>/<E>: Streuungen der Messwerte für **E** fallen mit zunehmender mittlerer Photonenzahl also immer weniger ins Gewicht, fallen immer weniger auf. Entsprechende Aussagen gelten für die magnetische Flussdichte **B**.

Also: Eine elektromagnetische Welle mit un-be-stimmter Photonenzahl, aber mit im Mittel sehr vielen Photonen hat in fast perfekter Näherung einen wohldefinierten Erwartungswert (Mittelwert) der elektrischen Feldstärke <E(x,t)> und der magnetischen Flussdichte <B(x,t)>. Sie unterscheidet sich (im Idealfall) kaum mehr von der elektrischen Feldstärke und magnetischen Flussdichte einer klassischen elektromagnetischen Welle. <E(x,t)> und <B(x,t)> hängen in der gleichen Weise wie bei dieser von Ort x und Zeit t ab. Diesmal handelt es sich wirklich um eine Welle im uns umgebenden dreidimensionalen Raum, dem so genannten **Anschauungsraum**.

> Das erklärt das klassische Verhalten solcher elektromagnetischer Wellen.

Man versteht jetzt, in welchem Sinn auch klassische elektromagnetische Wellen Gegenstand der Quantenphysik sind.
Es damit gezeigt, wie Einteilchen-Interferenz zu Wellen-Interferenz (von klassischen Wellen) führt bzw. wie die **Wellen der Quantenphysik in abstrakten vieldimensionalen Räumen** zu Wellen im dreidimensionalen Anschauungsraum führen.

Möglicherweise gelten ähnliche Aussagen auch für **Atomlaser mit bosonischen Atomen (Ketterle,** 1996**).** Sie hängen mit den so genannten Bose-Einstein-Kondensaten von Atomen zusammen. Ein typisches Experiment besteht darin, dass ein **Bose-Einstein-Kondensat** in zwei weitgehend gleichartige Teile aufgeteilt wird, die dann zwei Atomlaser gleicher Wellenlänge bilden. Man kann mit ihnen Wellen-Interferenz im dreidimensionalen Anschauungsraum erhalten, obwohl der quantenmechanische Zustand der Atome in einem abstrakten vieldimensionalen Raum beschrieben werden müsste. Solche Zustände hängen mit verschränkten Zuständen zusammen, die hier aber nicht erläutert werden sollen.

Die Un-bestimmtheit der Teilchenzahl (also hier der Atomzahl) in einem Atomlaser wurde bereits nachgewiesen. Öttl et al. zeigten 2005, dass die Statistik der Messwerte für die Atomzahlen übereinstimmt mit der bei kohärenten Zuständen von Photonen bzw. bei einem Laser mit Licht (siehe Internet).

2.4.3 Aufgaben

1. Nach einer Messung ist die betreffende Eigenschaft eines Quantenobjekts be-stimmt. Erläutern Sie diese Eigenschaft an einem Photon, das einen Polarisator passiert hat. Wie lässt sich zeigen, dass das Photon die betreffende Eigenschaft ("polarisiert bezüglich einer bestimmten Polarisationsrichtung") jetzt tatsächlich hat?

2. Inwiefern sind auch in der Quantenphysik Messungen reproduzierbar? Nennen Sie ein geeignetes Experiment.

3. Erläutern Sie den Begriff der Un-be-stimmtheit an einem Photon, das einen Polarisator passiert hat und jetzt einen weiteren Polarisator, einen Analysator, passiert.

4. Es gibt Messgrößen, die zueinander komplementär sind. Erläutern Sie diese Eigenschaft an einem Photon, das nach Passieren eines Polarisators auch noch auf einen Analysator fällt.

5. Nach Passieren eines Polarisators kann man auch mit einem schräg gestellten Analysator die Polarisation des Photons messen. Begründen Sie, weshalb jetzt – jeweils ausgehend vom gleichen Zustand - streuende Messwerte auftreten, die dem objektiven Zufall genügen!

6. Mit welcher Wahrscheinlichkeit tritt ein Photon, das einen Polarisator passiert hat, auch noch durch einen Analysator, der gegenüber dem Polarisator um einen Winkel a geneigt ist?

7. Inwiefern zeigt sich ein Photon beim Durchtritt durch ein Polarisator-Analysator-Paar als Teilchen im Sinne der Quantenphysik?

8. Ein Photon trete durch einen Polarisator PO hindurch, dann durch einen schräggestellten Analysator AN. Wie können Sie mit einem dritten Polarisator T (Tester) nachweisen, dass das Photon nach dem Durchtritt durch AN „vergessen" hat, welche Polarisation es nach dem Durchtritt durch PO hatte? Begründen Sie damit, weshalb man die Eigenschaften „polarisiert gemäß PO" und „polarisiert gemäß AN" als komplementär bezeichnet!

9. Nennen Sie je ein Argument, weshalb der Doppelspalt-Versuch mit einzelnen Photonen weder mittels einer klassischen Welle noch eines klassischen Teilchens vollständig gedeutet werden kann!

10. Erläutern Sie, wie der Durchtrittsorts eines Photons bei einem Doppelspalt-Versuch mit einem Polfilter gemessen werden kann.

11. Erläutern Sie die Problematik einer Messung des Durchtrittsorts eines Photons beim Doppelspalt.

12. Erläutern Sie Ihrem Freund/Ihrer Freundin, ob ein Photon, das in einem Maximum der Interferenzfigur eines Doppelspalts nachgewiesen wurde, durch den Spalt A oder durch den Spalt B gelaufen ist.

13. Erläutern Sie, was Einteilchen-Interferenz im Unterschied zu Welleninterferenz bedeutet.

14. Diskutieren Sie die problematische, aber manchmal zu lesende Sprechweise: „Beim Doppelspalt interferiert das Photon mit sich selbst." Was könnte gemeint sein?

15. Beim Doppelspalt-Versuch ist gleichzeitig Interferenz an den Einzelspalten wie am Doppelspalt zu beobachten. Erläutern Sie, wie sich das in der Interferenzfigur auswirkt.

16. Im Zusammenhang mit Aufg. 15: Manchmal wird behauptet: Ein Photon verhält sich wie eine klassische Welle, wenn ein Interferenzexperiment durchgeführt wird, und wie ein klassisches Teilchen, wenn man ein Welcher-Weg-Experiment durchführt, bei dem die Interferenz verschwindet. Erläutern Sie am Doppelspalt, was mit einer solch problematischen Sprechweise gemeint sein könnte und nennen Sie ein Argument, weshalb die dahinter stehende Idee falsch ist.

17. Eine **elektromagnetische Welle** - wie die Strahlung eines Lasers oder eine Radiowelle - lässt sich im Idealfall durch „kohärente Zustände" mit einer un--bestimmten Photonenzahl beschreiben. Begründen Sie, weshalb man bei ihr i.A. nicht die „körnige Struktur" bemerkt, also die statistischen Streuungen wegen der un-be-stimmten Zahl der beteiligten Photonen!

18. Nennen Sie ein Experiment, mit dem gezeigt wird, dass die Art des Durchtritts von Photonen durch einen Doppelspalt in hohem Maße unerheblich ist für die Tatsache, ob Interferenz auftritt oder nicht. Denken Sie z.B. an „verzögerte Entscheidung"!

19. Nennen Sie ein Experiment, mit dem gezeigt wird, dass ein Welcher-Weg-Experiment und ein Interferenz-Experiment zueinander komplementär sind ebenso wie die Kenntnis des Durchtrittsorts durch einen Doppelspalt und das Entstehen einer Interferenzfigur.

20. Erläutern Sie die Funktion der Welle bei einem Doppelspalt-Interferenz-Experiment.

21. Monochromatische Photonen der Energie 2,0 eV fallen auf einen Doppelspalt mit dem Spaltabstand $d = 1{,}0 \cdot 10^{-4}$ m. Nach Durchtritt durch den Doppelspalt werden sie auf einem Schirm im Abstand $D = 2{,}0$ m nachgewiesen. Berechnen Sie Stellen auf dem Schirm außerhalb des zentralen Maximums, bei denen man besonders viele Photonen nachweisen wird. („Kurzherleitung", Kleinwinkelnäherung !)

22. **Messung des Spaltabstands d**: Bei der Abbildung des Doppelspalts (Spaltabstand d) durch eine Linse werden die Spaltbilder auf einem Schirm (im Abstand b von der Abbildungslinse) durch die ungebrochen durchgehenden Mittelpunktstrahlen bestimmt. Ihre Bilder sollen den Abstand d' haben. Zeigen Sie an Hand einer Skizze, dass gilt: $d/d' = g/b$, wenn b und g die gemessenen Bild- bzw. Gegenstandsweiten sind.($g = 2$ m, $b = 0{,}1$ m, $d' = 4$ mm.)

2.5 Eigenschaften von Photonen – noch einmal zusammengefasst

Ihre Energie hängt mit der Lichtfrequenz f bzw. der Lichtwellenlänge λ so zusammen: $E = h \cdot f = h \cdot c / \lambda$. Für den Photonenimpuls p gilt: $p = E/c = h/\lambda$. Für ihre Geschwindigkeit misst man im Vakuum immer die Lichtgeschwindigkeit c. Damit hängt zusammen: sie haben keine Masse (Ruhemasse m = 0). Für ihre Polarisation gibt es zwei grundlegende mögliche Messwerte (in eine Richtung quer zur Ausbreitungsrichtung und eine zweite senkrecht dazu, ebenfalls quer zur Ausbreitungsrichtung). Mit ihrer Polarisation hängt der so genannte Spin zusammen. Man nennt **Photonen Spin-1-Teilchen**. Damit hängt zusammen: Photonen sind **Bosonen**. Misst man nämlich ein Photon, dann findet man kurz darauf mit erhöhter Wahrscheinlichkeit ein zweites Photon mit den gleichen Eigenschaften. Das ist typisch für Bosonen (Vgl. im Internet: Hanbury-Brown/Twiss-Experiment für Bosonen). Scherzhaft sagt man oft: "Bosonen mögen sich sehr".

Es gibt eine Reihe von anderen **Bosonen**. Häufig vermitteln sie die **Wechselwirkung zwischen Teilchen**. So sind Photonen auch für die elektromagnetische Wechselwirkung zwischen elektrisch geladenen Teilchen zuständig. Analog sind "Gluonen" für die "starke" Wechselwirkung von "Quarks" in den Bestandteilen von Atomkernen, Protonen und Neutronen, zuständig. Vermutlich gibt es auch "Gravitonen", die die Gravitationswechselwirkung z.B. zwischen Sternen vermitteln.

Photonen sind **Quantenteilchen**, weil sie gezählt werden können. Ihre klassisch denkbaren Eigenschaften können durch Messungen be-stimmt werden. Ohne eine Messung sind diese in der Regel **un-be-stimmt**. Wiederholte Messungen in der gleichen Situation liefern dann streuende Messwerte, die dem objektiven Zufall mit objektiven Wahrscheinlichkeiten genügen. Es gibt Paare von Eigenschaften, die nicht zugleich be-stimmt sein können, z.B. ein Durchtrittsort beim Doppelspalt (Welcher-Weg-Information) und Interferenzfähigkeit. Solche Eigenschaften heißen **komplementär**. Wellen im Zusammenhang mit Photonen dienen nur zur Vorherberechnung von **Wahrscheinlichkeiten** für das Eintreten von Messwerten. Photonen zeigen **Einteilchen-Interferenz**, wenn zwischen zwei oder mehr klassisch denkbaren Möglichkeiten nicht entschieden wird.

Manchmal spricht man im Zusammenhang von Licht und Photonen von „Teilchen*erscheinungen*". Die vage Formulierung wird gewählt, weil man auf Phänomene (Erscheinungen) hinweisen möchte, die sich in gewisser Weise mit Teilchen beschreiben lassen, wie etwa „Photonenstöße" bzw. den Fotoeffekt. Man möchte aber auf keinen Fall damit ausdrücken, dass Licht aus klassischen Teilchen bestehe. Das ist durch den Doppelspalt-Versuch endgültig ausgeschlossen worden. Analog spricht man im gleichen Zusammenhang manchmal von Wellen*erscheinungen*.

<table>
<tr><td colspan="2"><h2>Kapitel 2
Zusammen-
fassung</h2></td><td><h2>Photonen</h2></td></tr>
</table>

😊 Der Fotoeffekt lässt sich mit Wellen nicht erklären. Zu einer anschaulichen Erklärung sind Photonen sehr brauchbar. Aber auch das Modell klassischer Teilchen reicht nicht zu einer vollständigen quantitativen Erklärung aus.

😊 Beim Fotoeffekt werden durch das einfallende Licht aus einer Photokathode Elektronen herausgeschlagen. Verwendet man ein Zinkplatte als Photokathode in Luft, benötigt man UV-Licht, damit der Fotoeffekt stattfindet, und Hochspannung bei negativer Ladung der Kathode, damit die ausgelösten Photo-Elektronen zur Anode gelangen können und nicht von den umgebenen Luftmolekülen „zurückgestoßen" werden.

😊 **Grundversuche:**

GV1: Er lehrt, was beim Fotoeffekt passiert, nämlich das Herausschlagen von Photo-Elektronen aus einer negativ geladenen Metallplatte.

GV2: Der Fotoeffekt ist **frequenzabhängig**, insbesondere findet er nur statt bei genügend hohen Frequenzen des Lichts. Es gibt eine **untere Grenzfrequenz**, unterhalb von der kein Fotoeffekt stattfindet.

GV3: Die **Amplitude des Lichts** (Lichtleistung, Intensität) bestimmt nicht die Energie der ausgelösten Photo-Elektronen, sondern nur deren Anzahl pro Sekunde (bzw. den Photostrom).

GV4: Der Fotoeffekt setzt sofort ein.

😊 Verwendet man eine **Vakuumfotozelle**, dann findet der Fotoeffekt bereits mit sichtbarem Licht statt und eine Absaugspannung ist überflüssig. Die ausgelösten Photo-Elektronen können dann sogar wegen ihrer kinetischen Energie gegen eine Bremsspannung anlaufen.

😊 Die „**vier Widersprüche zur klassischen Wellentheorie des Fotoeffekts**":

1. Der Fotoeffekt ist **frequenzabhängig**: Er setzt erst oberhalb einer unteren Grenzfrequenz ein.

2. Die **Amplitude des Lichts** (Lichtleistung, Intensität) bestimmt die Anzahl der Photo-Elektronen pro s (bzw. den Photostrom), und nicht deren Energie.

3. Die **Energie** der ausgelösten **Photo-Elektronen** hängt von der Wellenlänge bzw. Frequenz des Lichts ab und nicht von der Lichtamplitude.

4. Der Fotoeffekt setzt **sofort** ein.

Tatsächlich bestimmt die **Amplitude des Lichts** primär die Anzahl der pro s auf die Kathode fallenden Photonen.

Der Fotoeffekt ist ein statistischer Vorgang. Deshalb betrifft die Frage nach der Zeitdauer des Einsetzens nur die Frage, wann *irgendein* Photoelektron ausgelöst wird.

☺ Die Einstein'sche **Gleichung des Fotoeffekts** beschreibt den Fotoeffekt im Sinne des Energieerhaltungssatzes: Photonen haben bei monochromatischem Licht die Energie $E_{ph} = h \cdot f$. Die Photonenenergie $E_{ph} = h \cdot f$ wird dazu genutzt, ein Elektron abzulösen, wozu die Energie W benötigt wird, und um es zu beschleunigen.

$$h \cdot f = W + E_{kin}$$

☺ Die **Amplitude des Lichts** (Lichtleistung, Intensität) bestimmt die Anzahl der pro s ausgelösten Photo-Elektronen (bzw. den Photostrom).

Die **Frequenz des Lichts** bestimmt die kinetische Energie der ausgelösten Photo-Elektronen.

Die **Austrittsarbeit des Kathodenmaterials** W bestimmt die untere Grenzfrequenz des Fotoeffekts. Unterhalb von ihr kann kein Fotoeffekt stattfinden.

☺ Ein Photon ist ein Teilchen mit folgenden Eigenschaften: im Vakuum stets Lichtgeschwindigkeit c, Ruhemasse 0, nicht durch elektromagnetische Felder beeinflussbar, transversale Polarisation.

☺ Bei Vorgängen mit Radiowellen sind in der Regel sehr viele Photonen beteiligt. Schwankungen in der Zahl der Photonen machen sich kaum bemerkbar. Bei Gammastrahlung sind bereits Vorgänge mit wenigen Photonen (Gammateilchen) wegen ihrer deutlich höheren Energie auffällig. Deshalb wird man bei Radiowellen gut mit dem Wellenmodell auskommen, bei Gammstrahlung gut mit dem Teilchenmodell.

☺ **Licht besteht weder aus klassischen Teilchen, noch ist es eine klassische Welle.**
Welle und Teilchen sind Bilder, „Modelle" von der Natur. Es ist eine Frage der Zweckmäßigkeit, ob in bestimmten Situationen (Versuchen) eher das Wellen*bild* oder das Teilchen*bild* zu einer anschaulichen Beschreibung verwendet werden kann. Es gibt im Prinzip auch noch ganz andere Modelle vom Licht, die wiederum in anderen Situationen zweckmäßig sein können. Die Quantentheorie verzichtet ganz auf solche anschaulichen Modelle.

☺ Für die **Photonenenergie** gilt bei monochromatischem Licht der Frequenz f:

$$E_{ph} = h \cdot f$$

mit dem **Planckschen Wirkungsquant h.**

☺ Auch der Sehvorgang und die Fotografie beruhen wesentlich auf dem Fotoeffekt. Deshalb können wir schnelle Änderungen in unserer Umgebung wahrnehmen und Momentaufnahmen machen.

☺ Grenzfrequenz bzw. Austrittsarbeit und Plancksches Wirkungsquant werden aus dem f-E_{kin}-Diagramm für die Photo-Elektronen bzw. durch die Einstein'sche Gleichung des Fotoeffekts ermittelt.

☺ Als zwingendstes Experiment für das Photonen-Konzept gilt das **G-R-A-Experiment am Strahlteiler.**

☺ In der Quantenphysik wird ein geänderter Teilchenbegriff verwendet.
Hinreichend für **Teilchen im Sinne der Quantenphysik** oder einen Teilchenzustand (Quantenteilchen, Mikroobjekt) ist, dass die Teilchenzahl bestimmt ist.
Teilchen treten dann im betreffenden Zustand (und Experiment) als ungeteilte „Einheiten" auf.

☺ Ohne eine Messung besitzt ein Quantenobjekt eine klassisch denkbare Eigenschaft i.A. nicht. Diese ist dann **un-be-stimmt**. Bei Messungen ergeben sich dann streuende Messwerte.

☺ Jede klassisch denkbare Eigenschaft von Quantenobjekten kann durch eine Messung eindeutig **bestimmt** werden. Diese hat dann das Quantenobjekt als Eigenschaft.

☺ Auch beim **Doppelspalt-Versuch** mit Licht zeigen sich Photonen.

☺ Beim Doppelspalt-Versuch mit einzelnen Photonen zeigt sich einerseits der **objektive Zufall**, andererseits gesetzmäßiges Verhalten mit **objektiven Wahrscheinlichkeiten.**

☺ Wellen stehen im Zusammenhang mit der Vorherberechnung von **Wahrscheinlichkeiten für das Eintreten von Messwerten.**

☺ „Wellen" haben nichts mit der Ausbreitung von Quantenobjekten zu tun; „Teilchen" nichts mit ihrem Nachweis.

☺ **Einteilchen-Interferenz** findet statt, wenn zwischen zwei oder mehr klassisch denkbaren Möglichkeiten nicht entschieden wird.

☺ Ein Quantenobjekt kann nicht alle klassisch denkbaren Eigenschaften zugleich haben. Es gibt Paare **komplementärer Eigenschaften**, gemessen durch komplementäre Experimente, die sich gegenseitig ausschließen.

☺ **Welcher-Weg-Information und Interferenz** schließen sich aus, sind komplementär.

☺ Kohärente Zustände mit un-be-stimmter Photonenzahl stellen die quantenphysikalische Beschreibung von idealen **klassischen elektromagnetischen Wellen** dar.

<table>
<tr><td>

Kapitel 2
Checkliste

</td><td>

Das sollten Sie
jetzt können:

</td></tr>
</table>

- ❑ Versuche beschreiben, aus denen man auf Wellen- und Teilchen*erscheinungen* beim Licht schließen muss

- ❑ erläutern, inwiefern man in der Physik grundsätzlich keine Aussagen zum Wesen, zur Natur eines physikalischen Objekts machen kann, sondern nur zu Modellen vom Objekt

- ❑ erläutern, inwiefern durch „Teilchen und Wellen" Modelle vom Licht benannt werden, die zu einer anschaulichen Beschreibung des Lichts sehr nützlich, aber nicht notwendig sind

- ❑ Widersprüche zwischen Beobachtungen und einem klassischen Wellenmodell vom Licht erläutern

- ❑ abschätzen, wie lange es nach dem klassischen Wellenmodell dauern würde, bis ein Atom (bzw. alle) genügend Energie zum Ablösen eines Elektrons aufgesammelt hätte

- ❑ die Einstein-Gleichung des Fotoeffekts nennen und als Energieerhaltungssatz interpretieren

- ❑ einen Versuch beschreiben, mit dem der Zusammenhang zwischen der kinetischen Energie der abgelösten Photo-Elektronen und der Frequenz des Lichts untersucht wird

- ❑ Versuchsdaten auswerten um Grenzfrequenz und Plancksches Wirkungsquant zu berechnen

- ❑ den Zusammenhang zwischen Grenzfrequenz, Grenzwellenlänge und Ablösearbeit des Kathodenmaterials zu Berechnungen nutzen

- ❑ den Einfluss von Lichtintensität, Frequenz und Kathodenmaterial auf den Fotoeffekt erläutern

- ❑ andere Beispiele aus der Physik nennen, die sich ebenfalls zweckmäßigerweise mit dem Photonen-Modell anschaulich erklären lassen

- ❑ abschätzen, in welchen Spektralbereichen es zweckmäßiger ist, das Teilchen-Modell bzw. das Wellen-Modell anzuwenden

- ❑ Eigenschaften von Photonen nennen und sie mit anderen Teilchen vergleichen (Vgl. Standard-Modell der Elementarteilchen-Physik)

- ❑ das G-R-A-Experiment am Strahlteiler erläutern und begründen, inwiefern es Photonen nahe legt

- ❑ den Teilchenbegriff der Quantenphysik erläutern

- ❑ begründen, inwiefern auch beim Doppelspalt-Versuch mit Licht Photonen eine Rolle spielen

- ❑ Interferenz von Wellen und Einteilchen-Interferenz vergleichen

- ❑ erläutern, inwiefern der Durchtrittsort eines Photons durch einen Doppelspalt ohne eine Messung un-be-stimmt ist

- ❑ an Hand eines Experiments zeigen, dass sich beim Doppelspalt-Versuch Welcher-Weg-Information und Interferenz gegenseitig ausschließen

- ❑ an einem Beispiel den Begriff der Komplementarität erläutern

- ❑ beim präparierten Doppelspalt erläutern, inwiefern mit Hilfe des Analysators eine Messung des Durchtrittsorts der Photonen durchgeführt werden kann

- ❑ beim präparierten Doppelspalt erläutern, inwiefern durch die Einstellung des Analysators „nach Passieren des Doppelspalts" entscheiden werden kann, ob ein Interferenz-Experiment oder ein Welcher-Weg-Experiment durchgeführt werden soll

- ❑ beim präparierten Doppelspalt bzw. einem anderen Experiment mit „verzögerter Entscheidung" erläutern, dass „Wellennatur" und „Teilchennatur" keine geeigneten Begriffe zur Beschreibung von Quantenobjekten sind

- ❑ beim präparierten Doppelspalt erläutern, inwiefern die Versuche weder mit klassischen Wellen noch mit klassischen Teilchen erklärt werden können

- ❑ beim präparierten Doppelspalt erläutern, wann Ein-Teilchen-Interferenz stattfindet

- ❑ beim präparierten Doppelspalt die Begriffe „bestimmt" und „un-be-stimmt" erklären

- ❑ grob erläutern, inwiefern kohärente Zustände mit un-be-stimmter Photonenzahl idealen klassischen elektromagnetischen Wellen so nahe kommen

- ❑ berechnen, wo auf dem Schirm beim Doppelspalt-Versuch Photonen besonders häufig zu finden sein werden, also die Lage der Maxima berechnen.

3 Elektronen und andere nichtrelativistische Teilchen mit Masse

3.1 Elektronen sind Teilchen im Sinne der Quantenphysik

3.1.1 Erinnerung an den Millikan-Versuch

Der Versuch von Millikan hatte 1911 gezeigt: Elektronen sind unteilbare Teilchen im Sinne der Quantenphysik, d.h. sie treten ganz mit ihrer negativen Elementarladung -e oder gar nicht auf. Sie können gezählt werden; jede frei vorkommende negative elektrische Ladung setzt sich aus ganzzahligen Vielfachen der Elektronenladung (der negativen Elementarladung -e) zusammen. Daran ist nichts zu rütteln, genauso wenig wie nach dem G-R-A-Versuch am Strahlteiler daran zu rütteln war, dass Photonen immer ungeteilt auftreten.

Dennoch konnten mit einzelnen Photonen Interferenzexperimente durchgeführt werden. Sie erinnern sich: Interferenz trat immer dann auf, wenn zwischen zwei klassisch denkbaren Möglichkeiten nicht entschieden wurde.

3.1.2 Sind vielleicht auch mit einzelnen Elektronen Interferenzversuche möglich?

Schon 1923 hatte **deBroglie** eine solche Hypothese aufgestellt. Seine Vermutung war, dass sich das gleiche Interferenzbild ergibt wie bei Wellen mit der Wellenlänge λ = h/p (mit dem Impuls p = m·v), wenn mit sehr vielen Elek-

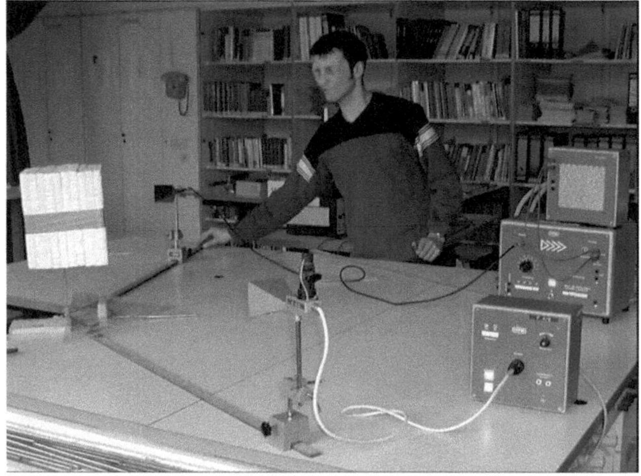

Abb. 49: Anordnung des Modellversuchs mit Mikrowellen

Das Kristallmodell ist hier aus Styropor-Platten aufgebaut, in die in jeweils 4 cm Abstand ein quadratisches Gitter von Reißzwecken eingesteckt wurde. Zur Einhaltung der Winkel wurde die gleiche Vorrichtung benutzt wie mit Ultraschall. Sie erkennen das Klystron zur Erzeugung der Mikrowellen (vorne; 3 cm Wellenlänge) und den Empfänger (hinten), dessen Ausgangssignal einem Verstärker zugeführt wird.

(Bei λ = 3 cm und d = 4 cm sind 2 Maxima zu beobachten.)

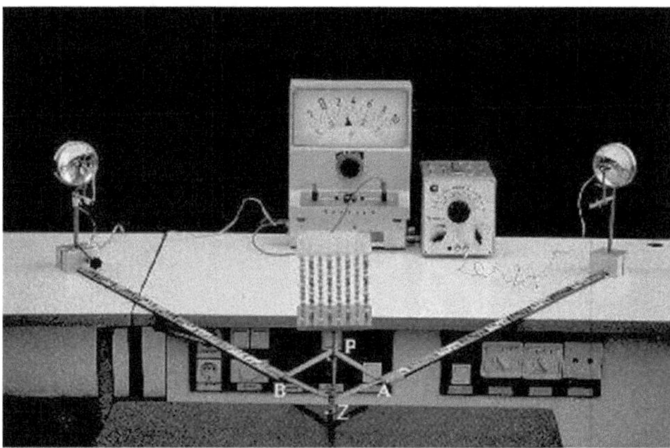

Abb. 50: Anordnung des Modellversuchs mit Ultraschall

Das Kristallmodell (vorne) sitzt auf einer Vorrichtung, die dafür sorgt, dass der Kristall mit einer bestimmten Netzebene immer senkrecht zur Winkelhalbierenden der beiden Arme ausgerichtet ist. Ein Hohlspiegel (rechts) erzeugt ein paralleles Bündel von Ultraschallstrahlen, der zweite (links) fokussiert ein aus dem Kristall kommendes paralleles Ultraschallbündel in seinen Brennpunkt, in dem das Ultraschall-Mikrophon (mit Verstärker) sitzt. Die Amplitude des empfangenen Ultraschallsignals wird mit dem Messgerät angezeigt; daneben steht der Generator für das 41 kHz-Signal für den Ultraschall-Lautsprecher.

Die Vorrichtung ist so konstruiert, dass eine Raute ZAPB entsteht, deren Diagonale ZP stets auf der "reflektierenden" Netzebene senkrecht steht und diese anzeigt. (Drehkristall-Methode). Siehe Abb. 51, 53.

tronen experimentiert wird, die alle einheitlichen Impuls p (einheitliche Geschwindigkeit v) haben. Er nannte diese Wellen "Materiewellen", ein Name, der recht irreführend ist, wie wir heute wissen, weil sich Materie auch in solchen Fällen nicht wellenförmig ausbreitet. Heute spricht man lieber von **Wellenfunktionen** um ihren mathematischen Charakter zu betonen. Man darf sie sich auch nicht als Wellen im uns umgebenden Raum vorstellen. Bereits 1926/27 wurde die Hypothese durch Experimente von **Davisson und Germer** glänzend bestätigt. Zunächst wurden damals also Versuche mit einer großen Zahl (einzelner) Elektronen durchgeführt.

Leichter zu verstehen als das Experiment von Davisson und Germer ist der **Doppelspalt-Versuch von Jönsson**, der allerdings erst in den 60-er Jahren des 20. Jahrhunderts möglich wurde, weil es schwierig war, den verwendeten Doppelspalt herzustellen und die Interferenzfigur zu vermessen. Es ergab sich ein Interferenzbild, wie Sie es vom Doppelspalt-Versuch mit Licht kennen. Mit den Messdaten konnte die deBroglie-Wellenlänge quantitativ bestätigt werden.

Später zeigte es sich (endgültig durch **Tonomura 1989**), dass bereits mit einzelnen Elektronen am Doppelspalt Interferenz beobachtet werden kann. Bei der Interferenz von Elektronen handelt es sich um Einteilchen-Interferenz.

Damit ist klar:

> Elektronen sind Quantenteilchen, aber keine klassischen Teilchen.

Nach Millikan können unteilbare Elektronen gezählt werden, sind also Quantenteilchen. Einteilchen-Interferenz schließt aus, dass es sich um klassische Teilchen handelt.

3.2 Elektronenbeugung an einem Kristall-Gitter: Bragg-Streuung

3.2.1 Modell-Versuch zur Bragg-Streuung mit Ultraschall- oder Mikrowellen

Entsprechend der Abb. 49 oder 50 werden Ultraschall- oder Mikrowellen an den „Atomen" eines Kristallmodells gebeugt und interferieren. Die Maxima der Interferenz werden registriert.

Versuchsdurchführung:

Wenn Sender und Empfänger einander direkt gegenübergestellt sind (face to face), werden Sendefrequenz (bei Ultraschall) und Verstärkung optimal eingestellt. Einer der Arme wird dann soweit gedreht, bis wieder maximaler Empfang entsteht. Der zweite Arm hat sich dann bei der vorgeschlagenen Anordnung mitgedreht. Damit ist gesichert, dass Einfalls- und Austrittswinkel immer gleich sind. In der Raute ZAPB (Abb. 51, 53) wird der Punkt P bei dieser Stellung markiert (Abb. 52). Dann wird der erste Arm weiter gedreht, das neue Maximum markiert, usw. Beim verwendeten Kristallmodell mit der Gitterkonstanten d = 1,5 cm ergeben sich mit Ultraschall (λ = 8,1 mm) 3 Positionen für P in jeweils gleichen Abständen von Z bzw. untereinander (Abb. 52).

Beobachtungen:

1. Im allgemeinen ist die Intensität der empfangenen Strahlung gering (breite Minima). Nur bei bestimmten Winkeln (im Zusammenhang mit den Markierungen) ent-

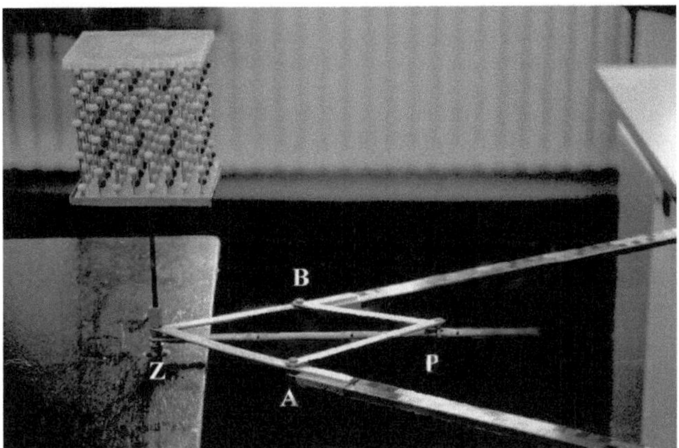

Abb. 51: Vorrichtung zum automatischen Einhalten der Winkel vom Reflexionsgesetz. Verantwortlich ist die Raute ZAPB mit ihren 4 gleichlangen Seiten. ZP ist mit dem Träger des Kristalls fest verbunden und kann den Kristall mitdrehen. ZP stellt die Winkelhalbierende der Raute dar und sorgt für die Gleichheit von Einfalls- und Austrittswinkel.

stehen Maxima. Die Abstände ZP sind ganzzahlige Vielfache einer Grundlänge D_1.

2. Wenn ein Maximum entstanden ist, sind Einfalls- und Austrittswinkel gleich. Das sieht nach einer Reflexion an einer Netzebene (schwarz eingezeichnet) aus. Aber im Unterschied zu einer echten Reflexion findet sie nur bei bestimmten Winkeln statt und wird deshalb nach ihrem Entdecker, dem Engländer Bragg, Bragg-Reflexion genannt ("Bragg-Reflexion, aber keine Reflexion"). Es ist

hier üblich, statt der Winkel gegenüber dem Lot auf der Netzebene (so sind üblicherweise Einfalls- und Austrittswinkel definiert), die Winkel gegenüber der Netzebene selbst zu betrachten. Sie heißen aus verständlichen Gründen Glanzwinkel.

Nur bei bestimmten **Glanzwinkeln** α entstehen Maxima.

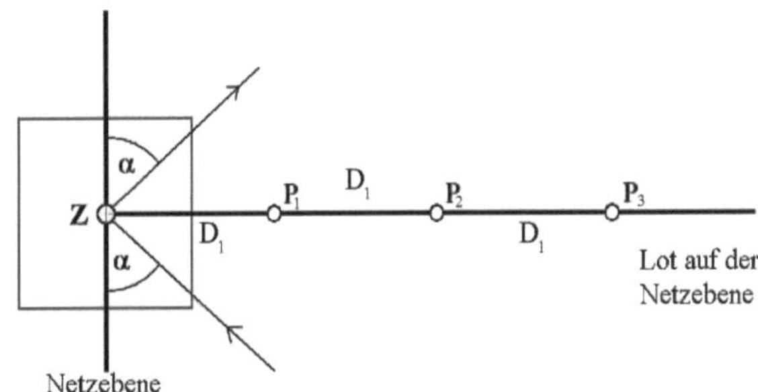

Abb. 52: Markierungen auf ZP bei den Glanzwinkeln

3. Aus Gründen, die noch geklärt werden müssen, ist der Sinus der Glanzwinkel ein ganzzahliges Vielfaches einer bestimmten Konstanten. In dieser Behauptung steckt wohl die Physik dieses Versuchs. Es gilt (Abb. 53): $\sin(\alpha) = D_1/(2 \cdot H) \cdot n$ (n ε Z, H = $\overline{ZA}$).

Maxima entstehen dann, wenn die Glanzwinkel α so sind, dass P die gezeichneten Positionen einnimmt (Abb. 52).

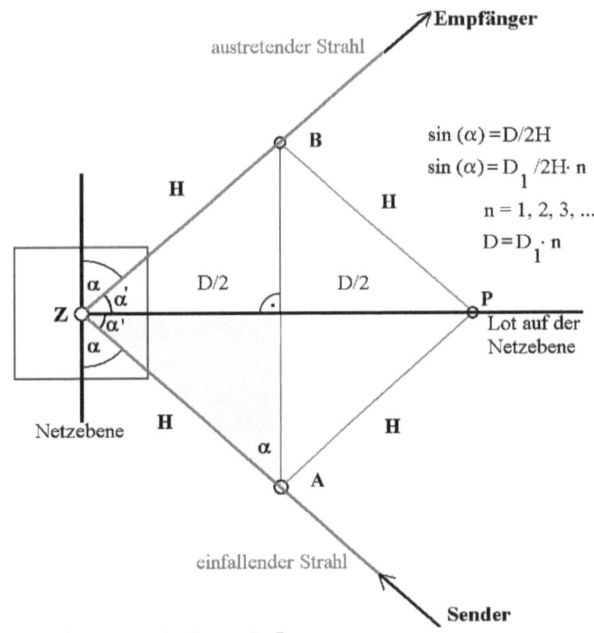

Abb. 53: Geometrie der Bragg-Reflexion

Für Ultraschall liegt es nahe, die Beobachtungen durch die Eigenschaften von **Schallwellen** zu untersuchen. Ähnlich bei Mikrowellen, aber dort wissen wir bereits, dass Mikrowellen auch durch Teilchen, Photonen, erklärt werden können:

Photonen (wie auch die Mikrowellen-Photonen) werden als Teilchen bei der Wechselwirkung mit dem Kristall wie bei Stößen abgelenkt. Die Impulse **p** und **p'** des einfallenden bzw. austretenden Photons (Abb. 54) sind gleichgerichtet zu den entsprechenden Strahlen. Der Winkel α tritt auch hier auf. Wegen des Impulserhaltungssatzes muss also ein Impulsvektor, z.B. $\mathbf{k}_1$, des Kristalls beteiligt sein. Aus der Zeichnung ergibt sich: $\mathbf{p} + \mathbf{k}_1 = \mathbf{p}'$. Offenbar können nur Impulse $\mathbf{k}_1$, $\mathbf{k}_2$, ... vom Kristallgitter übertragen werden, die ein ganzzahliges Vielfaches eines grundlegenden Gitterimpulses $\mathbf{k}_1$ sind (das n-fache; n = 1,2,3, ...). Dieser steht senkrecht auf der Netzebene. Das entspricht dem Versuchsergebnis.

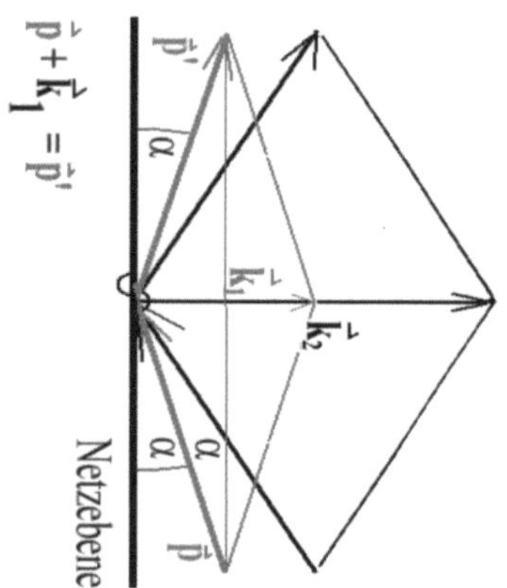

Abb. 54: „Stöße" von Photonen mit dem Kristallgitter. Durch Zusatzimpulse $\mathbf{k}_1$, $\mathbf{k}_2$, ... vom Kristallgitter werden sie abgelenkt.

k sei der Betrag des kleinsten Gitterimpulses $\mathbf{k}_1$. Es gilt dann nach Abb. 54 wegen $p = h/\lambda$: $\sin(\alpha) = (k{\cdot}n/2)/p = k{\cdot}n/(2{\cdot}p) = k{\cdot}n{\cdot}\lambda/(2{\cdot}h)$ bzw. $\lambda{\cdot}n = \sin(\alpha){\cdot}2{\cdot}h/k$

Sie haben damit schon einen Zusammenhang zwischen dem Winkel α und der Wellenlänge λ. Es fehlt Ihnen noch k. Wir führen vorerst eine Abkürzung d ein: $d = h/k$ bzw. $k = h/d$, und erhalten:

$$\lambda{\cdot}n = 2{\cdot}d{\cdot}\sin(\alpha) \quad (n \,\varepsilon\, Z) \qquad \text{Bragg-Beziehung}$$

Die Größe d werden wir später identifizieren. Um die Vielfachen des vom Kristallgitter übertragenen Impulses zu verstehen müssten Sie jetzt noch etwas mehr über Festkörperphysik wissen. Sie hängen mit der Periodizität des Kristallgitters zusammen, also der Tatsache, dass sich nach einer Gitterkonstanten d "alles wiederholt".

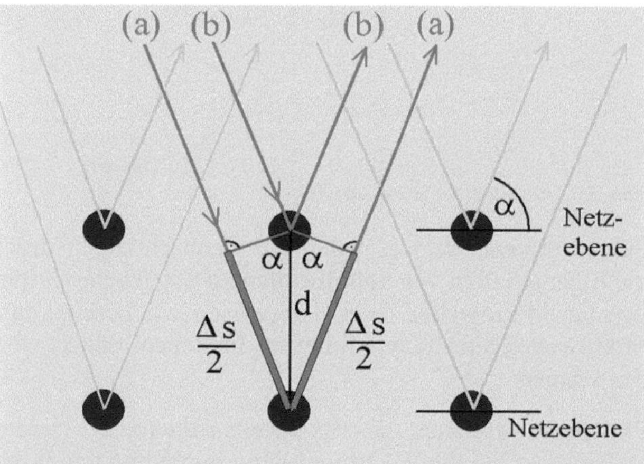

Abb. 55: Kristallgitter-Beugung von Wellen (wie Ultraschall- oder elektromagnetischen Mikrowellen): Der Gangunterschied enthält zwei Anteile!

Stattdessen hilft uns die **Kristallgitter-Beugung von Wellen** weiter (Abb. 55):

Die Wellen werden an Atomen (Streuzentren) gebeugt. Nach Huygens breiten sich die Elementarwellen nach der Streuung in alle Richtungen aus, u.a. in Richtung eines der vermuteten Maxima. Wenn der Gangunterschied Δs (Wegunterschied) zwischen zwei an benachbarten Atomen gebeugten Wellen [(a) und (b)] gerade ein ganzzahliges Vielfaches der Wellenlänge λ beträgt, verstärken sich die beiden Wellen, es entsteht ein Maximum (Maximum, wenn $\Delta s = \lambda \cdot n$ (n e Z)). Δs setzt sich hier aus zwei Anteilen zusammen! Dann verstärken sich auch alle übrigen gleichgerichteten Strahlen paarweise. [Hier geht ebenfalls die Periodizität des Gitters ein.] Mit dem Glanzwinkel α erhalten Sie:

$$\sin(\alpha) = \Delta s/2d = \lambda{\cdot}n/(2{\cdot}d) = \lambda/(2{\cdot}d){\cdot}n \;(n\,\varepsilon\,Z). \text{ Oder:}$$

$$\boxed{\lambda{\cdot}n = 2{\cdot}d{\cdot}\sin(\alpha) \quad (n\,\varepsilon\,Z) \qquad \text{Bragg-Beziehung}}$$

Bei bekanntem Netzebenenabstand d können Sie mit dieser Beziehung die Wellenlänge λ berechnen, bei bekannter Wellenlänge λ erhalten Sie den Netzebenenabstand d.

Das entspricht dem Versuchsergebnis. Nach Vergleich mit der Impulsbetrachtung oben wissen Sie jetzt sogar noch genauer: $d = h/k$ bzw. $k = h/d$: d ist also identifiziert als Netzebenenabstand. Der Betrag des Kristallgitterimpulses k hängt vom Kehrwert des Netzebenenabstands d ab.

[Festkörperphysiker sprechen in diesem Zusammenhang vom "reziproken Gittervektor". Das betrifft Sie als Schüler aber gar nicht. Sie brauchen sich auch die Bragg-Beziehung nicht merken. Sie sollten sie aber herleiten können aus der Wellenvorstellung, also aus Abb. 55]

Bisher sind wir von einem so genannten **Einkristall** ausgegangen. Er hat einheitliche innere Struktur. Bei ihm gibt es verschiedene, gegeneinander geneigte einheitliche Gruppen von Netzebenen. Alle Netzebenen einer Gruppe liegen im Kristall parallel. Es könnte aber auch ein **Kristallpulver** durchstrahlt werden. Es besteht aus sehr vielen winzig kleinen **Kristalliten**, die alle möglichen Orientierungen einnehmen. Ein Kristallit ist ein sehr kleiner Einkristall. Bei jeder beliebigen Orientierung des Kristallpul-

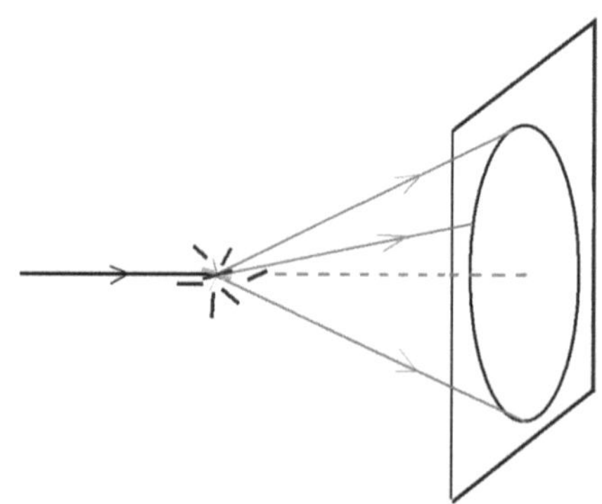

Abb. 56: Entstehung von Maxima auf konzentrischen Kreisen bei Bragg-Reflexion an den vielen Kristalliten eines Kristallpulvers. Die kleinen Striche sollen Kristallite in unterschiedlichen Orientierungen darstellen.

vers findet jeder einfallenden Strahl viele Kristalliten, die ihm geeignete Netzebenen "anbieten", an denen der Strahl Bragg-reflektiert wird.

Aus Symmetriegründen liegen alle austretenden Strahlen auf dem Mantel von Kegeln (Abb. 56), deren Achse in Richtung des einfallenden Strahls orientiert ist. Stellt man einen Schirm senkrecht zum einfallenden Strahl in diesen Kegel, dann durchschneiden die Kegel den Schirm in Form von konzentrischen Kreisen. Ihr Zentrum ist die Stelle, an der der einfallende Strahl den Schirm durchstößt.

Solche **Raumgitterinterferenzen** lassen sich mit sehr kurzwelligen elektromagnetischen Wellen an realen Kristallen der Natur mit einem Netzebenenabstand d in der Größenordnung $3 \cdot 10^{-10}$ m erzeugen. Genügend kurzwellige elektromagnetische Wellen sind z.B. Röntgenstrahlen. Röntgenstrahlen entstehen, wenn Elektronen mit einer kinetischen Energie von einigen 10 keV auf eine Schwermetallplatte fallen. Sie werden dort abgebremst und geben ihre kinetische Energie in Form von einem oder mehreren Photonen ab (Röntgenbremsstrahlung; siehe Anhang B). Solche Röntgenstrahlung ist nicht monochromatisch. Sie kann aber mit Hilfe der Bragg-Reflexion monochromatisch gemacht werden. (Für einen bestimmten Glanzwinkel wird nur Röntgenstrahlung einer bestimmten Wellenlänge reflektiert.) Mit monochromatischen Röntgenstrahlen sind nach Durchgang durch ein Kristallpulver die erwähnten konzentrischen Kreise auf einem fluoreszierenden Schirm oder einer Fotoplatte zu beobachten.

Um solche Röntgenstrahlung geht es aber im nächsten Versuch, der so genannten **Elektronenbeugung**, überhaupt nicht.

3.2.2 Die so genannte Elektronenbeugung im Versuch

Sie haben schon gesehen, dass Teilchen, wie etwa Photonen, an Netzebenen so reflektiert werden können, als wäre eine Wellenstrahlung an den Atomen des Kristalls gebeugt worden. Geht das auch mit Elektronenstrahlen?

Durchstrahlt ein enges Bündel von Elektronen einheitlicher Geschwindigkeit ein Kristallpulver (hier Graphit), dann findet an den vielen Kristalliten Bragg-Reflexion statt wie bei einer Wellenstrahlung mit einheitlicher Wellenlänge. Das Resultat ist ein System von grün leuchtenden konzentrischen Kreisen auf dem Bildschirm der Elektronenbeugungsröhre. Die Wellenlänge λ lässt sich aus dem Netzebenenabstand d und dem Kreisradius r messen. Mit dem Elektronenimpuls p aus der Beschleunigungsspannung U kann bestätigt werden, dass dies genau die

deBroglie-Wellenlänge ist.

Es gilt nämlich: $E_{kin} = p^2/2m$, also $p = \sqrt{2 \cdot m \cdot E_{kin}} = \sqrt{2 \cdot m \cdot e \cdot U}$ und damit $\lambda = h/p = h/\sqrt{2 \cdot m \cdot e \cdot U}$.
Bei $m = 9,1 \cdot 10^{-31}$ kg und $e = 1,6 \cdot 10^{-19}$ A·s und U = 4,9 kV (wie in Abb. 57) ergibt sich $\lambda = 6,6 \cdot 10^{-34}$ / $\sqrt{2 \cdot 9,1 \cdot 1,6 \cdot 0,49 \cdot 10^{-23}}$ m $= 1,74 \cdot 10^{-11}$ m $= 17,4$ pm $= 0,0174$ nm, was verglichen werden muss mit einem Netzebenenabstand d von 0,123 nm bzw. 0,213 nm bei Graphit.

Berücksichtigen wir aber, dass Elektronen Teilchen sind

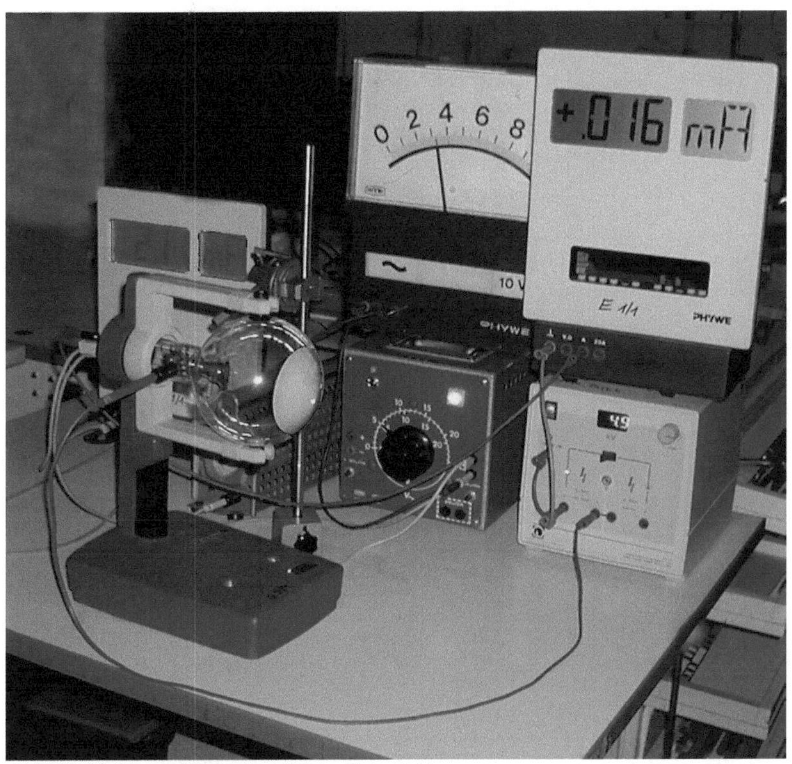

Abb. 57: *Elektronenbeugungsröhre im Unterricht*

(Quantenteilchen), sieht der Vorgang ganz anders aus: Jedes einzelne Elektron wechselwirkt mit den Atomen eines Kristalliten, überträgt an ihn einen Impuls bzw. erhält von ihm einen bestimmten Zusatzimpuls, so dass der resultierende Elektronen-Impuls geänderte Richtung hat. Weil die Kristallgitterimpulse nur bestimmte Größen haben, wird das Elektron vor allem in ganz bestimmte Richtungen abgelenkt; in welche der möglichen Richtungen (und bei welchem Kristalliten) ist ganz zufällig. Wellen braucht man in dieser Beschreibungsweise nur zur Ermittlung der Wahrscheinlichkeit, mit der ein Elektron in eine bestimmte Richtung, vor allem in die ringförmigen Maxima, abgelenkt wird. Würde man mit verminderter Intensität arbeiten, würden sich die ringförmigen Maxima aus lauter zufälligen Einzelnachweisen zusammensetzen. Erst sehr viele Elektronen liefern wegen der zugrunde liegenden Wahrscheinlichkeitsverteilung die ringförmigen Maxima auf dem Bildschirm (Abb. 58).

Historisch war dieser Versuch von entscheidender Bedeutung für die Bestätigung von deBroglies Hypothese, dass bestimmte Erscheinung auch bei Elektronen (oder anderen Materieteilchen) **so** beschrieben werden könnten, **als** läge hier eine Wellen*erscheinung* mit der deBroglie-Wellenlänge $\lambda = h/p$ vor. Ein solcher Versuch wurde erstmals von **Davisson und Germer** 1927 durchgeführt, die dafür 1937 den Nobelpreis erhielten. Bei typischen realen Kristallen der Natur ist der Netzebenenabstand d in der Größenordnung von $d = 3 \cdot 10^{-10}$ m = 0,3 nm. Von ähnlicher Größenordnung müssen dann die Wellenlängen von gebeugten deBroglie-Wellen sein.

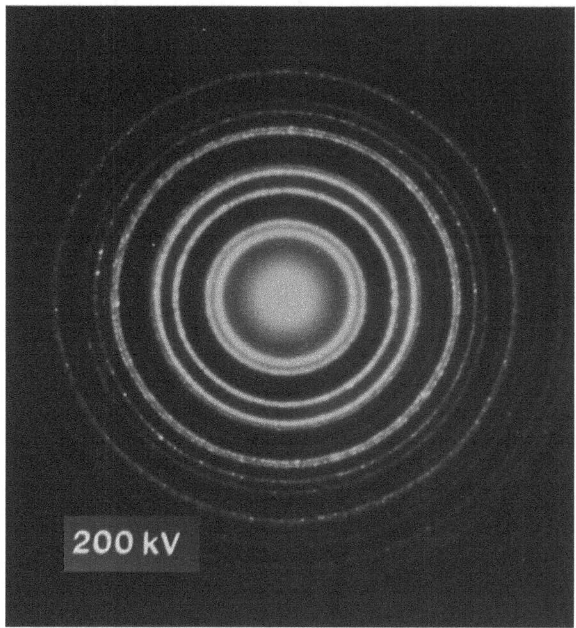

Abb. 58: Ringsystem bei U = 200 kV. Bei dieser Beschleunigungsspannung handelt es sich um relativistische Elektronen. Die Ringe entstehen dort, wo die Kegel von Abb. 55 die Schirmebene (Fotoplatte) durchstoßen. Messungen nach Prof. Deacon, University of West Australia, Perth

> Elektronenbeugung kann beschrieben werden, als läge eine Wellen*erscheinung* mit einer deBroglie-Wellenlänge $\lambda = h/p$ vor.

Man erhält übrigens durch den Netzebenenabstand d ein grobes **Maß für den Atomdurchmesser**. Wenn man davon ausgeht, dass sich die Atome von benachbarten Netzebenen nicht durchdringen, muss ihr Durchmesser kleiner oder gleich dem Netzebenenabstand sein, also $\leq$ 0,3 nm.

3.3 Doppelspalt-Versuch mit Elektronen

3.3.1 Doppelspalt-Versuch mit reduzierter Leistung der Elektronenquelle

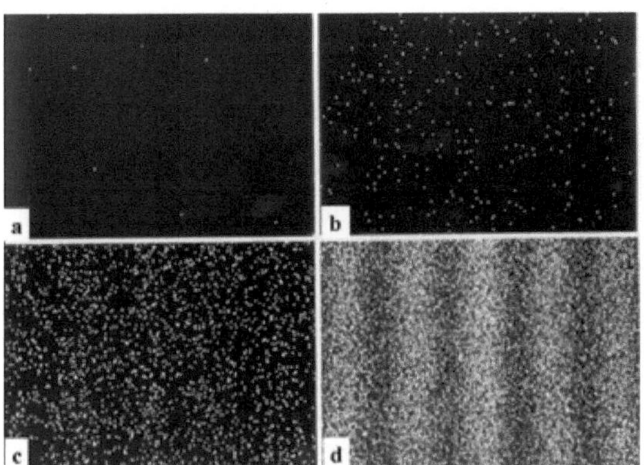

Abb. 59: *Allmählicher Aufbau einer Interferenzfigur durch einzelne Elektronen (nach Tonomura, siehe Internet)*

Neuere Experimente zeigen, dass bereits **mit einzelnen Elektronen** Interferenz möglich ist. Die Leistung der Teilchenquelle (Elektronenkanone) wird dabei so reduziert, dass immer nur ein Elektron in der Versuchsanordnung ist. Die Elektronen werden z.B. mit einer Fotoplatte registriert.

Das Ergebnis ist ähnlich, wie man es vom Doppelspalt-Versuch mit Photonen her kennt: Die einzelnen Elektronen werden an zufällig verteilten Orten auf der Fotoplatte nachgewiesen, immer nur als einzelne, ungeteilte Elektronen. Von Interferenz ist zunächst keine Spur. Aber: mit zunehmender Anzahl von Elektronen findet man die meisten immer klarer in der Nähe von gewissen Maxima, so gut wie keine in der Nähe der Minima. Erst allmählich baut sich eine Interferenzfigur auf.

Das auch vom Jönsson-Experiment bekannte Interferenzbild von Elektronen am Doppelspalt baut sich allmählich auf. Ein Film von **Tonomura** (siehe Internet) zeigt den allmählichen Übergang von einer körnigen Verteilung zufälliger Nachweise zu einem quasikontinuierlichen Interferenzbild. Also:

> Elektronen sind keine klassischen Wellen.

Mit großer Wahrscheinlichkeit wird man also ein Elektron in der Umgebung eines Maximums finden, mit sehr kleiner Wahrscheinlichkeit in der Nähe eines Minimums. Die körnige Struktur des Interferenzbilds ist deutlich erkennbar. Statt einer kontinuierlichen Verteilung wie bei Wellen erhalten wir bei einer sehr großen Zahl von Versuchen eine Wahrscheinlichkeitsverteilung für den Nachweis einzelner Elektronen.

Wieder – wie bei Photonen – entsteht die Interferenzfigur durch Einteilchen-Interferenz. Und auch nach Millikan:

> Elektronen sind Quantenteilchen, aber keine klassischen Teilchen.

Gleiche Ergebnisse wurden später auch mit anderen Teilchen erhalten, mit Atomen, Neutronen, Fulleren-Molekülen, …

Bei der Interferenzfähigkeit, wenn zwischen mehr als einer klassisch denkbaren Möglichkeit nicht entschieden wird, handelt sich offenbar um „eine Eigenschaften aller Materie und aller Strahlung", nicht um eine spezielle von Elektronen oder Photonen. So formuliert es einer der Väter der Quantenphysik, Werner Heisenberg, in seinem Buch "Der Teil und das Ganze", als er den Namen „Wellikel" - zusammengesetzt aus Welle und Partikel - für Elektronen ablehnte.

Mit den Simulationsprogrammen **DOPPELSPALT** (von Klaus Muthsam) und **INTERFEROMETER** (von Albert Huber), beide an der LMU-Universität München entwickelt (siehe Internet), sollten Sie jetzt die Versuche noch einmal durchspielen. Für Licht gibt es ein ähnliches Programm von Wolfgang Kuntsch **"LASERLICHT AM DOPPELSPALT"** (ISB, siehe Internet). Bei dem letzten Programm finde ich allerdings einige Sprechweisen in der Erläuterung irreführend ("Wellencharakter", "Auftreffwahrscheinlichkeit", "aufschlagen", …). Hierin stecken m.E. zu viele nicht zutreffende klassische Vorstellungen. Man kann sie ja überlesen. Die Simulation ist perfekt.

Bei Ihren simulierten Experimenten sollte es gehen um

- den allmählichen Aufbau einer Interferenzfigur aus lauter zufälligen Einzelnachweisen, also um **objektiven Zufall** und **objektive Wahrscheinlichkeit**

- den deBroglie'schen Zusammenhang von Energie/Geschwindigkeit/Impuls der Teilchen und der Wellenlänge,

- das Verschwinden der Interferenz, wenn eine Welcher-Weg-Information gewonnen wird, bzw. um den Verlust von WWI, wenn ein Interferenzexperiment durchgeführt wird. Es geht also um die **Komplementarität**.

Wie bei Photonen müssen Sie aus dem Versuchsergebnis folgern: Für ein Elektron, das in einem Maximum der Interferenzfigur nachgewiesen wird, ist die Vorstellung von einem Durchtrittsort physikalisch sinnlos, weil sie nicht überprüft werden kann. Kurz sagt man dann manchmal:

> „Das Elektron hat keinen Durchtrittsort, wenn Interferenz beobachtet wird."
>
> Oder auch:
>
> „Das Elektron hat keinen Durchtrittsort, wenn dieser nicht gemessen wird."

3.3.2 Was bedeuten die „Broglie-Wellen", was nicht ?

Abb. 60: Max Born (1887 – 1970), Autor der Wahrscheinlichkeitsdeutung der Wellenfunktionen, Nobelpreis 1954; und James Franck (1882 - 1964), der Energiestufen in Atomen nachwies, Nobelpreis 1925 zusammen mit Gustav Hertz.

Abb. 61: Erwin Schrödinger (1887 - 1961), Entdecker der Wellenfunktionen in abstrakten quantenphysikalischen Räumen, die durch seine Schrödinger-Gleichung beschrieben werden. Nobelpreis 1933

Wenn das Teilchen, das wir in einem Maximum der Interferenzfigur nachwiesen, schon keinen Durchtrittsort hatte, so hatte es doch zumindest die zwei klassisch denkbare **Möglichkeiten**, durch den Spalt A oder durch den Spalt B zu gehen. Solange wir zwischen beiden Möglichkeiten nicht entscheiden, kommt es zur Interferenz.

Wenn wir den Durchtrittsort messen, was ja möglich ist, fällt eine dieser beiden Möglichkeiten weg. Weil jetzt nicht mehr zwei Möglichkeiten in Konkurrenz liegen, gibt

es also auch keine Interferenz mehr. Hat Interferenz eher etwas mit einer Art „**Überlagerung unentschiedener Möglichkeiten**" zu tun als mit Ausbreitung von Wellen unbekannter Natur?

Jedenfalls ist klar:

Die Materie breitet sich **nicht** wellenförmig aus.

Anders als Wasser-, Schall- oder klassische elektromagnetische Wellen sind die Wellen der Quantenphysik in der Regel **keine Wellen im 3-dimensionalen Anschauungsraum**: Sie sind komplexwertig und bei mehr als 1 Teilchen sogar Wellen in höherdimensionalen Räumen, die wir uns gar nicht mehr anschaulich vorstellen können.

Ein einzelnes Elektron allein erzeugt auch niemals eine Interferenzfigur: Wenn ein einzelnes Elektron durch den Doppelspalt gelaufen ist, wird es irgendwo, an einem bestimmten Ort nachgewiesen (nur nicht in einem Minimum der Interferenzfigur). Erst bei vielen solchen Versuchen baut sich allmählich die Interferenzfigur auf. Bei einem Maximum ist der Nachweis eines Teilchens sehr wahrscheinlich, bei einem Minimum sehr unwahrscheinlich.

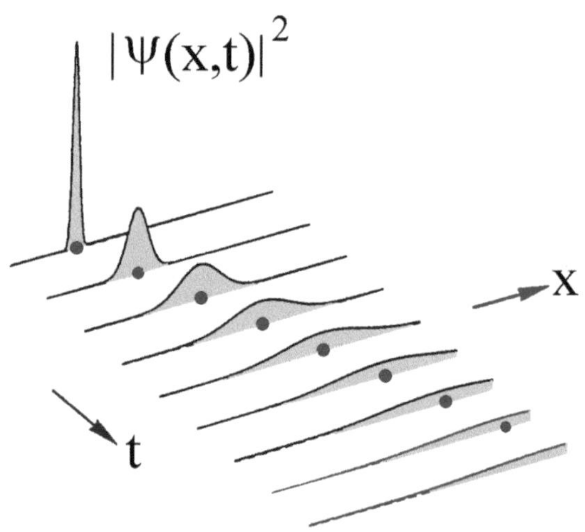

Abb. 62: Wellenpaket, das die Wahrscheinlichkeitsdichte $|\psi(x,t)|^2$ für ein bewegtes Teilchen darstellt. Das Wellenpaket wird immer „verwaschener", „läuft auseinander", während das Teilchen nach rechts läuft. Der dicke Punkt entspricht einem klassischen Teilchen. Er hat keine Entsprechung in der Quantenphysik. Alle diese Wahrscheinlichkeitsdichten gehören zu demselben Quantenteilchen, unabhängig von der Breite der Verteilung. Bei einer Ortsmessung würde man das Teilchen irgendwo innerhalb des Wellenpakets finden. Darstellung nach Brandt, Dahmen, The picture book of quantum mechanics

Man hat eine Zeit lang spekuliert, dass Elektronen und andere Mikroteilchen. „Zwitterwesen" sein könnten, so genannte „Wellikel" (aus Welle und Partikel = Teilchen gebildet), die gleichzeitig Teilchen und Wellen sein könnten. In der klassischen Wellenlehre kennt man tatsächlich als Überlagerung von Wellen so genannte **Wellenpakete**, die zeitweilig aus einem einzigen Wellenberg bestehen können. Man sprach spekulativ von „verschmierten" Elektronen mit einer Ladungsdichte, die nur kurzzeitig am Teilchenort konzentriert sein könnte, von einer „Ladungswolke".

Das aber musste man bald ausschließen, weil Elektronen nicht aufgeteilt werden können, weil keine elektrostatische Selbstwechselwirkung der vielen vermeintlichen Teilladungen der Ladungsverteilung beobachtet wurde, und weil die Wellenpakete in der Regel „auseinanderlaufen" würden (Abb. 60).

Man könnte die zu einer solchen Verteilung gehörenden Teilchen zählen, und würde immer exakt 1 erhalten, nie z.B. 1/2. Man könnte den Ort des

Teilchens messen, und würde bei jeder Messung einen eindeutigen Wert innerhalb des Wellenpakets erhalten, evtl. jedes Mal einen anderen. Man könnte die Geschwindigkeit des Teilchens messen, und würde bei jeder Messung einen eindeutigen Wert innerhalb einer ähnlichen Verteilung erhalten, evtl. jedes Mal einen anderen. Streuende Messwerte würde man erhalten, weil man eine Eigenschaft untersucht, die das Elektron in einem solchen Zustand nicht hat, der durch das Wellenpaket beschrieben wird. Das Wellenpaket wäre zuständig für die Wahrscheinlichkeitsverteilung dieser Streuungen.

Es gibt zwar Zustände, die durch Wellenpakete beschrieben werden, aber ein einzelnes Elektron tritt niemals als „verschmiertes" Elektron auf. Elektronen sind keine „Ladungswolken", auch nicht im Atom.

Theorie und Experimente zeigen außerdem: Ein Elektron kann zu einem bestimmten Zeitpunkt - nach einer Messung - einen be-stimmten Ort haben; nach einiger Zeit wird es in der Regel keinen be-stimmten Ort mehr haben. Man sagt: „das Wellenpaket ist auseinander gelaufen" (Abb. 60).

[**Das Wort „be-stimmt" im Sinne von „durch eine Messung festgesetzt" wird im Folgenden mit Bindestrich geschrieben im Unterschied zu „bestimmt" im üblichen Sinn.**]

Ein Elektron kann zu einem bestimmten Zeitpunkt - nach einer Messung - eine be-stimmte Geschwindigkeit haben; nach einiger Zeit wird es in der Regel keine be-stimmte Geschwindigkeit mehr haben

Ein Weg eines Teilchen - z.B. durch einen bestimmten Spalt - ist grundsätzlich nicht feststellbar ohne das System grundlegend zu verändern: Wenn aber ein Ort festgestellt (be-stimmt) wurde, sind andere Eigenschaften verloren gegangen, z.B. über die entsprechende Geschwindigkeitskoordinate.

Der experimentelle Sachverhalt im Zusammenhang mit Wellen in der Quantenphysik ist der:

In den Maxima der Welle wird man besonders häufig Elektronen nachweisen oder, wenn man den Versuch mit einem Elektron häufig wiederholt, wird man das eine Elektron dort am häufigsten nachweisen. In den Minima wird man die Elektronen oder das Elektron nie nachweisen.

3.3.3 Welche Funktion haben die Wellen der Quantenphysik? Die Born'sche Wahrscheinlichkeitsdeutung der Wellenfunktion

Die Versuche mit verminderter Leistung der Quelle von Photonen (Kap. 2.3) und Elektronen (Kap. 3.3.1) zeigten es deutlich: Die Wellen haben etwas mit der Wahrscheinlichkeit zu tun, ein Quantenteilchen an einer gewissen Stelle **x** nachzuweisen. Der österreichische Physiker **Erwin Schrödinger** hatte schon 1926 eine Gleichung für solche Wellen bei Elektronen oder anderen Materieteilchen aufgestellt (Nobelpreis 1933), die nach ihm benannte

Schrödinger-Gleichung. Im regulären Verlauf dieses Kurses wollen wir uns mit ihr nicht weiter beschäftigen. Wichtig ist nur Folgendes: Ihre Lösungen nennt man **Wellenfunktionen**, eine Bezeichnung, durch die auch ihr **mathematischer Charakter** ausgedrückt ist. Wellenfunktionen haben **keine direkte physikalische Bedeutung**. Sie sind komplexwertig, lassen sich also nicht durch die Ihnen bekannten reellen, sondern nur durch komplexe Zahlen ausdrücken. Unter anderem auch deshalb sind sie nicht direkt messbar. Sie können aber interferieren. **Max Born** (Nobelpreis 1954) hatte noch im gleichen Jahr 1926 zu ihrer Deutung eine Hypothese aufgestellt, die heute so genannte und allgemein anerkannte **Born'sche Wahrscheinlichkeitsdeutung der Wellenfunktionen**:

Born'sche Wahrscheinlichkeitsdeutung der Wellenfunktionen:

Wellenfunktionen haben keine direkte physikalische Bedeutung. Aber das **Betragsquadrat der Wellenfunktion** $/\psi(x,t)/^2$ ist ein Maß für die Wahrscheinlichkeit, ein Quantenteilchen in einem Bereich in der Nähe eines Ortes **x** nachzuweisen.

Die Wahrscheinlichkeit ist außerdem noch proportional zur Ausdehnung dieses Bereiches.

Auch andere Wahrscheinlichkeiten für das zukünftige Eintreten von Messwerten lassen sich mit Wellenfunktionen berechnen.

In Kapitel 4.3 wird näher erläutert werden, dass diese Wellen(funktionen) – anders als klassische elektromagnetische Wellen z.B. - **keine Wellen im uns umgebenden Anschauungsraum** sind. U.a. auch deshalb können sie nicht zuständig sein für die „Ausbreitung" von Quantenobjekten im Anschauungsraum, wie hingegen manche Schulbücher das behaupten.

Für uns ist es belanglos, dass man ähnliches Verhalten bei Photonen und anderen relativistischen Quantenteilchen, wie sehr schnellen Elektronen, etwas anders formulieren müsste. Für sie gibt es keine Wellenfunktionen im eigentlichen Sinn.

Im Anhang A ist erläutert, wie man prinzipiell diese Wellen(funktionen) berechnen kann. Damit kann man im Prinzip alle realen Probleme der Quantenphysik für Quantenteilchen lösen, so genau man will. Tatsächlich gehört die Quantentheorie zu den am genauesten bestätigten Theorien. Alle ihre Vorhersagen (wenn korrekt durchgeführt) stimmen mindestens bis zur 6. oder 7. geltenden Ziffer mit den Experimenten überein.

Aber natürlich kann man mit ihr keine unphysikalischen Probleme klären, wie z.B. die Frage, auf welchem Weg ein Teilchen durch den Doppelspalt zum Nachweisort gelangte. Es gibt keinen solchen Weg!

3.3.4 Übergang zur klassischen Physik (1) ?

Je größer die Masse m der Teilchen wird, desto kleiner wird bei den geringen experimentell erreichbaren Geschwindigkeiten die deBroglie-Wellenlänge λ = h/p. (In anderen Fällen ist es schwierig, hohe Geschwindigkeiten zu erzeugen. Bei der Interferenz von Teilchen braucht man in der Regel sehr geringe Geschwindigkeiten. Hier liegt die Schwierigkeit darin, immer exakt den gleichen kleinen Wert zu erhalten, z.B. 0,001 mm/s.) Da der Spaltabstand in der Größenordnung der Wellenlänge λ sein sollte, wird es mit zunehmender Masse immer schwieriger, geeignete Spalte zu finden oder herzustellen. Im Prinzip wäre auch ein Interferenzexperiment mit einem Menschen möglich, sagen wir mit Susi, oder mit einer Billardkugel oder gar einem Stern

Allerdings wird es schwierig sein, Spalte zu finden, die einerseits einen winzig kleinen Spaltabstand in der Größenordnung ihrer Wellenlänge haben, die andererseits weit genug sind um Susi durch zulassen. Und die erforderliche extrem geringe Geschwindigkeit wird man auch kaum konstant halten können. Um die Interferenzfigur zu beobachten, müsste man Susi unter exakt gleichen Bedingungen immer wieder durch den Doppelspalt schicken. Selbst, wenn das möglich wäre: Man wird die Maxima und Minima leider nur mit quasi verschwindender Wahrscheinlichkeit beobachten können, u.a. weil die Abstände zu gering wären, und weil sich Susi bereits nach wenigen Versuchen weigern würde, immer wieder in der gleichen Weise gegen den Doppelspalt zu laufen. So werden also mit zunehmender Teilchenmasse die Abweichungen von klassischen Teilchen immer weniger auffallen (siehe Aufgabe 13, S. 54).

Bei Photonen hatten Sie in Kapitel 2.4.2 noch einen anderen Kontakt mit der klassischen Physik kennen gelernt: **Klassische elektromagnetische Wellen** können quantenphysikalisch am besten durch bestimmte kohärente Zustände **mit un-be-stimmter Photonenzahl** beschrieben werden (Glauber 1963), bei denen die mittlere Photonenzahl sehr groß ist. Wie gesagt: „Un-be-stimmte Photonenzahl" bedeutet, dass bei gleichen Bedingungen immer wieder ein anderer Wert für die Photonenzahl gemessen wird. Bei solchen Wellen handelt es sich wirklich um Wellen im dreidimensionalen Anschauungsraum. Möglicherweise gelten ähnliche Verhältnisse auch für **Atomlaser (Ketterle,** 1996 und **Bloch, Hänsch** und **Esslinger,** 1999).

3.4 Eigenschaften von Elektronen oder anderer nichtrelativistischer Teilchen (Fermionen)

Für ihre Geschwindigkeit misst man immer Werte kleiner als die Lichtgeschwindigkeit c im Vakuum. Damit hängt zusammen: Sie haben eine endliche Masse (bei Elektronen: m = $9,1 \cdot 10^{-31}$ kg).

Für ihre **Polarisation** gibt es zwei mögliche Messwerte. Mit ihrer Polarisation hängt der so genannte **Spin** zusammen. Die grundlegenden Materieteilchen sind so genannte **"Spin-1/2-Teilchen"**. In eine beliebige z-Richtung, z.B. längs eines Magnetfelds, gibt es nämlich zwei Einstellmöglichkeiten: $1/2 \cdot \hbar$ oder $-1/2 \cdot \hbar$, wobei $\hbar$ = h/2·π mit dem Planckschen Wirkungsquant h.

Mit dem Spin hängt zusammen: Elektronen und andere Materieteilchen sind **Fermionen.** Das hat folgende Konsequenz: Misst man ein Materieteilchen, dann findet man kurz darauf ein zweites Teilchen der gleichen Eigenschaften nur mit verminderter Wahrscheinlichkeit. Scherzhaft sagt man oft: "Fermionen mögen sich nicht". Diese Eigenschaft hängt mit dem **Pauli-Prinzip** zusammen, das Sie im Zusammenhang mit dem Atombau genauer kennen lernen werden.

Bis vor kurzem hätten wir eine Ausnahme diskutieren müssen: Neutrinos sind Fermionen wie Elektronen. Lange glaubte man, dass Neutrinos keine Masse (Ruhemasse) hätten. Dann müsste man gemäß Einsteins Relativitätstheorie für die Geschwindigkeit immer die Lichtgeschwindigkeit messen, obwohl Neutrinos mit Licht nichts zu tun haben. Seit wenigen Jahren gilt es aber als gesichert, dass auch Neutrinos eine winzig kleine Masse haben, viel kleiner als die Elektronenmasse. Man misst deshalb für ihre Geschwindigkeit nur *fast* die Lichtgeschwindigkeit c. Neutrinos spielen beim ß-Zerfall von Atomkernen eine Rolle oder bei der Kernfusion in der Sonne.

Damit gelten für Mikroteilchen mit endlicher Masse etwas andere Aussagen als für Photonen:

Teilchen	Masse (Ruhemasse)	Geschwindigkeit	Spin (Betrag)	Statistik
Photon	0	c	$\hbar$ (ganzzahlig)	**Boson**
Elektron	$9,1 \cdot 10^{-31}$ kg	< c	$1/2 \cdot \hbar$ (halbzahlig)	Fermion
Proton	ca. $1,67 \cdot 10^{-27}$ kg	< c	$1/2 \cdot \hbar$	Fermion
Neutron	ca. $1,67 \cdot 10^{-27}$ kg	< c	$1/2 \cdot \hbar$	Fermion
Neutrino	weniger als 1/10000 $m_{elektron}$	geringfügig < c	$1/2 \cdot \hbar$	Fermion

Teilchen	Masse (Ru-hemasse)	Ge-schwin-digkeit	Spin (Be-trag)	Statistik
Atom	ca. ganzzah-liges Vielfa-ches von m_{proton} oder $m_{neutron}$	< c	je nach Bau halb-zahlig oder ganz-zahlig	dement-spre-chend Fermion oder Bo-son
Molekül	ca. ganzzah-liges Vielfa-ches von m_{proton} oder $m_{neutron}$	< c	je nach Bau halb-zahlig oder ganz-zahlig	dement-spre-chend Fermion oder Bo-son

Natürlich könnten Sie sich ein Elektron als ein kleines blaues Kügelchen mit winzig kleiner Masse und negativer Elementarladung vorstellen. Sie müssten nur die Grenzen eines solchen Bildes im Auge behalten. Dass es als punkt-förmig angesehen werden muss, weil sein Durchmesser - wenn es einen hat - kleiner als jede heute messbare Stre-cke ist, passt schon nicht mehr ins Bild. Aber sich vorzu-stellen, wie ein Elektron durch einen Doppelspalt gelangt sein könnte, oder wie es sich um den Atomkern eines H-Atoms bewegt, ... ist reine Fantasie.

Die Physik kann dazu nur Aussagen machen, welche Messergebnisse sich mit welcher Wahrscheinlichkeit bei realen Messungen ergeben würden, nicht wie diese zu-stande kommen. Es hat keinen Sinn, danach zu fragen, weil niemand darauf eine stichhaltige klassisch einsichti-ge Antwort geben kann. Ähnliches gilt für andere Quan-tenteilchen.

Für Protonen und Neutronen kann man aber eine Ausdeh-nung feststellen (Größenordnung 10^{-15} m). Sie sind den-noch aus den erwähnten Gründen keine klassischen Kü-gelchen.

Elektronen wie die anderen Teilchen in der Tabelle sind **Quantenteilchen**, weil sie gezählt werden können. Ihre klassisch denkbaren Eigenschaften können durch Messun-gen be-stimmt werden. Ohne eine Messung sind diese in der Regel **un-be-stimmt**. Wiederholte Messungen in der gleichen Situation liefern dann streuende Messwerte, die dem objektiven Zufall mit objektiven Wahrscheinlichkei-ten genügen. Es gibt Paare von Eigenschaften, die nicht zugleich be-stimmt sein können, z.B. ein Durchtrittsort beim Doppelspalt (Welcher-Weg-Information) und Inter-ferenzfähigkeit. Solche Eigenschaften heißen **komple-mentär**. Auch Ort und Geschwindigkeit eines Quanten-teilchens sind komplementär. Wellen im Zusammenhang mit Elektronen dienen nur zur Vorherberechnung von **Wahrscheinlichkeiten** für das Eintreten von Messwerten. Elektronen zeigen **Einteilchen-Interferenz**, wenn zwi-schen zwei oder mehr klassisch denkbaren Möglichkeiten nicht entschieden wird.

Gelegentlich verwendete Sprechweisen in anderen Darstellungen der Quantenphysik

1. Manchmal spricht man im Zusammenhang von Elek-tronen von „Teilchen*erscheinungen*" und auch von „Wel-len*erscheinungen*". Die vage Formulierung wird gewählt, weil man auf *Phänomene* hinweisen möchte, die sich in gewisser Weise mit Teilchen oder aber mit Wellen an-schaulich *beschreiben* lassen. Man möchte aber auf kei-nen Fall damit ausdrücken, dass ein Elektronenstrahl aus klassischen Teilchen bestehe oder eine klassische Welle sei. Wie problematisch die Bezeichnung ist, sehen Sie schon daran, dass es eine Welleninterferenz und eine Ein-teilchen-Interferenz gibt.

2. Manchmal spricht man auch von „Modellen der Wirk-lichkeit" und meint damit ein „Teilchenmodell" und ein „Wellenmodell" von Elektronen, Photonen oder anderen Quantenteilchen. Gemeint ist wieder: Man kann manch-mal recht einfache Sprechweisen verwenden, wenn man bei einem Elektron oder Photon etwa von einem „Teil-chenmodell" und einem „Wellenmodell" spricht. Einen Interferenzversuch könnte man dann durch ein „Wellen-modell" und den Fotoeffekt und die einzelnen Teilchen-nachweise durch ein „Teilchenmodell" relativ leicht mit Worten beschreiben. Mit dem Wortteil „-modell" weist man dann einschränkend darauf hin, dass man nicht über die Natur an sich spricht, sondern nur über Modelle oder Bilder von ihr. Sie haben immer eine begrenzte Tragweite.

Man erinnert so einerseits daran, dass Quantenteilchen von klassischen Teilchen durch Aspekte abweichen, die Eigenschaften klassischer Wellen ähneln. Andererseits vermeidet man so, dass Quantenteilchen *zugleich* als klas-sische Teilchen und als klassische Wellen angesehen wer-den. Scheinbare Widersprüche können so nicht entstehen. Nachteil einer solchen Vorgehensweise ist, dass man die Grenzen der Modelle und ihre Anwendungsbereiche im-mer mit hinzu denken muss.

In Kap. 4.3 werden Sie im Zusammenhang mit Mehrteilchen-Zuständen Situationen kennenlernen, wo auch solche Modelle nicht mehr weiter helfen.

In diesem Buch soll diese Sprechweise aus Gründen nicht verwendet werden, die in den vorangehenden Kapiteln dargelegt wurden. Aber in eher populärwissenschaftlichen Texten wird sogar (indirekt) behauptet, die Diskussion solcher Modelle sei ein wesentlicher Teil der Quan-tenphysik. Auch von namhaften Wissenschaftlern in populärwissen-schaftlichen Schriften wird sie gelegentlich angewandt, weil sie das Sprechen über Quantenphysik erleichtert. Sie trifft aber nicht den Kern der Quantenphysik.

Seit Etablierung der Quantenphysik in den 30-er Jahren des 20. Jahrhunderts kann man vielmehr auf eine solche „Modellphilosophie" mehr und mehr verzichten, da man es gelernt hat, Quantenteilchen mit ihren nicht klassischen Eigenschaften wie Un-be-stimmtheit und Komplementari-tät zu akzeptieren. Man hat sich daran gewöhnt, dass Quantenteilchen – allgemeiner Quantenobjekte - anders sind als klassische Teilchen. Und Wellen (im Sinne von Wellenfunktionen, also nicht im Anschauungsraum, son-dern in abstrakten Räumen) kann man seit Born ohnehin nur für Wahrscheinlichkeitsaussagen gebrauchen.

3.5 Aufgaben

1. Wie müssten Sie vorgehen um von einem Kristall(modell) Netzebenen zu finden und den Netzebenenabstand d zu messen?

2. Berechnen Sie aus dem Glanzwinkel $\alpha = 16{,}1^0$ (Reflex der Ordnung n = 1) und f = 41 kHz den Netzebenenabstand d bei Ultraschall. (c_{schall} = 340 m/s)

3. Beim entsprechenden Versuch mit Mikrowellen ergab sich für die Ordnung n =1 und dem Gitterabstand d = 3 cm ein Glanzwinkel von 30^0. Berechnen Sie hier Frequenz und Wellenlänge λ. (c = $3 \cdot 10^8$ m/s)

4. Wie viele Ordnungen n sind sichtbar, wenn d = 5 cm und λ = 3 cm bei Mikrowellen? ($|\sin(\alpha)| = \lambda \cdot n/2 \cdot d \leq 1$!)

5. Bestätigen Sie die deBroglie'sche Hypothese für die Wellenlänge λ eines Strahls gleichartiger Elektronen mit den Daten des Jönsson-Doppelspalt-Experiments, die Sie sich aus dem Internet besorgen.

6. Wiederholen Sie das Wien'sche Geschwindigkeitsfilter. Leiten Sie die Geschwindigkeit v der durchtretenden Ladungen aus den Feldstärken E und B der gekreuzten elektrischen und magnetischen Felder her. Berechnen Sie v und die deBroglie-Wellenlänge λ aus E = $2 \cdot 10^5$ V/m und B = 0,05 T bei Protonen ($m_p = 1{,}67 \cdot 10^{-27}$ kg).

7. Berechnen Sie für Elektronen der Energie 1 eV, 10 eV, 10 keV die jeweilige Geschwindigkeit und deBroglie-Wellenlänge λ. Die Elektronenmasse entnehmen Sie bitte der Formelsammlung.

8. Bragg-Reflexion: Es wird ein Modellkristall mit der Gitterkonstanten d = 1,5 cm verwendet. Ein paralleler Strahl von Ultraschallwellen der Frequenz f = 41 kHz wird gegen den Kristall geschickt. (c_{schall} = 340 m/s)
a) Leiten Sie die Bragg-Beziehung her.
b) Berechnen Sie die möglichen Glanzwinkel α für den gegebenen Netzebenenabstand.

9. Bragg-Reflexion: Monochromatische Röntgenstrahlen mit der Photonenenergie 35 keV werden in einen Einkristall mit dem Netzebenenabstand d = $3{,}0.10^{-10}$ m geschickt. Berechnen Sie mögliche Glanzwinkel α für den gegebenen Netzebenenabstand.

10. Bragg-Reflexion: Monochromatische Elektronenstrahlen mit der kinetischen Energie 35 keV werden in einen Einkristall mit dem Netzebenenabstand d = $3{,}0.10^{-10}$ m geschickt. Berechnen Sie in nicht relativistischer Näherung mögliche Glanzwinkel α für den gegebenen Netzebenenabstand. Entnehmen Sie die Elektronenmasse dazu aus der Formelsammlung.

11. Bragg-Reflexion: Monochromatische Elektronenstrahlen mit der kinetischen Energie 35 eV werden in einen Einkristall mit dem Netzebenenabstand d geschickt. Es wird der Glanzwinkel 1. Ordnung $\alpha = 20^0$ gemessen. Berechnen Sie den zugehörigen Netzebenenabstand.

12. Bragg-Monochromator: Monochromatische Röntgenstrahlen werden an einem Einkristall mit dem Netzebenenabstand d = $3{,}0 \cdot 10^{-10}$ m Bragg-reflektiert. Berechnen Sie Wellenlänge λ und Frequenz f der Röntgenstrahlung und die Photonenenergie aus dem Glanzwinkel $\alpha = 1{,}5^0$ (n = 1). Wie können Sie die Anordnung nutzen um aus kontinuierlicher Röntgenbremsstrahlung monochromatisches Röntgenlicht zu erzeugen?

13. Nach einer Faustregel kann man Interferenz dann gut beobachten, wenn der Spaltabstand d oder der Netzebenenabstand d in der Größenordnung der Wellenlänge ist. Bei einem typischen Kristall gilt d = 0,3 nm. Schätzen Sie für einen solchen Versuch,
a) welche Energie geeignete Röntgenphotonen,
b) welche kinetische Energie und Geschwindigkeit v geeignete Elektronen haben könnten.

14. Beurteilen Sie wie realistisch die Idee ist, mit Susi am Doppelspalt ein Interferenzbild zu erzeugen! Damit Susi einen der beiden Spalte passieren kann, wird eine Spaltbreite von ca. 30 cm benötigt. Welcher kleinste Spaltabstand ergibt sich daraus? Schätzen Sie den Abstand zweier Maxima auf einem 10 m entfernten Schirm ab, wenn Susi eine Masse von 50 kg hat und mit einer Geschwindigkeit von 1 mm/s gegen den Doppelspalt „rennt". Schätzen Sie den Abstand zweier Maxima auf dem Schirm ab, wenn Susi quasi punktförmig wäre und wenn der Spaltabstand d dem Abstand zweier Atome in einem typischen Kristall entsprechen würde (d = 3.10^{-10} m).

15. Inwiefern ist ein Elektron, Proton, Atom oder Fulleren-Molekül ein Teilchen im Sinn der Quantenphysik?

16. Nach einer Messung ist die betreffende Eigenschaft eines Quantenobjekts be-stimmt. Das gilt auch für Elektronen. Aber: Erläutern Sie diese Eigenschaft an einem Photon, das einen Polarisator PO passiert hat. Wie lässt sich zeigen, dass das Photon die betreffende Eigenschaft ("polarisiert bezüglich einer bestimmten Polarisationsrichtung PO") jetzt tatsächlich besitzt?

17. Erläutern Sie den Begriff der Un-be-stimmtheit an einem Elektron, das ein Wien'sches Geschwindigkeitsfilter passiert hat und jetzt einer Ortsmessung unterworfen wird.

18. Nach Passieren eines Polarisators kann man auch mit einem schräg gestellten Analysator die Polarisation des Photons messen. Begründen Sie, weshalb jetzt gemäß dem objektiven Zufall streuende Messwerte auftreten!

19. Es gibt Messgrößen, die zueinander komplementär sind. Erläutern Sie diese Eigenschaft an einem Elektron, das nach Passieren eines Wien'schen Geschwindigkeitsfilters einer Ortsmessung unterworfen wird.

20. Mit welcher Wahrscheinlichkeit tritt ein Photon, das einen Polarisator passiert hat, auch noch durch einen Analysator, der gegenüber dem Polarisator um einen Winkel α geneigt ist?

21. Inwiefern zeigt sich ein Photon beim Durchtritt durch ein Polarisator-Analysator-Paar als Teilchen im Sinne der Quantenphysik?

Kapitel 3 Zusammen- fassung	**Elektronen und andere nichtrelativi- stische Teil- chen**

- ☺ Der Millikan-Versuch zeigt, dass Elektronen immer als ganze ungeteilte Ladungsportionen vorkommen. Sie sind also Teilchen im Sinne der Quantenphysik (Quantenteilchen, Quantenobjekte, Mikroteilchen, …)

- ☺ Nach der Hypothese von deBroglie 1923 sollen auch bei Elektronen und anderen Materieteilchen „Wellen*erscheinungen*" beobachtbar sein. Einem Strahl identischer Teilchen mit einheitlichem Impuls p ist danach eine deBroglie-Wellenlänge λ = h/p zugeordnet.

- ☺ Geladene Teilchen einheitlicher Geschwindigkeit erhält man, wenn man diese z.B. durch ein **Wien'- sches Geschwindigkeitsfilter** laufen lässt. Geladene Teilchen werden dann durch das Filter „in einen Zustand mit einheitlichem Impuls präpariert".

- ☺ Der experimentelle Beweis wurde von Davisson und Germer 1923/27 erbracht. Ihr Experiment beruht auf Kristallgitter-Interferenzen, speziell der Bragg-Reflexion an Netzebenen von Kristallen.

- ☺ Die Bragg-Beziehung für die Glanzwinkel α wird in der Regel mit Hilfe der Interferenz von Wellen hergeleitet, die an den Atomen der Netzebenen im Abstand d gebeugt (gestreut) werden.

- ☺ Durchstrahlt man ein Kristallpulver, so findet an den vielen statistisch orientierten Kristalliten Bragg-Reflexion statt. Die Statistik der verschiedensten Orientierungen führt zu Maxima, die auf Kegeln um den einfallenden Strahl liegen.

- ☺ Später wurden dann auch Doppelspalt-Versuche mit Elektronen durchgeführt (Jönsson 1960, Tonomura 1989)

- ☺ Versuche mit Elektronenquellen verminderter Leistung (z.B. Tonomura 1989), so dass immer nur ein Elektron in der Versuchsanordnung ist, zeigen: Elektronen verhalten sich auch bei der Interferenz als Teilchen. Es gibt Einteilchen-Interferenz.

- ☺ Das Interferenzbild baut sich erst allmählich mit zunehmender Teilchenzahl auf. Es handelt sich um Einteilchen-Interferenz. Sie tritt dann auf, wenn zwischen zwei oder mehr klassisch denkbaren Möglichkeiten nicht entschieden wird.

- ☺ Auch beim Doppelspalt-Versuch zeigt sich der **objektive Zufall**, der kontrolliert wird durch gesetzmäßiges Verhalten: **objektive Wahrscheinlichkeiten** für den Nachweis eines Elektrons an einem bestimmten Ort auf dem Schirm.

- ☺ Diese Nachweiswahrscheinlichkeiten und andere Wahrscheinlichkeiten für das Eintreten von Messwerten können mit den **Wellen** deBroglies (den Wellenfunktionen) berechnet werden. Schrödinger zeigte, wie dies aus Lösungen seiner Schrödinger-Gleichung folgt.

- ☺ Klassisch denkbare Eigenschaften von Elektronen und anderen Quantenteilchen sind ohne eine Messung i.A. **un-be-stimmt**. Dann ergeben sich streuende Messwerte, wenn immer wieder in der gleichen Situation (jeweils gleich präpariert) gemessen wird. Erst durch eine Messung können sie **be-stimmt** werden.

- ☺ Elektronen können wie andere Quantenteilchen nicht alle klassisch denkbaren Eigenschaften gleichzeitig besitzen. Es gibt Paare von **komplementären Eigenschaften**, die sich gegenseitig ausschließen. Ihre Messung erfordert auch komplementäre Versuchsanordnungen.

- ☺ Zu den komplementären Eigenschaften gehören ein be-stimmter Durchtrittsort beim Doppelspalt und Interferenzfähigkeit.

- ☺ **Welcher-Weg-Information und Interferenz** schließen sich aus, sind komplementär.

- ☺ Mit gewissen Modifikationen, die hier nicht besprochen werden, gelten die vorstehenden Aussagen für alle Quantenteilchen, auch für relativistische.

<table>
<tr><td>

Kapitel 3
Checkliste

</td><td>

Das sollten
Sie jetzt
können:

</td></tr>
</table>

☐ erläutern, inwiefern Elektronen Teilchen im Sinne der Quantenphysik sind

☐ Experimente beschreiben, mit denen nachgewiesen wird, dass bei Elektronen Wellen*erscheinungen* eine Rolle spielen

☐ deBroglies Hypothese schildern und erläutern

☐ Belege für deBroglies Hypothese schildern

☐ DeBroglie-Wellenlänge und Impulse ineinander umrechnen, oder aus der Energie die Wellenlänge ausrechnen (relativistisch und nichtrelativistisch)

☐ Doppelspalt-Versuche mit Elektronen (Jönsson) und anderen Teilchenstrahlen quantitativ auswerten

☐ die Gleichungen zur Auswertung eines Doppelspalt-Versuches mit Elektronen herleiten, insbesondere mit der „Kurzherleitung"

☐ entscheiden, ob beim Doppelspalt-Versuch die Kleinwinkelnäherung anwendbar ist

☐ durch Rechnung entscheiden, unter welchen Winkeln Maxima bestimmter Ordnung bei der Bragg-Reflexion erscheinen

☐ aus einem Glanzwinkel und der Wellenlänge den Netzebenenabstand d berechnen

☐ aus einem Glanzwinkel und dem Netzebenenabstand d die Wellenlänge berechnen

☐ an Hand eines Experiments zeigen, dass sich beim Doppelspalt-Versuch Welcher-Weg-Information und Interferenz gegenseitig ausschließen.

☐ an einem Beispiel den Begriff der Komplementarität erläutern.

☐ Versuche beschreiben, aus denen man auf Wellen- und Teilchen*erscheinungen* bei Elektronen, Atomen, Fulleren-Molekülen etc. schließen muss

☐ erläutern, inwiefern man in der Physik grundsätzlich keine Aussagen zum Wesen, zur Natur eines physikalischen Objekts machen kann, sondern nur zu Modellen vom Objekt

☐ erläutern, inwiefern durch „Teilchen und Wellen" **Modelle** benannt werden, die zu einer anschaulichen Beschreibung manchmal nützlich, aber nicht notwendig sind

☐ die Gesetzmäßigkeit für die Glanzwinkel bei der Bragg-Reflexion aus der Beugung und Interferenz von Wellen herleiten

☐ Bei Kristallgitter-Interferenzen aus dem Netzebenenabstand d die deBroglie-Wellenlänge und umgekehrt ausrechnen

☐ den Elektronenbeugungsversuch schildern und auswerten

☐ ein Elektronenmikroskop als Anwendung der Elektronenbeugung beschreiben

☐ allzu unvorsichtige klassische Vorstellungen im Zusammenhang mit Wellen- und Teilchen*erscheinungen* bei Materie vermeiden

☐ mit Hilfe von Borns Wahrscheinlichkeitsdeutung die Funktion der Wellen bei Elektronen erläutern und ein Argument anführen, weshalb es sich um mathematische Wellen in einem abstrakten Raum handelt, nicht im uns umgebenden Raum (dem Anschauungsraum)

☐ ein Experiment mit Elektronen schildern, aus dem sich die Einteilchen-Interferenz ergibt

☐ Einteilchen-Interferenz interpretieren als Interferenz von klassisch denkbaren Möglichkeiten, zwischen denen nicht entschieden wird

☐ Beispiele komplementärer Eigenschaften bei Elektronen nennen

☐ erläutern, inwiefern auch bei Elektronen klassisch denkbare Eigenschaften ohne eine Messung im allgemeinen un-be-stimmt sind

☐ streuende Messwerte bei jeweils gleich präparierten Zuständen als Folge einer un-be-stimmten Eigenschaft deuten

☐ Eigenschaften von Elektronen und anderen Fermionen nennen, z.B. ihren Spin und den Zusammenhang mit dem Pauli-Prinzip

☐ am Beispiel des Wien'schen Geschwindigkeitsfilters erläutern, wie man Elektronen in einen einheitlichen Zustand präparieren kann

☐ die Geschwindigkeit der durchgelassenen geladenen Teilchen aus der elektrischen und magnetischen Feldstärke berechnen

4 Was wissen wir jetzt über Quantenphysik?

4.1 Grundfakten der Quantenphysik

1. Von Teilchen bzw. Teilchenzuständen spricht man in der Quantenphysik, wenn die Objekte **als ungeteilte Einheiten auftreten** und wenn man die beteiligten Objekte **zählen** kann.

> Photonen, Elektronen, Protonen, Neutronen, Atome, Moleküle etc. sind in diesem Sinn **Quantenteilchen**, aber **keine klassischen Teilchen.**

Um eine Verwechslung mit klassischen Teilchen auszuschließen werden sie Quantenteilchen, Mikroteilchen oder auch Quantenobjekte genannt. Dazu gehören auch klassisch nicht vorstellbare Gebilde wie Teilchenzwillinge (verschränkte Zustände aus 2 Teilchen), die ohne eine Messung gar keine Teilchen mit individuellen Eigenschaften enthalten. Zu Quantenteilchen gibt es in der klassischen Physik nichts Entsprechendes: „Quanten sind anders" wurde einmal formuliert. Wir können uns ein Quantenteilchen oder einen Teilchenzwilling nicht vorstellen, weil etwas Ähnliches in unserem Erfahrungsbereich nicht existiert. **Alle *Vorstellungen* von Quantenteilchen müssen irgendwo falsch sein.** Das zeigen die nachfolgenden Grundfakten.

2. Klassisch denkbare Eigenschaften eines Quantenobjekts sind messbar. Aber: Ohne eine Messung ist eine klassisch denkbare Eigenschaft i.A. **un-be-stimmt.**

Ohne eine Messung hat ein Quantenobjekt die entsprechende Eigenschaft nicht. Messungen in jeweils gleicher Situation liefern dann streuende Messwerte. Nach einer Messung ist die betreffende Eigenschaft **bestimmt.** In Teilchenzuständen ist die Teilchenzahl bestimmt. Es gibt andere Zustände, in denen die Teilchenzahl un-be-stimmt ist (z.B. kohärente Zustände; solche Zustände kommen klassischen Wellen am nächsten, z.B. elektromagnetischen Wellen.)

3. Es gibt Paare von klassisch denkbaren Eigenschaften, die ein Quantenobjekt nicht gleichzeitig haben kann. Mindestens eine der Eigenschaften ist dann un-be-stimmt. Solche Eigenschaften heißen **komplementär.**

Kein Mikroteilchen kann also gleichzeitig Ort und Geschwindigkeit als Eigenschaften haben (gemeint sind gleichgerichtete Koordinaten von Orts- und Geschwindigkeitsvektor). Ebenso komplementär sind z.B. Welcher-Weg-Information und Interferenz. Wir brauchen

uns nicht zu wundern, dass wir von einem Quantenteilchen nicht gleichzeitig einen be-stimmten Durchtrittsort durch den Doppelspalt und Interferenzfähigkeit beobachten: Beide schließen sich gegenseitig aus. Ebenso schließen sich bei einem Elektron in der Elektronenhülle eines Atoms eine genaue Kenntnis des Orts und der Geschwindigkeit gegenseitig aus. Ein solches Elektron kann auch nicht gleichzeitig potenzielle und kinetische Energie haben. Und in einer elektromagnetischen Welle haben be-stimmte Amplitude (bzw. Photonenzahl) und be-stimmte Phase nicht gleichzeitig einen exakten physikalischen Sinn.

Da ein Quantenteilchen nicht gleichzeitig Ort und Geschwindigkeit haben kann, dann hat es auch keinen Sinn, von einer **Bewegung im klassischen Sinn** zu sprechen oder von einer „Bahn" eines Quantenteilchens. Denn dazu müsste man für jeden Zeitpunkt Ort und Geschwindigkeit angeben können.

4. Wenn ein Quantenobjekt, das jeweils in den gleichen Zustand präpariert wird, in diesem Zustand eine be-stimmte Eigenschaft nicht hat, liefern Messungen streuende Messwerte. Es gilt der **objektive Zufall** mit **objektiven Wahrscheinlichkeiten gemäß der Born'schen Wahrscheinlichkeitsdeutung** :

Welcher Messwert dann eintreten wird, ist völlig zufällig. In diesem Fall kann man nur Wahrscheinlichkeitsaussagen für den Ausgang der Messungen machen. Solche Wahrscheinlichkeiten können gesetzmäßig vorhergesagt werden. Für ein einzelnes nichtrelativistisches Teilchen ist z.B. die **Schrödinger-Gleichung** zur Vorhersage von Wahrscheinlichkeiten zuständig. Wie das gemacht wird, ist für diesen Kurs aber nicht so wichtig (siehe Anhang A). Grundlage solcher Wahrscheinlichkeitsvorhersagen ist die **Born'sche Wahrscheinlichkeitsdeutung** von 1926 (Kap. 3.3.2).

5. Für Paare komplementärer Messgrößen gibt es eine **Heisenberg'sche Un-be-stimmheits-Relation** (HUR).

Sie besagt, dass sich das Produkt der Streuungen der beiden Messgrößen nicht unter eine gewisse Schwelle herabdrücken lässt. Streuungen sind dabei die Bereiche um Mittelwerte herum, in denen bei wiederholten Messungen im betreffenden Zustand Messwerte überwiegend gefunden werden. Wenn ein Quantenobjekt eine bestimmte Eigenschaft wirklich besitzt, ist deren Streuung 0, wiederholte Messungen liefern immer den gleichen Messwert. Die Streuung der komplementären Größe ist dann aber beliebig groß. Man kann z.B. von einem Elektron die Geschwindigkeit beliebig genau messen (be-stimmte Geschwindigkeit im betreffenden Zustand). Die zugehörige Ortskoordinate ist dann aber beliebig un-be-stimmt und streut extrem. Das Umgekehrte gilt ebenfalls. Auch das ist wieder ein Ausdruck der Tatsache, dass ein Elektron nicht gleichzeitig Ort und Geschwindigkeit als Eigenschaft haben kann. Für ein klassisches Teilchen wäre das nicht verständlich.

6. Interferenz tritt auf, wenn zwischen zwei oder mehr klassisch denkbaren Möglichkeiten nicht entschieden wird ("**Interferenz von klassisch denkbaren Möglichkeiten**").

Ein einzelnes Teilchen kann bereits zur Interferenz führen (**Einteilchen-Interferenz**). Dann entstehen Maxima und Minima. Unterscheidet man aber zwischen den klassisch denkbaren Möglichkeiten, z.B. indem man beim Doppelspalt den Durchtrittsort misst, dann verschwindet die Interferenz. (In diesem Fall hatten wir schon früher formuliert: „Welcher-Weg-Information und Interferenz sind komplementär, schließen sich aus.")

7. Wird der Raum, in dem man Quantenteilchen nachweisen kann, eingeschränkt, so entstehen als mögliche Messwerte u.a. **diskrete**, d.h. deutlich getrennte **Energie-Messwerte** mit Energielücken zwischen ihnen.

Wie bei klassischen Teilchen können zusätzlich auch kontinuierlich verteilte Energie-Messwerte (ohne Energielücken) vorhanden sein.

> **Wegen dieser Eigenschaften sind Quantenteilchen (Mikroteilchen, Quantenobjekte oder auch Teilchenzwillinge) keine klassischen Teilchen.**

Hinweis: Woher weiß man denn, dass ein Teilchen im betreffenden Zustand eine be-stimmte Eigenschaft hat? Wenn ein Teilchen die betreffende Eigenschaft hat, muss man bei jeder Messung in der gleichen Situation den gleichen Messwert erhalten. Wenn ein Teilchen die betreffende Eigenschaft besitzt, muss eine **Messung reproduzierbar** sein.

Solche Messungen gibt es: Wenn man z.B. die Polarisation eines Photons mit Hilfe eines Polarisators misst, dann geht das Photon auch durch nachfolgende parallel ausgerichtete Polarisatoren hindurch: Jede Messung durch einen dieser Polarisatoren liefert die gleiche Polarisation. Das Photon, das den ersten Polarisator passiert hat, besitzt jetzt die erhaltene Polarisation als Eigenschaft.(Siehe Simulation durch das Programm **POLARIS**).

Häufig ist es aber so, dass das Teilchen bei der Messung verändert oder gar absorbiert wird. Eine weitere Messung liefert dann völlig andere Messwerte oder erscheint gar nicht mehr möglich. Es ist aber gleichgültig, ob man an einem einzigen Teilchen wiederholt Messungen durchführt, wenn das Teilchen zwischendurch nicht verändert wird, oder ob man an jeweils anderen Teilchen im gleichen Zustand die gleiche Messung durchführt. In diesem Fall muss man die Teilchen jeweils in den gleichen Zustand bringen. Man sagt, man muss sie „in den gleichen

Zustand präparieren". Die Passage von Elektronen durch ein Wien'sches Geschwindigkeitsfilter ist – im Prinzip - eine solche **Präparation**: Die passierenden Elektronen haben immer die gleiche be-stimmte Geschwindigkeit. (Elektronen im gleichen Zustand sind ja nicht unterscheidbar. Niemand kann dann sagen, ob er jeweils dasselbe Elektronen beobachtet oder ein anderes.)

Wenn Teilchen in der gleichen Situation (z.B. nach jeweils gleichartiger Präparation) bei der Messung der gleichen Messgröße streuende Messwerte liefern, dann haben sie die betreffende Messgröße nicht als Eigenschaft. Diese Eigenschaft ist jetzt **un-be-stimmt**.

Wenn Teilchen in der gleichen Situation (z.B. nach jeweils gleichartiger Präparation) bei der Messung der gleichen Messgröße immer die gleichen Messwerte liefern, dann haben sie die betreffende Messgröße als Eigenschaft. Diese Eigenschaft ist jetzt **be-stimmt**.

Diese Erkenntnisse passen nicht zu unseren bisherigen Erfahrungen mit unserer Umwelt. Sie lassen sich mit ihnen auch nicht „erklären". Aber darüber brauchen wir uns nicht zu wundern: Es war lediglich eine unbegründete Vermutung, dass sich die klassische Physik direkt auf die Mikrophysik – von der wir früher keinerlei Kenntnis hatten – übertragen lasse. Diese Vermutung hat sich als falsch herausgestellt. Wir müssen unseren Erfahrungsbereich um neue Erkenntnisse erweitern.

Die Kernbauteilchen (Nukleonen) Protonen und Neutronen sind aus jeweils 3 **Quarks** aufgebaut. Sie kommen nur in der Mikrowelt vor; ein Kunstname war für sie erforderlich. Man braucht gewaltige „Mikroskope" (so genannte Beschleuniger mit kilometerlangen Dimensionen) um die winzigen Quarks sichtbar zu machen. Man fand für sie messbare Eigenschaften, die keinerlei Entsprechung in Ihrer Erfahrungswelt haben. Man musste für sie neue Fantasienamen erfinden, z.B. Charme oder Strangeness. Aber das kennen Sie ja auch schon vom **Spin** eines Elektrons her: Es gibt zu ihm bestenfalls entfernte Ähnlichkeiten zu makroskopischen Eigenschaften. Deswegen erfand man mit dem englischen Wort Spin einen neuen Namen, der nicht in andere Sprachen übersetzt wird. Anders als Sie es vielleicht irgendwo gelesen haben, hat er nichts mit einer klassischen Eigendrehung um eine Achse zu tun. Was soll schließlich die Eigendrehung eines punktförmigen Teilchens sein?

> Neue Eigenschaften der Mikrowelt lassen sich oft nicht durch Eigenschaften der Makrowelt veranschaulichen.

Aufgabe:

Wir haben bisher immer behauptet, ein Photon besitze nach Durchtritt durch einen Polarisator eine der Orientierung des Polarisators entsprechende Polarisation (be-stimmte Polarisation). Wie kann man nachweisen, dass diese Polarisation jetzt wirklich Eigenschaft des Systems ist (und nicht etwa un-be-stimmt ist)?

4.2 Mehr zu Grundfakten der Quantenphysik

4.2.1 Der Messprozess

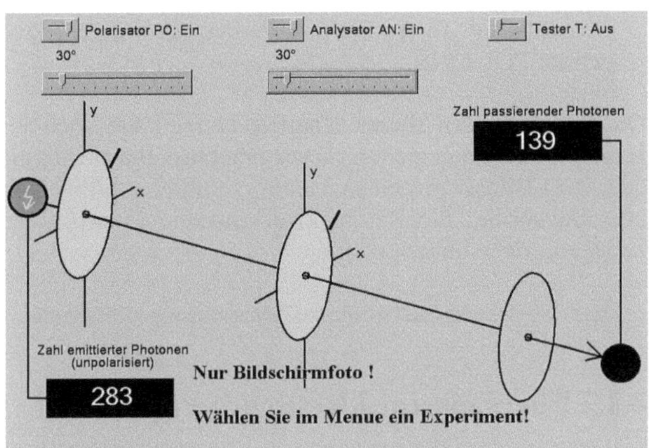

Abb. 63: *Bildschirmfoto vom Programm POLARIS*

Sie können genauere Kenntnisse zum Messprozess mit dem Simulationsprogramm **POLARIS** erarbeiten (siehe Beschreibung zum Programmpaket **PHOTONEN.ZIP** im Internet. POLARIS ist im Programmpaket enthalten.)

Das Programm **POLARIS** stellt Ihnen simulierte Experimente mit bis zu drei Polarisatoren zur Verfügung. Damit sollen die Eigenheiten des quantenphysikalischen Messprozesses untersucht werden: Es geht um

● die **Reproduzierbarkeit** quantenphysikalischer Messungen, um

● die **Un-be-stimmtheit** von quantenphysikalischen Messgrößen vor einer Messung, um

● die Frage, wie man erkennt, ob eine Eigenschaft eines Mikroobjekts **be-stimmt** ist, und um

● die **Komplementarität** von Paaren gewisser Messgrößen, d.h.um die Erfahrungstatsache, dass solche Paare nicht gleichzeitig be-stimmt sein können, d.h. nicht gleichzeitig Eigenschaften eines physikalischen Systems sein können.

Folgende simulierte Versuche sind möglich:

● Wirkung eines Polarisators bei einer unpolarisierten Photonenquelle

● Wirkung von Polarisator und Analysator

● **Reproduzierbarkeit von quantenphysikalischen Messungen** (Polarisationsmessung als Prototyp einer Messung). Sie bedeutet, dass nach einer Messung, durch die eine Messgröße be-stimmt wurde (also Eigenschaft des Systems wurde), eine unmittelbar folgen-

de gleichartige Messung das gleiche Ergebnis liefert, wenn sich in der Zwischenzeit das System nicht verändert hat. Das gilt so für ideale Messungen. Man glaubt heute zu wissen, wie ideale (z.B. nicht verbrauchende, "non demolition") Messungen wenigstens im Prinzip durchgeführt werden können.

● **Un-be-stimmtheit einer Messgröße vor einer Messung**: Es lässt sich auf keine Weise aus einem Messergebnis, wodurch eine Messgröße be-stimmt wurde, auf die entsprechende Eigenschaft vor der Messung schließen.

● Wenn aber eine Messung durchgeführt wurde, wenn also die betreffende Eigenschaft, wie etwa die Polarisation bzgl. einer gewissen Richtung, **be-stimmt** ist, dann hat das Quantenobjekt wirklich diese Eigenschaft.

● **Komplementarität von Paaren gewisser Messgrößen**: Jede der beiden Messgrößen kann durch eine Messung be-stimmt gemacht werden, aber es können nie beide gleichzeitig be-stimmt sein, d.h.Eigenschaft des Systems sein. Im Programm bezieht sich das auf die Eigenschaften "Polarisation des Photons bzgl. des Polarisators AN (Analysators)" und "Polarisation des Photons bzgl. des Polarisators T (Tester)". Jede Messung einer dieser Eigenschaften macht eine eventuelle vorherige Messung der anderen ungültig.

Einige dieser Versuche sind durch Menuepunkte im Programm vorbereitet und werden kommentiert. Es ist aber auch freies Experimentieren mit den maximal drei Polarisatoren möglich.
Um eine Übersicht über das Geschehen zu bekommen, werden zunächst laufende Photonen gezeigt, deren Polarisationsrichtung sogar noch angedeutet ist. Wenn Sie so eine Vorstellung gewonnen haben, wird Ihnen vorgeschlagen, sich auf Beobachtbares zu beschränken, d.h. die laufenden Photonen "abzuschalten".

Dabei geht es in beiden Programmen zunächst um qualitative Beobachtungen. Weil Zähler installiert sind, können auch Wahrscheinlichkeiten (als relative Häufigkeiten für sehr große Zahl von Versuchen) ermittelt und mit theoretischen Ansätzen verglichen werden.

Aufgaben, die Sie mit Hilfe des Programms POLARIS lösen:

Klären Sie mit dem Programm **POLARIS** (siehe Internet) folgende Fragestellungen und formulieren Sie die Antwort schriftlich:

1. Photonen, die eine Photonenquelle verlassen, haben keine be-stimmte Polarisation. Woran sehen Sie das im Experiment? (Eine falsche Antwort wäre es, wenn Sie sagen würden, Sie sehen in der ersten Phase des Programms, wo noch laufende Photonen mit markierter Polarisation gezeigt werden, dass diese Photonen unterschiedliche Polarisation haben.). Diese Tatsache

wird üblicherweise so formuliert: Photonen haben beim Verlassen der Photonenquelle **un-be-stimmte** Polarisation. Das heißt also, dass solche Photonen die Eigenschaft "be-stimmte Polarisation " nicht haben.

2. Nach der Messung mit dem ersten Polarisator haben die passierenden Photonen **be-stimmte** Polarisation. Die Polarisation ist jetzt Eigenschaft der passierenden Photonen. Wie erkennen Sie das im Experiment? Übertragen Sie das Versuchsergebnis auf ein Quantenteilchen, von dem Sie die Geschwindigkeit gemessen haben, z.B. durch ein Wien'sches Geschwindigkeitsfilter.

3. Damit hängt die Aussage zusammen: "Auch in der Quantenphysik sind Messungen **reproduzierbar**". Begründen Sie diese Aussage durch ein Experiment. Übertragen Sie das Versuchsergebnis auf ein Quantenteilchen, von dem Sie die Geschwindigkeit gemessen haben, z.B. durch ein Wien'sches Geschwindigkeitsfilter.

4. Ein Photon habe bzgl. einer bestimmten Polarisationsrichtung (A) be-stimmte Polarisation. Was können Sie dann über zukünftige Messungen der Polarisation bzgl. einer anderen Polarisationsrichtung (B) aussagen? Möglichst genaue Angabe mit den einschlägigen Fachbegriffen im Zusammenhang mit Zufall und Wahrscheinlichkeit! Übertragen Sie das Versuchsergebnis auf ein Quantenteilchen, von dem Sie die Geschwindigkeit gemessen haben und dann den Ort messen wollen. Wenn der Polarisator B gegenüber A um den Winkel a gedreht ist, können Sie dann eine Aussage darüber machen, dass ein Photon, das A passiert hat, auch noch B passiert? Zeigen vielfach wiederholte Experimente das gleiche Ergebnis wie Ihre Überlegung? Messreihe?

5. Wenn ein Photon bzgl. einer gewissen Polarisationsrichtung (A) be-stimmte Polarisation hat, hat es un-bestimmte bzgl. fast allen anderen Polarisationsrichtungen (B). Wie können Sie das im Experiment zeigen? Die Polarisationen bzgl. der Richtungen A und B sind dann **komplementär** zueinander. Übertragen Sie das Versuchsergebnis auf ein Quantenteilchen, von dem Sie erst die Geschwindigkeit und dann den Ort messen (oder umgekehrt).

6. Sie kennen die Polarisation eines Photons nach Passieren des Polarisators (T: Tester). Können Sie daraus schließen, welche Polarisation das Photon vor dem Tester T, also nach Passieren des Analysators AN hatte? Nützt ihnen die Kenntnis über die Polarisation des Photons bei Passieren von AN noch etwas, wenn das Photon T passiert hat? Hat die Messung von AN jetzt noch irgendeine Gültigkeit? Übertragen Sie das Versuchsergebnis auf ein Quantenteilchen, von dem Sie erst die Geschwindigkeit und dann den Ort gemessen haben (oder umgekehrt).

7. Photonen, die PO passiert haben, gelangen nach Passieren des schräggestellten Polarisators AN auf einen Polarisator T („Tester"), der zu PO senkrecht steht. Damit entsteht folgende Situation: Nur Photonen mit einer Polarisation parallel zu PO können PO passieren. Von diesen können nur solche Photonen AN passieren, die parallel zu AN polarisiert sind. Können von diesen Photonen solche den Polarisator T passieren, die zu PO senkrechte Polarisation haben? Begründen Sie Ihre Vorhersage mit Hilfe von Un-be-stimmtheit und Komplementarität. Testen Sie Ihre Vorhersage mit dem Programm POLARIS.

Die Überlegungen dieses Kapitels können Sie auch im **Realversuch** untersuchen. Dazu brauchen Sie nichts als den LCD-Bildschirm eines Monitors und eine billige Polarisationsbrille, die Sie in zwei einzelne Polarisatoren zerlegen. Mehr finden Sie hier:

http://www.forphys.de/Website/qm/schulversuche/polfilter2.html

4.2.2 Übergang zur klassischen Physik (2) ?

Sie hatten sich früher schon einmal überlegt, dass auch große Gegenstände, eine Billardkugel oder gar ein Stern, sich wie ein Quantenobjekt verhalten müssten. In Kap. 3.3.4 lernten Sie einen Grund kennen, weshalb die spezifischen Quanteneigenschaften bei einem großen („makroskopischen") Gegenstand nicht beobachtet werden: Wegen der großen Masse ist die **deBroglie-Wellenlänge** sehr klein. Interferenz-Effekte werden dann übersehen.

Ein weiterer Quanteneffekt ist die Un-be-stimmtheit gewisser Eigenschaften eines Körpers, wie z.B. sein Ort. Abgesehen von klassischen Messfehlern finden Sie aber bei jeder Messung an großen Teilchen be-stimmte Messwerte. Widerspricht das Verhalten eines großen Teilchens der Quantenphysik? Ist sie für solche Teilchen etwa nicht zuständig? Berühmt ist das „**Katzenparadoxon von Schrödinger**". Danach soll für eine Katze in einer komplizierten Apparatur in einer gewissen Interpretation unbe-stimmt sein, ob sie noch lebendig oder durch die Maschine getötet ist. Eine solche Interpretation ist heutzutage auszuschließen. Weil alle Teile der Katze und der Apparatur an die Umgebung angekoppelt sind, z.B. durch den Austausch von Infrarot-Photonen, geht auch nach der Quantenphysik ein anfänglich eventuell un-be-stimmter Zustand der Katze in kürzester Zeit in einen be-stimmten Zustand über. Die Katze ist dann also z.B. be-stimmt lebendig. Dieses Phänomen, ausgelöst durch die Ankopplung an die Umgebung, die einen Übergang in einen bestimmten Zustand bewirkt, heißt heute **Dekohärenz**.. Sie wurde vor wenigen Jahrzehnten zwar nicht für eine Katze, aber doch für große Moleküle experimentell nachgewiesen. Aber schon lange vorher hatte man nichts Paradoxes am Katzenparadoxon gefunden, weil der Mechanismus der Apparatur sehr schnell einen be-stimmten Zustand hervorrufe, der dann lediglich **un-gewiss** sei, wenn man noch nicht in die Apparatur hineingeschaut hatte. Ähnlich werden alle un-be-stimmten Eigenschaften eines großen Teilchens in kürzester Zeit durch Dekohärenz be-stimmt. Auch hier gilt die Quantenphysik.

4.2.3   Spezielle quantenphysikalische Effekte

4.2.3.1   Gebundene Zustände mit diskreten Energiewerten

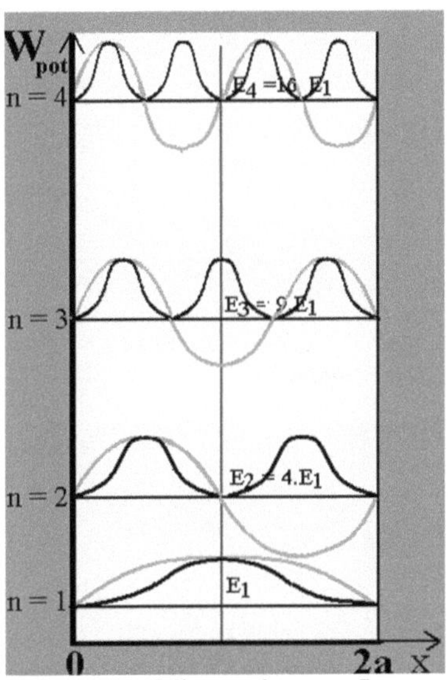

Abb. 64: Modell eines linearen Potenzialtopfs mit eingezeichneten Wellenfunktionen (Realteil) und Nachweiswahrscheinlichkeiten. Die Darstellung ist auf S. 78 näher erläutert.

Betrachten Sie einen so genannten linearen Potenzialtopf (auch: eindimensionaler Potenzialkasten). Das ist ein stark idealisiertes quantenphysikalisches Modell für ein gebundenes Teilchen, z.B. für ein Elektron in einem Atom. Ein Teilchen soll sich danach - in klassischer Sprechweise - "kräftefrei zwischen zwei festen und unendlich hohen Wänden hin und her bewegen". Die Kräfte können hier durch ein Potenzial bzw. eine mathematische **Potenzialfunktion** $W_{pot}(x)$ beschrieben werden, deswegen also "Potenzialkasten" oder auch "Potenzialtopf".

Sie wissen bereits, dass es sinnlos ist, bei einem Quantenteilchen von einer solchen Bewegung zu sprechen. Sie können i.A. - ohne eine Messung - nur sagen, dass es zwei klassisch denkbare Bewegungsmöglichkeiten gibt: nach links und nach rechts. Wenn durch eine Messung nicht entschieden wird, kommt es zur Interferenz. Sie können dann erwarten, Stellen zu finden, wo Sie das eine Teilchen besonders häufig finden werden, und andere Stellen, in deren Nähe Sie das Teilchen mit quasi verschwindender Wahrscheinlichkeit finden können. Die Maxima werden hier wie bei klassischen stehenden Wellen "Bäuche" genannt, die Minima "Knoten".

In besonderen Fällen sind diese Positionen ortsfest. Man spricht dann von stationären Zuständen. Solche stationären Zustände gehören zu ganz bestimmten Teilchenenergien. Diese Energiewerte hängen von der Breite des Potenzialkastens ab. Am Auftreten solcher stationärer Zustände erkennt man, dass das Teilchen be-stimmte Energie hat, dass diese Energie jetzt eine Eigenschaft des Teilchens ist. Jede Energiemessung in einem solchen stationären Zustand würde dann die gleiche Energie ergeben; sie ist dem betreffenden Zustand zueigen und heißt deshalb **Energie-Eigenwert**.

(Aus der Komplementarität folgt der Theorie nach: In Zuständen mit be-stimmter (Gesamt-)Energie E ist die potenzielle Energie un-be-stimmt. Es hat also jetzt keinen physikalischen Sinn, einen Zusammenhang zwischen der Potenzialfunktion $W_{pot}(x)$ und der potenziellen Energie zu sehen.)

Es gibt andere Zustände, bei denen wiederholte Energiemessungen streuende Messwerte liefern würden. In einem solchen Fall würde sich in der Regel kein stationäres Interferenzbild ergeben. Immer aber würde eine Energiemessung eine der vielen möglichen Energien der stationären Zustände liefern.

Deshalb sind solche stationären Zustände auch für alle beliebigen Zustände so wichtig. Man nennt die zugehörigen Energien auch deshalb Energie-Eigenwerte, weil sie eine mögliche *Eigen*schaft des Quantenteilchens kennzeichnen. Für den Moment ist es nicht so wichtig, nach welcher Gesetzmäßigkeit sich die möglichen Energien errechnen. Mit Hilfe der mathematischen Wellenfunktionen (aber auch anders) ist das relativ leicht möglich.

Bei einem in einen Kasten der Breite 2a eingesperrtes Quantenteilchen findet Interferenz statt: Für die Wahrscheinlichkeit, das Teilchen zu finden, gibt es Maxima und Minima (in Abb. 64: grau). Häufig spricht man hier auch von **stehenden Wellen** mit Knoten und Bäuchen.

Das ist ganz typisch für Teilchen, die auf einen bestimmten Raum eingegrenzt sind: Es gibt stationäre Zustände mit be-stimmten Energien (**Energie-Eigenwerten**). Diese möglichen Energien sind dem System dann "eigen". Weil diese meist durch Energielücken von einander getrennt sind, spricht man von **diskreten Energien**. Auch bei einem Wasserstoff-Atom (H-Atom) ist z.B. das eine Elektron nur im Bereich um den Atomkern zu finden. Deswegen gibt es auch hier diskrete Energie-Stufen oder diskrete Energie-Eigenwerte (neben anderen).

Der Impuls (die Geschwindigkeit) ist beim linearen Potenzialkasten in einem Energie-Eigenzustand un-be-stimmt. Geschwindigkeitsmessungen (Impulsmessungen) am eingesperrten Teilchens in einem Energie-Eigenzustand würden streuende Messwerte liefern, keineswegs nur die klassisch denkbaren Werte p = m·v und -p. Vor jeder Messung müsste man das Teilchen dann jeweils in den gleichen Energie-Eigenzustand bringen („präparieren"). Nach jeder p-Messung wäre die Interferenz verschwunden, es würde keine Knoten und Bäuche der Nachweiswahrscheinlichkeit geben. Entsprechend ist der Ort des Teilchens un-be-stimmt, aber messbar. Wiederholte Messungen im gleichen Zustand würden streuende x-Messwerte liefern. Nach jeder Messung wären wieder Knoten und Bäuche der Nachweiswahrscheinlichkeit verschwunden:

WWI und Interferenz schließen sich auch hier aus.

> Wenn Teilchen in einem bestimmten Raum eingesperrt ("lokalisiert") sind und wenn keine Geschwindigkeits- oder Ortsmessung vorgenommen wird, entstehen **Interferenz** und **diskrete Energien**.

4.2.3.2 Aufgaben

1. Diskutieren und entscheiden Sie: Ist es ein sinnvolles Vorhaben, wenn geklärt werden soll, wie ein hin- und herlaufendes Teilchen in einem Potenzialkasten über einen Knoten hinwegkommen soll, obwohl es sich dort nicht aufhalten kann?

2. Ein grobes Verfahren zur Bestimmung der Energieeigenwerte eines Teilchens in einem Potenzialkasten besteht in der so genannten „Einpassung von Sinussen bzw. Cosinussen" (siehe Abb. 64). Es werden als Wellenfunktionen solche trigonometrischen Funktionen eingepasst, die am Rand des Potenzialkastens gerade eine Nullstelle haben. Dort und außerhalb des Kastens muss ja die Nachweiswahrscheinlichkeit 0 sein. Dadurch erhält man wie für eine klassische Welle den Zusammenhang zwischen Wellenlänge λ und Länge des Potenzialkastens. Diese Wellenlänge soll als deBroglie-Wellenlänge $p = h/\lambda$ den Impuls liefern, mit dem die Energie berechnet wird. Obwohl das Verfahren sehr problematisch ist und eigentlich nicht der Quantentheorie entspricht, liefert es doch genau die möglichen Energieeigenwerte.

   Bestimmen Sie danach E_1, E_2, E_3, ... Wie sieht die allgemeine Gesetzmäßigkeit für E_n aus? Was ist die kleinste Energie, die das Teilchen im Potenzialkasten einnehmen kann?

3. Ein Teilchen hat Eigenzustände mit den Energien $E_1 = -13{,}6$ eV, $E_2 = E_1/4$, $E_3 = E_1/9$, ... Es wird immer wieder in den gleichen Zustand gebracht („in den gleichen Zustand präpariert"). Dann wird seine Energie gemessen.
   a) Man erhält streuende Messwerte, d.h. die Energie des Teilchens ist in diesem Zustand un-be-stimmt. Geben Sie einige mögliche und einige unmögliche Messwerte an!
   b) Präpariert man es in einen gewissen anderen Zustand, dann misst man immer die Energie E_1. Was ist der Unterschied zur Situation a)?

4. Für stationäre Zustände im linearen Potenzialkasten lassen sich Wahrscheinlichkeiten für den Ausgang von Messungen durch Einpassen von Sinussen und Cosinussen berechnen („Wellenfunktionen"; siehe Anhang A). Kann es (nicht stationäre) Zustände geben, die Wahrscheinlichkeiten für **hin und her laufende Teilchen** beschreiben, wenigstens zeitweilig (hin und her laufende Wellenpakete)?

5. In manchen populärwissenschaftlichen Darstellungen der Quantenphysik findet man einen Cartoon mit einem Skifahrer, einem Baum und zwei Skispuren, die eine links, die andere rechts am Baum vorbei führend. Es wird irgendetwas diskutiert mit „gleichzeitig an beiden Seiten vorbei" und an den Doppelspalt erinnert. Begründen Sie, weshalb ein solches irreführendes Bild nichts mit der Quantenphysik zu tun hat.

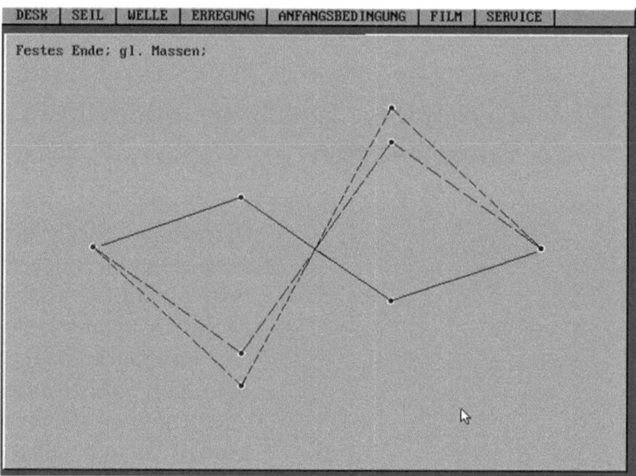

Abb. 65: *Eigenschwingung einer Kette von 4 Massen mit festgehaltenen Endmassen, simuliert mit dem PC-Programm **WELLEN**. Beide Massen schwingen mit der gleichen Frequenz.*

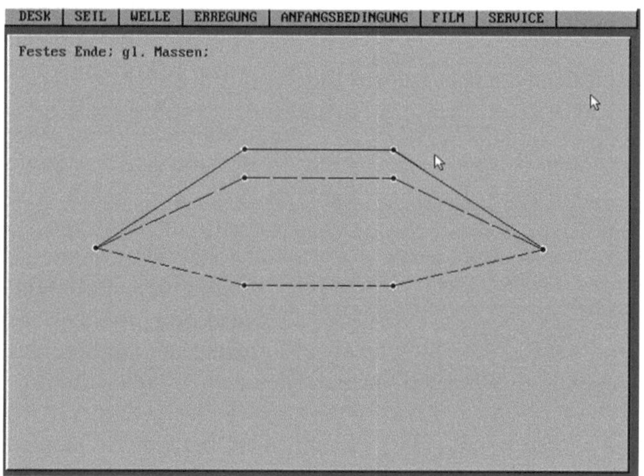

Abb. 66: *Andere Eigenschwingung einer Kette von 4 Massen mit festgehaltenen Endmassen, simuliert mit **WELLEN**. Gleiche Frequenz der schwingenden Massen.*

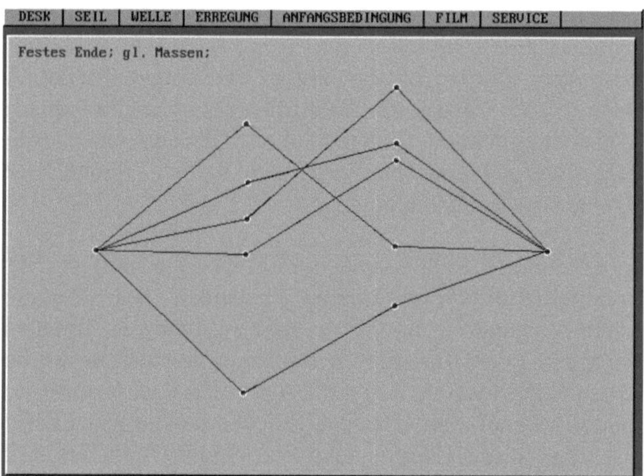

Abb. 67: *Schwingung einer Kette von 4 Massen mit festgehaltenen Endmassen, simuliert mit **WELLEN**. Weil keine Eigenschwingung vorliegt, schwingt jede Masse mit anderer Frequenz. (Für die Bilder 62 - 64 wurden Schwingungszustände von unterschiedlichen Zeiten zeichnerisch überlagert.)*

4.2.3.3*   Analogie-Versuche zu diskreten Energie-Eigenwerten

Diskrete Energie-Eigenwerte sind ein ganz spezifischer Effekt der Quantenphysik, der eintritt, wenn ein Teilchen auf einen bestimmten Raum beschränkt wird. Sie lassen sich nicht klassisch erklären.

Aber es gibt einige **analoge Effekte in der klassischen Physik**: Eigenschwingungen von Seilen, Ketten von gekoppelten Massen (Abb. 65 – 67) oder schwingenden Luftsäulen und Chladni'sche Klangfiguren/Platten (Abb. 68) (Demonstration im Experiment oder Simulation mit dem PC-Programm **WELLEN** (siehe Internet)). Bei ihnen treten bestimmte Eigen-Frequenzen hervor, ähnlich wie bei Eigenzuständen der Quantenphysik Energie-Eigenwerte hervortreten.

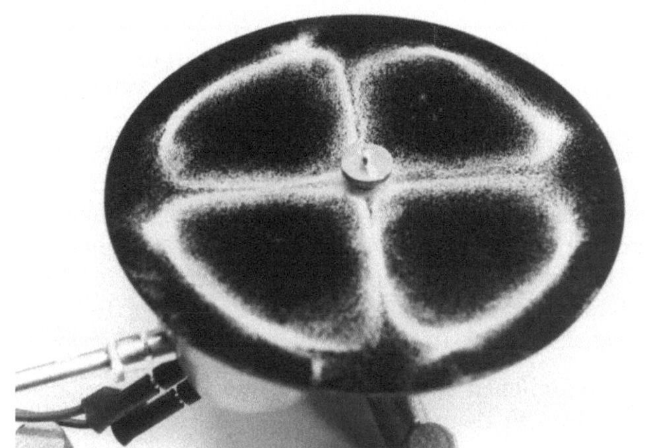

Abb. 68: *Chladni'sche Klangfigur einer kreisrunden Scheibe nach Anregung zu Eigenschwingungen mit einem Lautsprecher (unten)*

Analogien:

1. Klassisch: Bei einer **Eigenschwingung** (z.B. einer Kette gekoppelter Massen) schwingen alle Teilchen des Systems mit der gleichen Frequenz (Jede Frequenzmessung, auch an jedem Teilchen, liefert in solchen Schwingungszuständen den gleichen Messwert; Abb. 65, 66).

Quantenphysikalisch: Jede Energiemessung liefert in **Eigenzuständen der Energie** den gleichen Messwert.

2. Klassisch: Das System kann auch zu anderen Schwingungsformen angeregt werden (Überlagerungen mehrerer oder vieler Eigenschwingungen). Verschiedene Teilchen schwingen dann mit unterschiedlichen Frequenzen (Abb. 67).

Quantenphysikalisch: Das System kann sich auch in einem Überlagerungszustand aus verschiedenen Eigenzuständen befinden. Dann ist die Energie un-be-stimmt und Energiemessungen liefern streuende Messwerte.

Hinweis: Das Auftreten von diskreten Energien hat nichts mit einem scheinbar ähnlichen klassischen Verhalten zu

tun. Wenn bei einem klassischen System die potenzielle Energie zwei oder mehr Minima hat, dann können dort stabile Lagen (x_1 und x_2 in Abb. 69) entstehen. Das System versucht dann, eine dieser Lagen einzunehmen. Es gibt zusätzlich auch labile Gleichgewichtslagen (x_3 in Abb. 69). (Vgl. Stichwort „Potenzialgebirge" im Internet)

Es sind entsprechende klassische Modelle im Umlauf, wie z.B. die verschiedenen Bretter eines Sprungturms im Schwimmbad, die scheinbar diskrete potenzielle Energien aufweisen, oder die zwei stabilen Lagen eines Kronkorkens/Milchflaschenverschlusses mit zwei stabilen Formen. Mit ihnen soll angeblich das Phänomen der diskreten Energien bei gebundenen Quantenteilchen veranschaulicht werden. Es ist tatsächlich energetisch am günstigsten, wenn ein Teilchen die jeweilige Position beim lokalen Minimum der potenziellen Energie besetzt (linke zwei Kreise in Abb. 69). Der Übergang von einer Energiestufe (stabilen Lage) zur nächsten legt dann eine bestimmte diskrete Energiezufuhr nahe (in der Zeichnung würde man also an W_2 - W_1 denken). Das klassische System unterscheidet sich aber in einigen ganz wesentlichen Punkten vom Quantensystem:

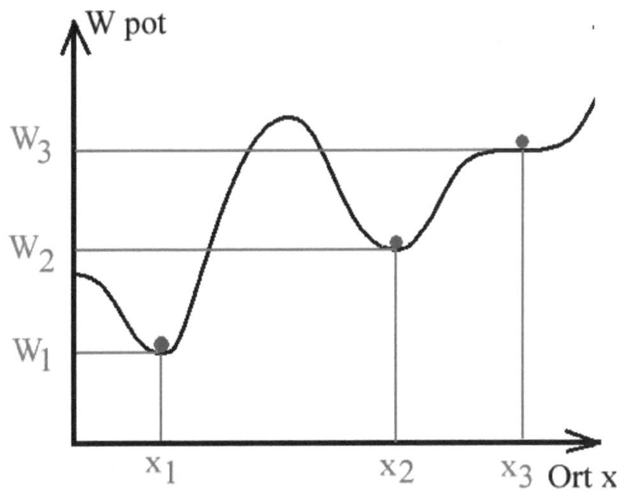

Abb. 69: *Ein klassisches System mit einer solchen potenziellen Energie hat mehrere Gleichgewichtslagen. Stabile Lagen sind hier x_1 und x_2. Mit diskreten Energien eines quantenphysikalischen Systems hat das nichts zu tun.*

● Potenzielle Energie und kinetische Energie und Gesamtenergie haben klassisch gleichzeitig einen Sinn. - In der Quantenphysik sind dagegen je zwei davon nicht gleichzeitig messbar (sie sind komplementär). Sie sind nicht gleichzeitig Eigenschaften des Systems.

● Außer den Energien der stabilen Lagen sind klassisch auch benachbarte möglich. Jedoch besteht eine Tendenz, diese höchstens kurzzeitig anzunehmen. - Zwischen den diskreten Energien der Quantenphysik entstehen dagegen echte Energielücken. Nie wird ein Teilchen eine Energie der Lücke annehmen (außer, wenn zusätzliche Wechselwirkungen ins Spiel kommen.)

- Beim klassischen System liegt es an der potenziellen Energie, wenn das System mehrere stabile Lagen aufweist. - Beim Quantensystem genügt eine völlig glatte Potenzialfunktion zur Entstehung von diskreten Energien, wenn nur das Teilchen auf einen bestimmten Raum beschränkt ist.

- Für den Übergang von der tieferen zur höheren stabilen Lage muss man eventuell den Potenzialwall (Abb. 69) überwinden. Man muss dann also zunächst mehr als die Energie $W_2 - W_1$ zuführen. Anschließend, wenn der Körper in die neue stabile Lage herab sinkt, wird wieder ein Teil der Energie frei. - Übergänge in der Quantenphysik finden nur dann statt, wenn man dem System genau die Energiedifferenz zwischen den beiden Energie-Stufen anbietet (Vgl. Tunneleffekt). Ein Zeit beanspruchendes "Herabsinken in die stabile Lage" kann es hier nicht geben: Es gibt keine Energien in der Energielücke.

Ähnliche Potenzialfunktionen wie in Abb. 69 kann es auch in der Quantenphysik geben mit besonderen Konsequenzen. Diese haben etwas mit der speziellen Form der Potenzialfunktion zu tun, und nicht mit der grundsätzlichen Tatsache diskreter Energien bei Einschränkung des Raumes.

Also:

> **Es gibt keine klassische Erklärung für diskrete Energiestufen.** Bei Einteilchenzuständen treten diese auf, wenn der Ort des Teilchens eingeschränkt wird. Sie sind ein rein quantenphysikalisches Phänomen.

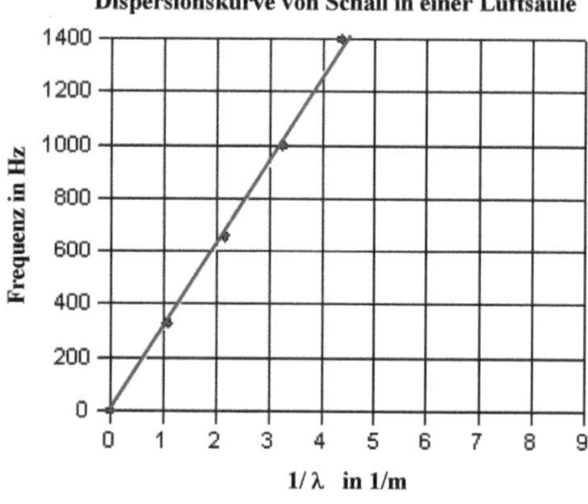

Abb. 70: Dispersionskurve von Schall in einer Luftsäule: Abhängigkeit der Frequenz der jeweiligen Eigenschwingung vom Kehrwert der Wellenlänge λ. Die Ursprungsgerade deutet auf die Proportionalität: f = c 1/λ. mit einer konstanten Schallgeschwindigkeit c hin.

An der Lautstärke hören Sie, wenn Sie eine zur Eigenschwingung passende Frequenz am Generator eingestellt haben. Die Wellenlänge erhalten Sie als Bruchteile der Länge der Luftsäule durch „Einpassung von halben Wellenlängen in die Länge der Luftsäule". Hier hat die Luftsäule die ungefähre Länge l = 0,45 m (beidseitig offen).

Am nächsten kommen dem quantenphysikalischen Phänomen Eigenfrequenzen und Eigenschwingungen in klassischen schwingungsfähigen Systemen. Weil solche Systeme aber auch mit anderen Frequenzen als den Eigenfre-

quenzen schwingen können (z.B. auch bei erzwungenen Schwingungen) unterscheiden sie sich wesentlich von den diskreten Energiestufen (Energie-Eigenwerten) eines quantenphysikalischen Systems, das auf einen endlichen Raum beschränkt ist. Hier sind keine anderen Energien messbar als die Energie-Eigenwerte.

Am Beispiel der **Eigenschwingungen einer Luftsäule** in einer Röhre, die durch Lautsprecher und Frequenzgenerator angeregt werden, lassen sich solche Eigenschwingungen auch im **Schülerversuch** untersuchen (Abb. 70).

Ziel dieses Versuchs sollte es sein, Eigenfrequenzen der Luftsäule festzustellen und die zugehörigen Eigenschwingungen mit Energie-Eigenzuständen zu vergleichen, wie das eben erläutert wurde.

4.2.4 Kausalität in der Quantenphysik?

Kausalität in der Physik besagt:

> **Bei eindeutigen Anfangsbedingungen ergibt sich aus einer eindeutigen Ursache eine eindeutige Wirkung.**

Bei einem **klassischen Teilchen** sind Ort und Geschwindigkeit (Impuls) zu einem bestimmten Zeitpunkt die Anfangsbedingungen. Wenn dann die wirkende Kraft bekannt ist (Ursache), ergibt sich als Wirkung ein eindeutiger Ort und eine eindeutige Geschwindigkeit zu einem späteren Zeitpunkt. Man kann die „Bahn" des Teilchens vorhersagen. Klassische Teilchen verhalten sich kausal.

Quantenteilchen aber haben wegen der Komplementarität zu keinem Zeitpunkt gleichzeitig Ort und Geschwindigkeit als Eigenschaften. Es lassen sich für sie keine Anfangsbedingungen im klassischen Sinn angeben. Niemand muss sich wundern, dass dann auch zu späteren Zeitpunkten Ort und Geschwindigkeit nicht gleichzeitig als Eigenschaften existieren. Stattdessen streuen die Messwerte statistisch (objektiver Zufall). Es handelt sich dabei nicht um ein „nichtkausales Verhalten", wie manchmal behauptet wird. Der Begriff Kausalität ist vielmehr nicht anwendbar, weil seine Voraussetzungen nicht erfüllt werden können.

In einem anderen Sinn ist die Quantenphysik jedoch kausal. Man muss sich beschränken auf das, was wirklich das quantenphysikalische System beschreibt, nicht Ort und Geschwindigkeit von Teilchen: Für irgendeinen Zeitpunkt kann ein be-stimmter Zustand des Quantensystems präpariert werden. Damit hängen wohldefinierte Wahrscheinlichkeitsverteilungen zusammen. Er entwickelt sich dann kausal weiter, z.B. nach der Schrödinger-Gleichung. Für alle Zeiten ergeben sich dann kausal be-stimmte Wahrscheinlichkeitsverteilungen für Messwerte. Im Rahmen dieser Wahrscheinlichkeiten tritt bei einer Messung ein be-stimmter Messwert zufällig ein. Aber: Eine Messung verändert i.A. den Zustand „von außen", in einer zufälligen Weise, die nur im Rahmen der Wahrscheinlichkeiten vorhergesagt werden kann, also nicht kausal. Durch die Messung wird ein neuer Anfangszustand bestimmt, der sich von da an kausal weiter entwickelt.

4.2.5 Die Heisenberg'sche Un-be-stimmt-heitsrelation (HUR)

Komplementäre Messgrößen A und B sind nicht gleichzeitig messbar. Es ist möglich, dass die Messgröße A bestimmt ist. Dann ist die Messgröße B beliebig un-bestimmt. Es ist möglich, dass die Messgröße A un-bestimmt ist. Dann ist A nicht Eigenschaft des Systems. Dann streuen ihre Messwerte in einem gewissen Bereich ΔA (Un-be-stimmtheit ΔA genannt). In der Regel ist dann auch die Messgröße B nicht Eigenschaft des Systems. Auch ihre Messwerte streuen für Teilchen in den gleichen Zuständen dann in einem Bereich der Breite ΔB (Un-be-stimmtheit ΔB genannt).

Aus der Tatsache, dass die beiden Messgrößen A und B nicht gleichzeitig messbar sind, folgerte Heisenberg, dass das Produkt der beiden Un-be-stimmtheiten für den gleichen Zustand, also ΔA·ΔB, nicht unter eine bestimmte Schwelle herabgedrückt werden kann, ganz gleich, in welchem Zustand sich das Quantenobjekt befindet. Den Beweis dafür wollen wir hier überspringen.

Das ist wieder eine der merkwürdigen Situationen in der Quantentheorie. Obwohl es hier gerade um die *zufälligen Streuungen* von Messwerten in den Bereichen ΔA und ΔB geht, folgt aus den grundlegenden Eigenschaften von Quantenobjekten (hier der Komplementarität) eine *Gesetzmäßigkeit* für die Größe dieser Streuungen, und das ganz allgemein, unabhängig von dem Zustand, der ΔA und ΔB bestimmt!

Zu einer exakten Herleitung der HUR müsste man auch noch ΔA, und entsprechend auch ΔB, festlegen als „Standardabweichung" von einem Mittelwert <A>, also ΔA = $\sqrt{(/ <A^2> - <A>^2 /)}$. Grob kann man dann sagen, dass für einen bestimmten Zustand des Teilchens ΔA derjenige Bereich um den Mittelwert <A> ist, in dem man in ca. 2/3 der Fälle einen Messwert finden wird (2/3-Regel). Das gilt aber nicht für jede Wahrscheinlichkeitsverteilung.

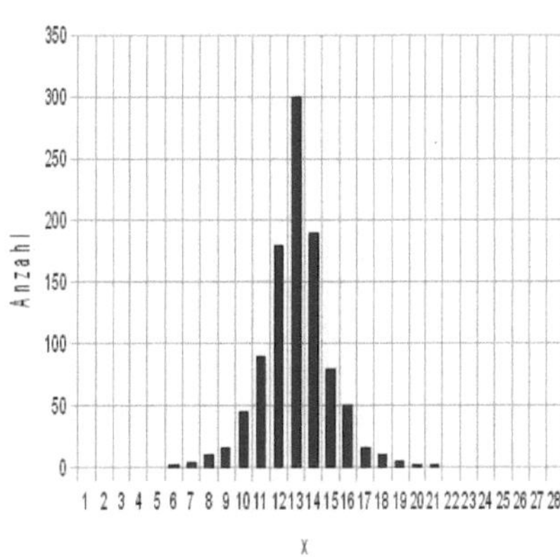

Abb. 71: *Hier wird eine (simulierte) Verteilung von Messwerten x gezeigt. Insgesamt wurde x 1000mal gemessen.*

Lesen Sie nach der 2/3-Regel (so als wäre sie erfüllt) ein ungefähres Maß für die Streuung Δx ab.

2/3-Regel: In einem symmetrisch gelegenen Bereich der Breite 2·Δx um den Mittelwert herum liegen ca. 2/3 aller Messwerte (bei einer bestimmten Verteilung).

Mittelwert <x> bei ca.: ....

Streuung Δx: ....

4.2.5.1* Mathematischer Exkurs:

Mit der so genannten, oft erfüllten „2/3-Regel" lässt sich die Streuung (Un-be-stimmtheit) einer Verteilung ablesen: (siehe Abb. 71, 72)

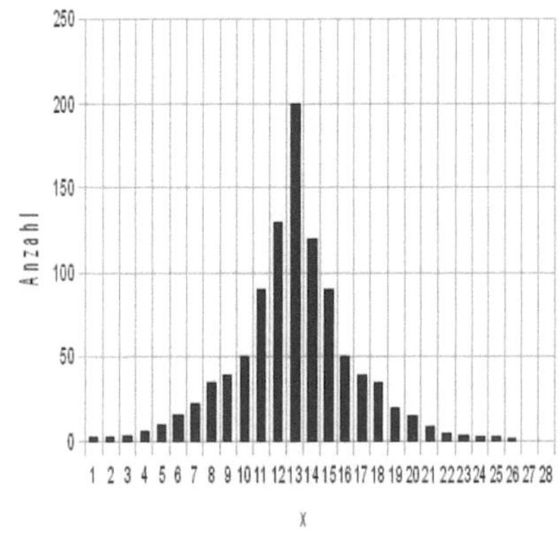

Abb. 72: *Hier wird eine ebenfalls simulierte Verteilung von Messwerten x gezeigt. Insgesamt wurde x 1000-mal gemessen.*

Lesen Sie nach der 2/3-Regel ein ungefähres Maß für die Streuung Δx ab.

2/3-Regel: In einem symmetrisch gelegenen Bereich der Breite 2·Δx um den Mittelwert herum liegen ca. 2/3 aller Messwerte (bei einer bestimmten Verteilung).

Mittelwert <x> bei ca.: ....

Streuung Δx: ....

4.2.5.2 Die bekannteste Variante der HUR: Orts-Impuls-Un-be-stimmtheit

Der bekannteste Fall ist das Paar von Messgrößen für ein Teilchen: Ort x und Impuls p_x. Das sind gleichgerichtete Komponenten des Orts **x** und des Impulses **p** = m·**v**. In diesem Fall gilt:

$$\Delta x \cdot \Delta p_x \geq \hbar/2 \qquad\qquad \hbar = h/(2\cdot\pi) \quad \text{("h quer")}$$

Kein Quantenteilchen besitzt also Ort x und Impuls p_x = m·v_x gleichzeitig als Eigenschaften. In jedem beliebigen Zustand ist mindestens eine der beiden Messgrößen un-be-stimmt und liefert bei der Messung streuende Werte. Aber, wenn sich das Teilchen in einem Zustand befindet, in dem die Ortskoordinate x recht genau be-stimmt ist (Δx "klein"), dann kann die zugehörige Impulskoordinate p_x nur recht un-be-stimmt sein (Δp_x bzw. Δv_x "groß"). Die Messwerte von p_x bzw. v_x in diesem Zustand werden also stark um ihren Mittelwert streuen. Das gleiche gilt auch umgekehrt.

Stören Sie sich bitte nicht an abweichenden Faktoren auf der rechten Seite, die Sie vielleicht in anderen Büchern lesen. Erstens sind diese für Abschätzungen meistens ohnehin belanglos. Zweitens ergibt sich die oben aufgeführte Form bei der Definition von Δx durch die Streuung im obigen Sinn. Halbklassische "Herleitungen" der HUR definieren Δx häufig anders, z.B. durch den Schwankungsbereich. Dann hat auch die der HUR entsprechende Ungleichung eine andere Form.

4.2.5.3 Die HUR ist nützlich für Abschätzungen von Messwerten, speziell von Streubereichen

Ein Anwendungsbeispiel – H-Atom

Das Wasserstoff-Atom (H-Atom) besteht aus einem positiven Atomkern und einem Elektron. Auch dort gilt für Messungen am Elektron die HUR: $\Delta x \cdot \Delta p_x \geq \hbar/2$. Man kann den so genannten "Atomradius" (eine lediglich mathematisch definierte Größe, die physikalisch nicht als der Radius eines Atoms angesehen werden darf) $a_0 = 0{,}529 \cdot 10^{-10}$ m im Grundzustand als Maß für die Un-be-stimmtheit der x-Koordinate des Ortes nehmen, bei dem man das eine Elektron bei einer tatsächlichen Messung finden kann ($\Delta x = 2 \cdot a_0$). Im gleichen Zustand muss man dann für die x-Komponente der Geschwindigkeit streuende Messwerte erhalten gemäß $\Delta v_x = \Delta p_x/m \geq h/(4 \cdot \pi \cdot \Delta x \cdot m)$ = $h/(12{,}56 \cdot 2 \cdot 0{,}529 \cdot 10^{-10}\ 9{,}1 \cdot 10^{-31}$ m·kg) $= 0{,}55 \cdot 10^7$ m/s. Man hat so ein grobes Maß gewonnen, in welchem Bereich Messwerte für die Geschwindigkeit zu erwarten sind:

Klassisch könnte man davon ausgehen, dass bei einer Bahngeschwindigkeit v eine Geschwindigkeitskomponente, z.B. v_x, zwischen -v und v schwankt, dass also 2·v ein gutes Maß für Δv_x ist. Daraus ergibt sich dann v = $0{,}27 \cdot 10^7$ m/s. Der Wert stimmt einigermaßen mit dem Ergebnis im Grundzustand ($0{,}22 \cdot 10^7$ m/s) aus einem leider nur klassischen (und damit unzureichenden) Modell des H-Atoms überein, dem **Bohr'schen Modell das H-Atoms**. Man hat so immerhin die Größenordnung der Elektronengeschwindigkeit abgeschätzt, die man bei Messungen erhalten würde. Mehr nicht.

> Einer der Gründe, weshalb das Bohr'sche Modell des H-Atoms abgelehnt werden muss, ist tatsächlich, dass die HUR bei ihm verletzt ist.

Tatsächlich ist die quantenphysikalische Streuung Δx (die Orts-un-be-stimmtheit), wie sie sich aus der HUR ergibt,

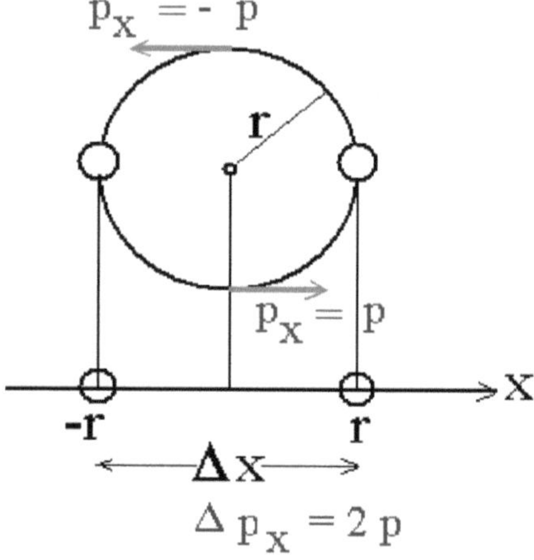

Abb. 73: Beim Lauf eines klassisch aufgefassten Elektrons um den Kern eines Wasserstoff-Atom nach Bohrs Modell schwanken die x-Koordinaten von Ort und Impuls um $\Delta x = 2r$ bzw. $\Delta p_x = 2p$. Solche „Schwankungsbereiche" haben nichts mit der Un-be-stimmtheitsrelation zu tun!

begrifflich etwas völlig anderes als der **Schwankungsbereich** nach dem Bohr'schen Modell (vgl. Abb. 73): Die quantenphysikalische Streuung kennzeichnet den Bereich, in dem Messungen einen Messwert für v_x liefern, obwohl v_x keine Eigenschaft des Systems ist. Der Schwankungsbereich gibt dagegen den Bereich an, in dem eine tatsächlich als Eigenschaft existierende Größe v_x variiert.

Die demonstrierte Abschätzung zeigt, wie hier quantenphysikalische und klassische Argumentation durcheinander gehen. Das kann keinen Beweiswert haben! Aber die Abschätzung liefert ein ernst zu nehmendes "Gefühl" dafür, welche Messwerte auch bei einem quantenphysikalischen System zu erwarten sind.

Ein Anwendungsbeispiel am Doppelspalt

Elektronen aus einer Elektronenkanone sollen z.B. in einem Parallelstrahl gegen einen Doppelspalt mit geeignetem Spaltabstand d geschickt werden. Auf einem Schirm in der Entfernung D beobachtet man das übliche Doppelspalt-Interferenzbild. Wenn ein Elektron auf dem Schirm

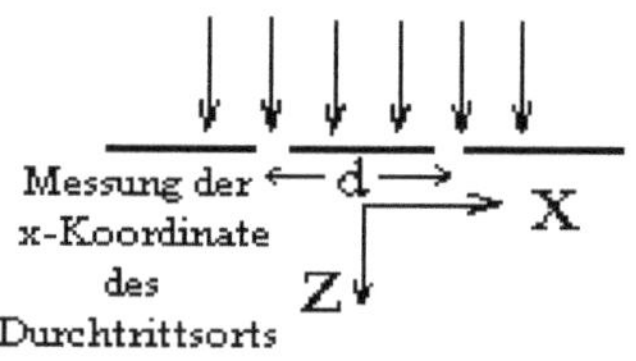

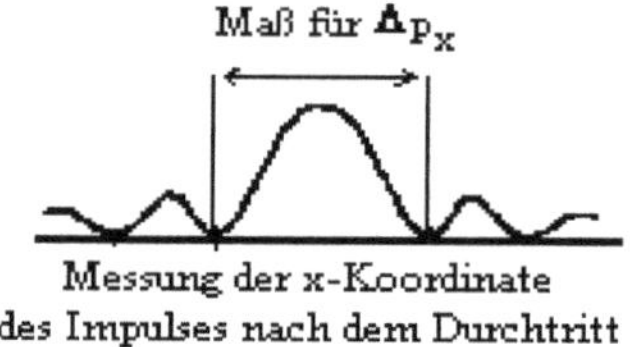

Abb. 74: Zur Definition der Un-be-stimmtheiten im Zusammenhang mit der HUR beim Doppelspalt-Versuch. Es geht um gleichartige Koordinaten, hier in x-Richtung!.

außerhalb der Symmetrieachse nachgewiesen wird (indem dort ein Zähler anspricht), kann man dies als eine Messung der Impulskomponente für den Durchtritt durch den Doppelspalt auffassen.

Nehmen wir an, das Elektron sei gegenüber der Symmetrieachse in x-Richtung um die Strecke Δ senkrecht zu den beiden Spalten abgelenkt worden. Das können wir auffassen als eine Messung der Geschwindigkeit in x-Richtung für die Zeit nach dem Durchtritt durch den Doppelspalt, vor dem Nachweis auf dem Schirm.

Das Interferenzbild lässt sich als Maß für die Impulsunschärfe Δp_x (in x-Richtung, der „Querrichtung": quer zur Ausbreitungsrichtung) der Teilchen nach dem Durchtritt durch den Doppelspalt auffassen: Obwohl der Mittelwert des Impulses in x-Richtung, also $<p_x>$, 0 ist, streuen die Einzelwerte innerhalb eines Bereiches von $-p_{x,max}$ bis $p_{x,max}$, wobei jetzt $p_{x,max}$ irgendein maximaler Querimpuls sein soll. (Die spitzen Klammern kennzeichnen den Mittelwert). Erst, indem ein Teilchen irgendwo innerhalb der Interferenzfigur nachgewiesen wird, wobei sich ein bestimmter "Ablenkungswinkel" α ergibt, erhält der Impuls in x-Richtung, p_x, einen be-stimmten Wert. Vor einer solchen Messung muss wieder angenommen werden, dass die Teilchen nach dem Durchtritt durch den Doppelspalt keinen be-stimmten Impuls p_x in Querrichtung besitzen, dass vielmehr dabei der Impuls p_x innerhalb des Bereichs von $-p_{x,max}$ bis $p_{x,max}$ un-be-stimmt ist: "Der Impuls p_x nach dem Durchtritt (und vor der Messung) durch den Doppelspalt ist un-be-stimmt innerhalb einer Breite (**Impuls-un-be-stimmtheit**) $\Delta p_x = 2 \cdot p_{x,max}$ " .

Andererseits können wir den Durchtritt durch den Doppelspalt als eine unscharfe Ortsmessung (der x-Koordinate) auffassen, den Spaltabstand d als die **Un-be-stimmt-heit Δx** des Durchtrittsorts durch den Doppelspalt. Es sei noch einmal daran erinnert, dass - ohne Zerstörung des ganzen Versuchs bzw. der Interferenzfigur - ein genauerer, schärferer Durchtrittsort **nicht existiert**.

Die HUR $\Delta p_x \cdot \Delta x \geq \hbar/2$ sagt dann: Wenn der Durchtrittsort genauer bestimmt wird, indem der Spaltabstand d = Δx verringert wird, dann weitet sich die Interferenzfigur auf, d.h. dann wird die Impulsun-be-stimmtheit Δp_x größer. Möchte man eine kleinere Impulsun-be-stimmtheit Δp_x erzielen, muss man eine größere Ortsun-be-stimmtheit Δx zulassen, indem man den Spaltabstand d vergrößert.

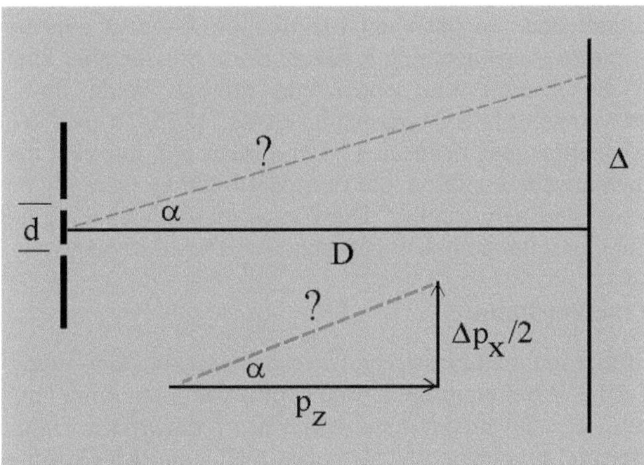

Abb. 75: Durch Δ wird der Querimpuls nach dem Doppelspalt und vor dem Nachweis gemessen. Die Fragezeichen deuten darauf hin, dass es – ohne eine Messung - keinen solchen Weg gibt. Allerdings, wenn man Ortsmessungen in der Nähe des Schirms vornimmt, wird man die Teilchen besonders häufig „auf dem Weg zu einem Maximum" finden.

„Herleitung" der HUR für den Spezialfall

Man kann die Überlegung auch nutzen, um die HUR näherungsweise „herzuleiten", auch wenn überhaupt eine Herleitung nicht so wichtig ist im Vergleich zu dem eben Gesagten.

In ähnlichen Dreiecken (Abb. 75) gilt:

$$\Delta p_x/2 \, /p_z = \Delta/D$$

Damit also:

$$\Delta p_x = 2 \cdot \Delta/D \cdot p_z$$

Bei jedem Versuch (jedem Elektron) ergibt sich in der Regel ein anderer Wert für p_x , den Impuls in x-Richtung beim Durchtritt des Elektrons durch den Doppelspalt. Nehmen wir als Maß für die Un-be-stimmtheit der Impulskomponente Δp_x die Breite $2 \cdot \Delta$ des Hauptmaximums. Das ist Willkür, aber nicht unvernünftig. Dann muss für Δ die Koordinate des 1. Minimus eingesetzt werden. Dazu gehört ein Gangunterschied $\Delta s = \lambda/2$. Wenn wir von der Kleinwinkelnäherung ausgehen ist $\sin(\alpha) \approx \tan(\alpha)$, dann gilt also

$$\Delta/D = \Delta s/d = (\lambda/2)/d$$

und damit

$$\Delta p_x = 2 \cdot \lambda/2d \cdot p_z$$

p_z kann als unverändert gegenüber dem Wert vor dem Spalt genommen werden, also $p_z = p = h/\lambda$ und es gilt endgültig für die Un-be-stimmtheit der Impulskomponente in x-Richtung:

$$\Delta p_x = h/d$$

Andererseits können wir d eben auffassen als die Un-be-stimmtheit Δx des Durchtrittsorts durch den Doppelspalt und es gilt schließlich:

$$\boxed{\Delta p_x \cdot \Delta x \; \geq \; h}$$

Es wurde ein $\geq$-Zeichen eingefügt, weil die tatsächliche Impulsun-be-stimmtheit durch das Minimum zu klein abgeschätzt wurde. Wie gesagt: Auf den Faktor bei h kommt es nicht an!

> Große Un-be-stimmtheit des Durchtrittsorts Δx (des Spaltabstands) beim Doppelspalt bedingt geringe Un-be-stimmtheit des Impulses Δp_x, also geringe Breite der Interferenzfigur und umgekehrt.

Anwendungsbeispiel Einfachspalt

Ganz ähnlich kann man für den Einfachspalt vorgehen: Hier kann wieder der Abstand bis zum 1. Minimum zur Entnahme der Impulsun-be-stimmtheit herangezogen werden, als Ortsun-be-stimmtheit (jeweils in x-Richtung) nehmen wir die Breite des Einfachspalts (genauere Kenntnis über den Durchtrittsort können wir nicht gewinnen ohne das Interferenzbild zu zerstören), und es ist wieder nach der HUR klar: Verkleinert man die Ortsun-be-stimmtheit (Spaltbreite), dann weitet sich die Interferenzfigur auf, es erhöht sich die Impulsun-be-stimmtheit. Wollen wir die Impulsun-be-stimmtheit verkleinern, dann müssen wir eine größere Ortsun-be-stimmtheit in Kauf nehmen, also einen breiteren Spalt. Wie oben gilt wieder

$$\boxed{\Delta p_x \cdot \Delta x \; \geq \; h}$$

Auch hier kommt es auf den genauen Zahlenfaktor bei h nicht an; der hängt ja in unserer Abschätzung davon ab, was wir als Un-be-stimmtheit nehmen.

> Große Un-be-stimmtheit des Durchtrittsorts Δx (der Spaltbreite) bedingt beim Einfachspalt geringe Un-be-stimmtheit des Impulses Δp_x, also geringe Breite der Interferenzfigur und umgekehrt.

Stets aber gilt: Die beiden komplementären Messgrößen, x oder p_x, existieren nicht gleichzeitig beliebig genau, mit beliebig kleinen Un-be-stimmtheiten. Es sind theoretisch Messungen möglich, durch die eine von beiden beliebig genau be-stimmt werden kann. Dann ist die andere beliebig un-be-stimmt.

> **Man kann nicht beides zugleich haben: einen be-stimmten Ort eines Teilchens und eine be-stimmte Geschwindigkeit des Teilchens.**

Nachdem das verstanden war und die Quantentheorie formuliert war, ließ sich die **HUR ganz allgemein für beliebige komplementäre physikalische Größen zeigen, also für Größen, die nicht gleichzeitig exakt messbar sind.** Dann entsteht die Willkür mit dem Faktor von h in der HUR nicht.

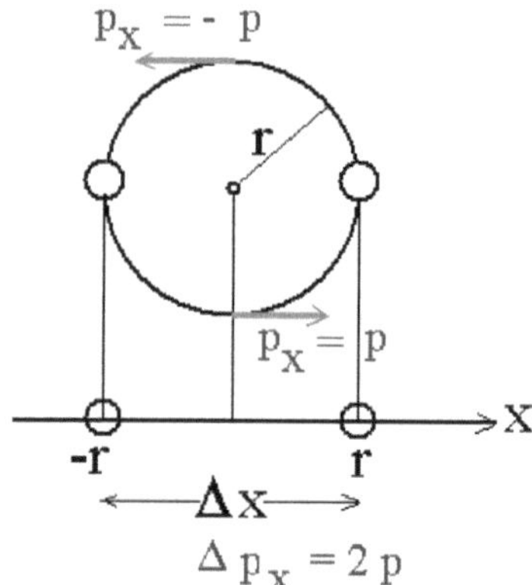

Abb. 76: Beim Lauf eines Planeten um die Sonne schwanken die x-Koordinaten von Ort und Impuls um $\Delta x = 2r$ bzw. $\Delta p_x = 2p$. Das hat nichts mit der Un-be-stimmtheitsrelation zu tun!

Noch einmal:

- Die Un-be-stimmtheiten der HUR haben nichts mit einer technisch beschränkten Messgenauigkeit oder gar menschlicher Unzulänglichkeit zu tun, sondern damit, dass die klassischen Größen Ort und Impuls (jeweils für eine bestimmte Koordinaten-Richtung), oder andere komplementäre Größen, **nicht gleichzeitig beliebig genau als Eigenschaften existieren, bzw. einen Sinn haben.** Deshalb werden hier „Unschärfen" vermieden.

- Sie haben nichts damit zu tun, dass auch in der klassischen Physik Messwerte innerhalb gewisser Grenzen schwanken können, sei es, weil die Messgenauigkeit technisch nicht ausreicht, oder weil die Messgrößen selbst schwanken, wie das etwa bei einem um die Sonne laufenden Planeten der Fall ist, wenn wir eine Koordinatenrichtung allein betrachten (Abb. 76), oder wenn wir Geschwindigkeiten von Atomen in einem Gas messen wollen, die thermischen Schwankungen

unterliegen.

- Bei den Un-be-stimmtheiten handelt es sich um „Bereiche der Nichtexistenz" von Paaren komplementärer Größen, in denen trotzdem die Mehrzahl tatsächlicher Messwerte (ca. 2/3) gefunden werden.

Weitere Beispiele finden Sie in den Aufgaben.

4.2.5.4 Die HUR macht augenfällig, welche physikalischen Größen für ein bestimmtes Quantenobjekt nicht gleichzeitig als Eigenschaften existieren können (nicht gleichzeitig messbar, komplementär sind)

Ähnlich wie für Ort und Geschwindigkeit (Impuls) gibt es eine HUR für die elektrische und die magnetische Feldstärke, oder für kinetische Energie und potenzielle Energie (oder auch Gesamtenergie und potenzielle Energie), für Teilchenzahl und Phase bei einer elektromagnetischen Welle, und viele andere. Sie sollen hier nicht angegeben werden; es kommt jeweils eine andere Schwelle vor.

Wichtig ist für Sie nur die Kenntnis, dass diese Paare von Messgrößen nicht gleichzeitig be-stimmt sein können, nicht gleichzeitig Eigenschaften eines Quantenobjekts sein können. Diese Kenntnis bewahrt Sie vor Fehlinterpretationen. So kann ein Elektron im H-Atom eine bestimmte Gesamtenergie E haben. Dann müssen aber kinetische Energie und potenzielle Energie beide un-be-stimmt sein! Die Gesetzmäßigkeit W_{pot} prop. $1/r$ (mit dem Abstand r vom Zentrum) ist in diesem Fall nur eine mathematische Funktion, die Potenzialfunktion, nicht die potenzielle Energie selbst. Diese kann nicht gleichzeitig mit der Gesamtenergie E Eigenschaft des H-Atoms sein.

Eine Warnung:

Früher hat man klassische Überlegungen zur "Herleitung" der HUR herangezogen. Man sprach dann von einer "Störung des Quantensystems durch den Messprozess". Zum Beispiel überlegte man sich, dass man - um den Ort eines Elektrons beim Durchtritt durch den Doppelspalt zu messen - das Elektron mit Photonen beleuchten könnte, die beim Stoß Impuls und Energie an das Elektron übertragen und es so "stören" sollten: Interferenz verschwindet. Obwohl sich auch die großen Wissenschaftler der Quantentheorie an solchen Überlegungen beteiligten, dienten sie lediglich dazu, die HUR plausibel und damit akzeptabel zu machen, nicht dazu, sie zu beweisen.

Es gibt Experimente, bei denen eine solche klassische Störung ausgeschlossen ist. Dennoch gilt auch hier die HUR für komplementäre Messgrößen (Internet-Stichworte z.B. „Scully-Englert-Walther forphys").

Der eigentliche Grund der HUR ist, dass bestimmte komplementäre Größen nicht gleichzeitig Eigenschaften eines Quantensystems sein können. Mit unserer Kenntnis müssen wir gegen die früheren halbklassischen Überlegungen einwenden, dass bei solchen klassischen Modellen fälschlich davon ausgegangen wird, dass Elektronen und Photonen zu allen Zeiten Ort und Geschwindigkeit als Eigenschaften haben, die uns angeblich lediglich unbekannt sind. Das widerspricht der Quantentheorie.

4.2.5.5 Energie-Zeit-HUR

Einen Sonderfall stellt die Energie-Zeit-HUR dar:

$$\Delta E \cdot \Delta t \geq h/2 \cdot \pi$$

Sie besagt:

> Große Zeit"unschärfe" Δt bedingt geringe Energieun-be-stimmtheit ΔE und umgekehrt.

Sie lässt sich nur indirekt aus der Komplementarität herleiten, ist aber vielfach experimentell bestätigt. Sie spielt eine große Rolle im Zusammenhang von (Energie-)Breite von Spektrallinien und der Zeitdauer der Lichtemission.

Sie hat ein klassisches Analogon, das von zahlreichen Anwendungen bekannt ist:

$$\Delta f \cdot \Delta t \geq 1/2 \cdot \pi$$

> Große Zeit"unschärfe" Δt bedingt geringe Frequenz"unschärfe" Δf und umgekehrt.

Wir nennen sie (klassische) Frequenz-Zeit-*Unschärfe*relation, um den Unterschied zu einer quantenphysikalischen *Un-be-stimmtheit*srelation auszudrücken. Formal erhält man diese, wenn man beide Seiten mit dem Wirkungsquantum h multipliziert. Bereits in der Akustik spielt sie eine große Rolle, z.B. beim Vergleich von einem kurzem Knall mit einem lang andauernden Sinuston.

4.2.5.6 Aufgaben

1. Ein Atom kann ein Photon einer Energie E_{ph} abgeben, wenn es von einem angeregten Zustand E_1 in einen tieferen Zustand übergeht, z.B. den Grundzustand E_0. Im Idealfall wird so die Energiedifferenz E_1 - E_0 dem Photon als Energie E_{ph} mitgegeben (z.B. $E_1 = 3{,}5$ eV, $E_0 = 2{,}0$ eV).

   Das Atom befindet sich im Mittel nur eine Zeit τ im angeregten Zustand. Wie groß ist dann die Energie-Un-be-stimmtheit im angeregten Zustand, welche Energie-Un-be-stimmtheit besitzt das Photon mindestens? In welchem Bereich sind Messwerte für E_{ph} zu erwarten (natürliche Linienbreite)? (Schätzen Sie mit $\tau = 10^{-6}$ s).

   Wegen Stoßverbreiterung und Dopplereffekt ist die tatsächliche Lebensdauer i.A. deutlich kleiner und die Linienbreite deutlich größer (realistisch: $\tau = 10^{-8}$ s).

2. Ein Elektron habe in einem Molekül die Energie E = 5 eV. Ein rechteckiger Potenzialberg der Höhe V = 8 eV und der Breite h = $1 \cdot 10^{-10}$ m trenne zwei Potenzialmulden voneinander. Schätzen Sie die Energieunbestimmtheit in der Schwelle ab. Wundert es Sie nicht, dass das Elektron den Potenzialwall durchdringen, also in beiden Potenzialmulden gefunden werden kann?

3. Durch Tricks gelingt es, die mittlere Lebensdauer eines Atoms in einem angeregten Zustand von 10^{-8} s auf 30 s zu erhöhen. Um welchen Faktor wird dann die relative Energie-un-be-stimmtheit des ausgesandten Photons verkleinert? Schätzen Sie ab, wie lang die zugehörigen Wellenzüge in den beiden Fällen sind!

4. Begründen Sie mit der Lebensdauer eines Atoms in einem angeregten Zustand, weshalb die Energie-un-be-stimmtheit von Photonen wächst, wenn Druck und Temperatur des Gases erhöht werden, in dem sich das Atom befindet ("Stoßverbreiterung").

   Beachten Sie zusätzlich: Mit zunehmender Temperatur bewegen sich die Atome eines Gases immer schneller. Deshalb wird die Frequenz des von den hin und her bewegten Atomen ausgesandten Lichts immer mehr nach oben oder unten verschoben ("Doppler--Verschiebung"), und es kommt zu immer mehr Stößen der Atome untereinander.

   Wie wirken sich die beiden Effekte aus?

5. Ein Laser produziere Wellenzüge von monochromatischem Licht mit der Länge l = 200 m. Schätzen Sie die Energie-Un-be-stimmtheit seiner Photonen und damit die Breite der entsprechenden Spektrallinie ab! Vergleichen Sie mit thermischem Licht bei einer mittleren Länge der Wellenzüge von 2 m?

6. Was lässt sich über das Frequenzspektrum eines kurzen Peitschenknalls aussagen im Gegensatz zu dem eines lang andauernden, sinusförmigen Blockflöten-Tons?

7. Informieren Sie sich im Internet (z.B. Stichworte „akustische Analoga text9 forphys") über Anwendungen der Frequenz-Zeit-Unschärferelation und dort vorgeschlagene Versuche mit der Soundkarte Ihres Rechners. Führen Sie solche Versuche durch!

8. Informieren Sie sich im Internet (z.B. Stichworte „Hohlraumresonator forphys") wie ein Hohlraumresonator die Lebensdauer von angeregten Zuständen von Atomen und damit die Linienbreite bei der Emission von Photonen beeinflussen kann.

9. Geben Sie Gründe an, weshalb das Bohr'sche Modell des H-Atoms der Quantenphysik widerspricht!

10. Schätzen Sie die Breite $2 \cdot \Delta$ des zentralen Maximums
    a) beim Einfachspalt der Breite d = 0,1 mm,
    b) beim Doppelspalt mit Spaltabstand d = 0,01 mm
    ab, wenn rotes Laserlicht verwendet wird ($\lambda = 632$ nm). Der Schirmabstand D soll 2 m betragen.

11. Schätzen Sie Impuls und kinetische Energie eines Protons in einem Atomkern vom Durchmesser $5 \cdot 10^{-14}$ m ab. Vergleichen Sie mit der Energie eines ruhenden Protons von ca. 1 GeV („Ruheenergie"), die nicht unterschritten werden kann. Ist das Proton relativistisch zu behandeln? ($m_p = 1{,}67 \cdot 10^{-27}$ kg)

4.2.6   Tunneleffekt: nach der HUR selbstverständlich

Nach dem Tunnel-Effekt kann ein Teilchen auch in Raumbereichen nachgewiesen werden, in denen es sich nach klassischer Vorstellung gar nicht aufhalten dürfte. Insbesondere würde eine Potenzialbarriere, ein Potenzialwall bzw. eine Potenzialschwelle in der klassischen Physik den Durchtritt verhindern, wenn die Energie des Teilchens die potenzielle Energie in der Barriere nicht überwinden könnte wie im Beispiel eines Ammoniak-Moleküls (Abb. 77, 78, siehe Stichwort „**Potenzialgebirge**" im Internet).

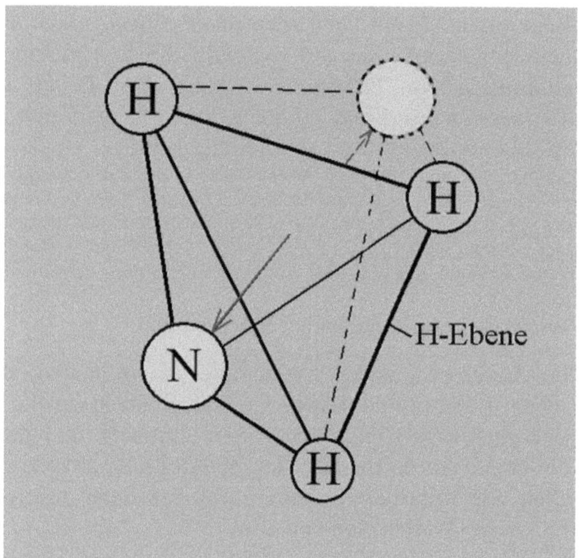

Abb. 77: Bei einem Ammoniak-Molekül (NH₃) gibt es zwei stabile Lagen zu beiden Seiten der H-H-H-Ebene. Man würde klassisch erwarten, dass bei geringerer Energie das N-Atom in einer der stabilen Lagen gefangen ist. Es fehlt ihm kinetische Energie um die dazwischenliegenden Potenzialbarriere überwinden zu können. In Realität findet man das N-Atom einmal auf der einen Seite, einmal auf der anderen. Der Tunneleffekt sagt, wie das quantenphysikalisch möglich ist.

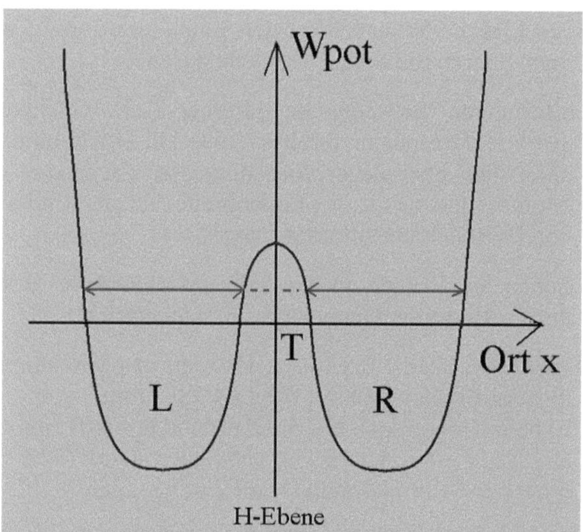

Abb. 78: Ein Modell der Potenzialfunktion für das N-Atom im NH₃-Molekül. Wenn das N-Atom eine Energie entsprechend der Doppelpfeile hat, kann das N-Atom klassisch argumentierend nicht in die Potenzialbarriere eindringen und sie durchdringen. Klassisch ist das verboten, weil in der Barriere wegen des Energieerhaltungssatzes die kinetische Energie negativ sein müsste.

Betrachten Sie ein sehr primitives **Modell eines Atomkerns, der α-Teilchen** emittiert. Solche Teilchen seien im Kern "locker gebunden". Würden Sie austreten, müssten sie eine Potenzialbarriere der Höhe V überwinden (Abb. 79). Klassisch kann man sich α-Teilchen im Kern vorstellen, deren kinetische Energie im Bereich I zu gering ist, um im Bereich II einen Teil davon in potenzielle Energie umzuwandeln. Oder anders: Die Differenz zwischen potenzieller Energie und Gesamtenergie ist klassisch die kinetische Energie. Sie müsste nach dem Energieerhaltungssatz im Bereich II negativ sein, was nicht möglich ist. Solche Teilchen könnten nach klassischer Vorstellung den Innenbereich des Kerns (I) also nicht verlassen. Andere Teilchen mit höherer kinetischer Energie (> V) wären gar nicht gebunden. Sie würden sich von einem einzelnen Kern schnell irgendwo hin entfernen. Teilchen mit negativer (Gesamt-)Energie wären echt gebunden und könnten den Kern ohne äußere Einwirkung überhaupt nicht verlassen. Sie werden im Modell nicht beachtet. Ist die klassische Argumentation wirklich korrekt?

In der Zeichnung (Abb. 79) sei der Radialanteil der Potenzialfunktion W_{pot} eines Teilchens im kugelsymmetrischen Potenzial dargestellt. (Man kann sich aber auch vorstellen, dass hier ein eindimensionales Problem vorliegt. Durch ein "unendlich hohes" Potenzial bei r = 0 werden negative r-Werte verhindert, was im kugelsymmetrischen Modell selbstverständlich ist.)

Bereich I stellt einen Potenzialtopf dar, Bereich II einen Potenzialwall.

Außerhalb - weit weg vom Kern - habe das Teilchen die (kinetische) Energie E_o.
Im quantenmechanischen Fall müssen wir einige Warnschilder beachten:

- Kinetische Energie und potentielle Energie sind nicht zugleich messbar. Betrachtet man Zustände, bei denen die potenzielle Energie wirklich der gezeichneten Potenzialfunktion entspricht, also be-stimmt ist, dann ist die kinetische Energie un-be-stimmt (siehe HUR). Es gibt keinen Grund anzunehmen, dass sie in der Potenzialbarriere negativ sei.

- Für Teilchen mit be-stimmter Gesamtenergie E sind weder kinetische noch potenzielle Energie be-stimmt.

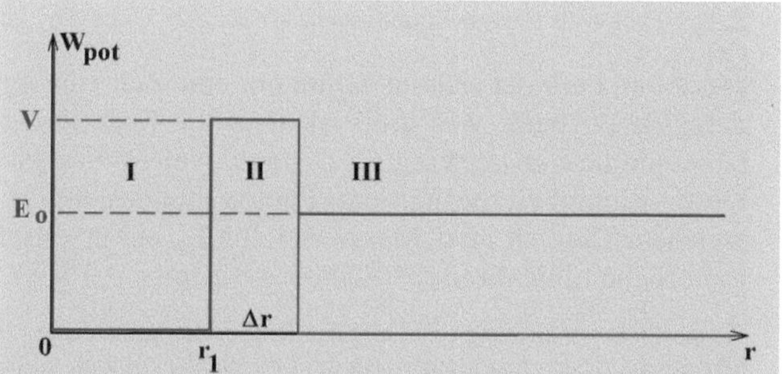

Abb. 79: Radialanteil der Potenzialfunktion eines Teilchens im kugelsymmetrischen Potenzial.

• Ohne eine Messung hat der Ort des α-Teilchens keinen Sinn, er ist un-be-stimmt.

Das allein stellt schon die klassische Argumentation in Frage. Das Verwunderliche des Tunneleffekts ist nichts als eine falsche klassische Folgerung!

Weiter gilt: Der kritische Bereich ist der Bereich II. Wir wollen mit Hilfe der HUR hier halbklassisch abschätzen, in welchem Bereich Messungen der kinetischen Energie zu erwarten sind, nachdem wir ein Teilchen in der Potenzialbarriere lokalisiert haben. Dann ist der Ort offenbar nur noch un-be-stimmt innerhalb eines Bereichs Δr, wenn Δr die Breite der Barriere ist. Nach der HUR in der üblichen Form $\Delta r \cdot \Delta p r \geq \hbar$ ergibt sich daraus eine (radiale) Impuls-un-be-stimmtheit $\Delta p_r \geq \hbar/\Delta r$, $\hbar$ ist dabei wieder das Plancksche Wirkungsquant h dividiert durch 2π. Sie führt zu einer Un-be-stimmtheit der kinetischen Energie im Bereich II: $\Delta E_{kin} \geq p^2/2m = \hbar^2/(\Delta r^2 \cdot 2m)$ *). Das heißt: Wenn ein Teilchen im Bereich II festgestellt wurde, dann ist erstens seine potenzielle Energie (als Funktion des Ortes) nur grob be-stimmt, nehmen wir an, sie sei ungefähr V. Zweitens ist seine kinetische Energie un-be-stimmt innerhalb der Unschärfe ΔE_{kin}. Es wird durchaus Messwerte geben, die V sogar überschreiten. Wer wollte dann noch verbieten, dass das Teilchen im Bereich II nachgewiesen wird? In diesem Fall verbieten nicht einmal klassische Argumente, dass es dann auch im Bereich III nachgewiesen wird.

[Auch im Bereich I ist die kinetische Energie un-be-stimmt. Nach einer Ortsmessung (es genügt dafür die sichere Kenntnis: "Kern nicht zerfallen") mit der Orts-un-bestimmtheit $\Delta r = r_1$ erhalten wir für die Energie-un-be-stimmtheit $\Delta E_{kin} \geq \hbar^2/(r_1^2 \cdot 2m)$. Auch sie kann die Höhe der Potenzialfunktion im Bereich II überschreiten und damit das klassische Argument hinfällig machen.]

Die Erscheinung, dass α-Teilchen, deren Energie nach klassischer Vorstellung ein Durchdringen der Potenzialbarriere verhindern würde, nach klassischer Sprechweise wie durch einen Tunnel die Potenzialbarriere durchdringt und so den Kern verlässt, heißt **Tunneleffekt** (Abb. 80). Er ist der Grund für den α-Zerfall bestimmter Atomkerne. Sie wurde hier durch die HUR (Heisenberg'sche Un-be-stimmtheitsrelation) erklärt.

Quantenphysikalisch sind in Abb. 80 sowohl die Annahme einer Bahn des Teilchens wie von festen kinetischen und potenziellen Energien innerhalb der Potenzialbereiche I und II nicht haltbar.

Die Energie-un-be-stimmtheit $\Delta E_{kin} \geq \hbar^2/(\Delta r^2 \cdot 2m)$ im Vergleich zur Höhe der Potenzialbarriere V zeigt, dass das Tunneln um so wahrscheinlicher wird, je schmaler der Bereich der Potenzialbarriere Δr und je geringer ihre Höhe V ist.

Eine Warnung: Die gezeichnete "Potenzialfunktion" W_{pot} ist nach der Quantenphysik i.A. **nicht** die potenzielle Energie eines Teilchens. Voraussetzung dafür, dass man für jeden Ort eine potenzielle Energie angeben könnte, wäre, dass gleichzeitig Ort und potenzielle Energie (durch eine Messung) exakt be-stimmt wären. Dann wäre die kinetische Energie beliebig un-be-stimmt. Deswegen wird die obige Abschätzung halbklassisch genannt.

Wahrscheinlichkeiten für den Nachweis eines Teilchens in einer Potenzialbarriere oder außerhalb können – wie üblich – mit Wellenfunktionen berechnet werden. Obwohl Unterrichtsmaterialien dafür bereit stehen (siehe Vorwort), gehört das nicht zum regulären Programm dieses Kurses.

*) Wegen $E = p^2/2m$ ergibt sich durch Ableiten $\Delta E = p/m \cdot \Delta p = \sqrt{2E/m} \cdot \Delta p$. Das wäre eine für manche Zwecke günstigere Abschätzung als die verwendete.

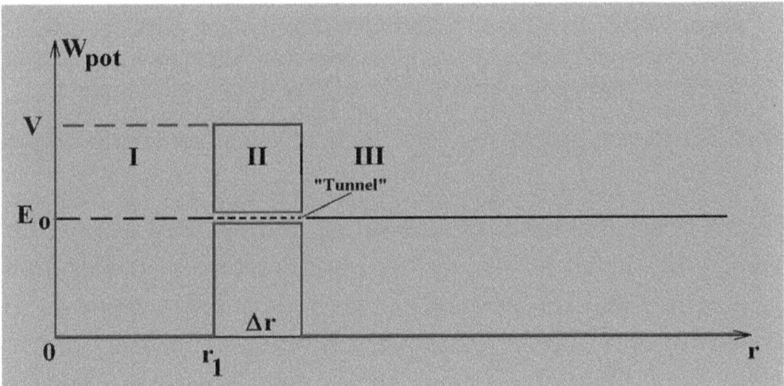

Abb. 80: *Klassisches Bild vom Tunneln eines Teilchens durch eine Potenzialbarriere.*

4.2.7 Das Mach-Zehnder-Interferometer

Es handelt sich um eine grundlegende Anordnung, die sich in der modernen Quantenphysik hoher Beliebtheit erfreut, weil man an ihr nach leichter Abänderung viele Quanteneffekte studieren kann.

(1) **Klassisch** würde man die Anordnung so beschreiben: Die kohärente Strahlung eines Lasers wird an einem ersten Strahlteiler im Verhältnis 1:1 aufgespalten. 50% des Lichts geht den oberen Weg, wird an einem totalreflektierenden Spiegel umgelenkt und hat beim nächsten Strahlteiler wieder zwei Möglichkeiten.

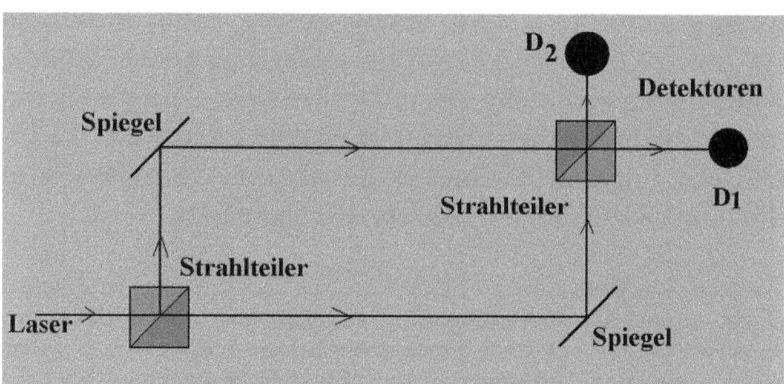

Abb. 81: *Strahlengang beim Mach-Zehnder-Interferometer (vgl. Simulation auf dem Bildschirm mit INTERFEROMETER.EXE)*

50% des Lichts werden vom ersten Strahlteiler geradeaus durchgelassen, durch einen weiteren totalreflektierenden Spiegel umgelenkt und gelangt auch an den zweiten Strahlteiler, wo wiederum ein Teil des Lichts geradeaus passiert, während der andere Teil umgelenkt wird.

Hinter dem zweiten Strahlteiler werden die beiden Teilstrahlen überlagert und interferieren. An den beiden Ausgängen des zweiten Strahlteilers stehen Detektoren zum Nachweis des Lichts bzw. der Photonen.

(2) Für das Folgende werden gleiche Abstände bzw. gleiche Laufzeiten für beide Wege vorausgesetzt.

Beitrag zum Zählereignis bei D_1: Für beide klassisch denkbaren Wege liegt die gleiche Situation vor: je einmal Reflexion am Strahlteiler und je einmal Durchgang („symmetrischer Fall"). Es besteht kein Phasenunterschied zwischen beiden "Wegen". Damit trifft Wellenberg 1 auf Wellenberg 2 und Wellental 1 auf Wellental 2: Konstruktive Interferenz bei D_1. Man könnte D_1 auch den "Interferenzdetektor" nennen, weil (im Rahmen der kalkulierbaren Verluste) alle vom Laser kommenden Photonen wegen der konstruktiven Interferenz durch D_1 detektiert werden. Andernfalls würden manche Photonen nicht von D_1 registriert werden.

Beitrag zum Zählereignis bei D_2: Wenn die gesamte eingestrahlte Lichtenergie bei D_1 ankommt, darf nichts bei D_2 ankommen. Das fordert der Energieerhaltungssatz. Wenn man unbedingt will, kann man es auch anders begründen: Auf dem einen Weg findet nie Reflexion am Strahlteiler statt, auf dem anderen zweimal. Bei der zweimaligen Reflexion findet ein Phasensprung im Vergleich zu zweimaligem Durchgang statt, so, dass insgesamt eine Phasenverschiebung um π entsteht. Damit trifft Wellenberg 1 auf Wellental 2 und umgekehrt: Destruktive Interferenz bei D_2.

Bei idealer Einstellung der Abstände zeigt sich Interferenz, wenn der eine Detektor, D_1, immer Teilchen nachweist, der andere, D_2, nie.

(3) Das Überraschende ist, dass der Versuch mit Lichtwellen und mit einzelnen Photonen funktioniert, d.h. selbst wenn immer nur ein einziges Photon in der Apparatur ist, findet Interferenz statt. Dieses jeweils eine Photon wird immer durch D_1 nachgewiesen, nie durch D_2. Die Interferenz wird allerdings erst sichtbar, wenn man den Versuch mit sehr vielen Photonen wiederholt. So wie sich beim Doppelspaltversuch erst allmählich eine Interferenzfigur aufbaut, wächst erst mit vielen Photonen die Gewissheit, dass nicht doch einmal eines von ihnen D_2 zum Ansprechen bringt.

(Auch, wenn in 10 Versuchen D_1 10mal ansprechen würde und D_2 nie, wäre nicht auszuschließen, dass beide bei sehr vielen Versuchen gleich häufig ansprächen, dass es also nicht zur Interferenz käme. Im 1. Fall könnte das Ergebnis die Folge statistischer Schwankungen sein.)

Auch das macht klar, dass es keinen Weg eines Photons durch die Apparatur geben kann, wenn ein solcher nicht gemessen wird. Ebenso ist die absurde Idee ausgeschlossen, dass die Interferenz durch Wechselwirkung von Photonen zustande käme. Man könnte dafür sorgen, dass immer nur ein einziges Photon die Apparatur durchläuft.

Das ist aber nichts Neues für uns, wenn wir den Doppelspalt-Versuch verstanden haben: Photonen zeigen sich auch hier als Quantenteilchen, die mit klassischen Teilchen nur eines gemeinsam haben: sie können gezählt werden.

> Interferenz mit einem einzelnen Photon findet statt, weil es zwei klassisch denkbare Möglichkeiten gibt, zu einem Detektor zu gelangen, zwischen denen nicht entschieden wird.

Würde man Zähler in den Strahlengang einbauen, die den Weg der Photonen anzeigen würden, ginge die Interferenz verloren. Man erhielte hinter dem Strahlteiler das Ergebnis des G-R-A-Versuchs, also einzelne ungeteilte Photonen, manche durch D_1 registriert, andere durch D_2.

Hinweis: Hüten Sie sich vor sinnlosen Fragen folgender Art:

- Auf welchem Weg ist das Photon gegangen, das den Interferenz-Detektor auslöste?

- Woher "weiß" ein Photon, das den unteren Weg gewählt hat, dass der obere Weg auch offen ist? Man könnte irrtümlich glauben, dass davon abhängen könnte, ob das Photon in dem Maximum der „Interferenzfigur" nachgewiesen wird und nicht etwa in dem Minimum.

- Ist das Photon gleichzeitig beide Wege gelaufen um interferieren zu können?

Diese Fragen sind sinnlos, weil es keinen Weg eines Photons gibt, wenn – wie hier - ein Interferenz-Experiment gemacht wird. Es ist denkbar, den Weg jedes Photons zu be-stimmen (WWI). Dann verschwindet aber die Interferenz. Und die letzte Vermutung ist eine leere Sprechweise, weil sich niemand vorstellen kann, wie ein unteilbares Teilchen auf zwei Wegen gleichzeitig laufen sollte.

4.2.8 Der Knaller-Versuch

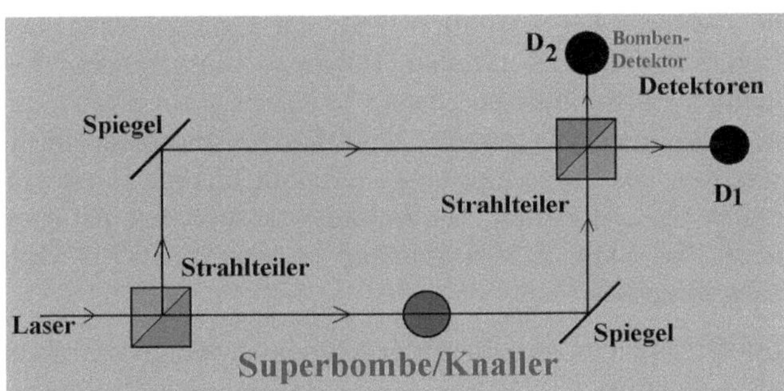

Abb. 82: *Knaller-Test: Mit welcher Wahrscheinlichkeit wird die Bombe gefunden ohne dass sie hochgeht?*

(1) Bei einem Mach-Zehnder-Interferometer ist es sinnlos, vom Weg eines Photons zu sprechen, wenn ein solcher nicht gemessen wird. Deswegen kommt im Normalfall Interferenz zustande, weil zwischen den zwei klassisch denkbaren Möglichkeiten des Wegs nicht entschieden wird. Es lässt sich einrichten, dass D_1 bei jedem Photon anspricht, D_2 nie.

(2) Stellt man aber ein Hindernis in einen Interferometer-Arm des Interferometers, z.B. den unteren, findet weder für D_1 noch für D_2 eine Interferenz von zwei Möglichkeiten statt: Beide Detektoren sprechen in jeweils 25% aller Fälle an. In den anderen 50% der Fälle blockiert das Hindernis die Photonen.

D_1 spricht an, wenn Licht am linken Strahlteiler nach oben gelenkt wird (in 50% aller Fälle) und dann (in 50% dieser Fälle) am rechten Strahlteiler geradeaus passiert, also in insgesamt 25% aller Fälle.

D_2 spricht an, wenn Licht am linken Strahlteiler ebenfalls nach oben gelenkt wird (in 50% aller Fälle) und dann (in 50% dieser Fälle) am rechten Strahlteiler noch einmal reflektiert wird, also in insgesamt 25% aller Fälle.

Die übrigen 50% aller einfallenden Photonen werden vom Hindernis absorbiert oder verlassen dort sonst wie das Interferometer.

Ersetzt man das Hindernis durch einen Detektor, dann kann man dies als Gewinnung einer WWI auffassen, auch dann, wenn der Detektor Photonen messen könnte ohne sie zu vernichten. Auch in diesem Fall würde die Interferenz verschwinden. Beide Detektoren D_1 und D_2 würden bei langer Versuchsdauer im Mittel gleich viele Photonen registrieren.

(3) Besonders drastisch wurde der Versuch von Elitzur und Vaidman (1993) vorgeschlagen: Das Hindernis soll eine Superbombe sein, die sich aber einer Entschärfung dadurch widersetzt, dass bereits ein einziges Photon genügt, um sie zur Explosion zu bringen. Es musste also etwas gefunden werden, mit dem man die Anwesenheit der Bombe erkennt, "ohne hin zuschauen". In einer wieder entmilitarisierten Version heißt dieser Versuch oft "Knaller-Test", weil die Superbombe durch einen einfachen Knaller ersetzt ist.

In 25 % der Fälle spricht der Detektor D_2 ("Bombendetektor") an und verrät so die Anwesenheit der Bombe **ohne dass sie hochgeht**. Allerdings, in 50 % der Fälle wird sie explodieren. Detektor D_1 spricht in weiteren 25 % der Fälle an, **obwohl** eine Bombe vorhanden ist. Sein Ansprechen besagt also in diesem Fall gar nichts. D_1 würde auch ansprechen, wenn kein Hindernis vorhanden ist („Interferenzdetektor")

(4) Von einem Weg des Photons zu sprechen hat in diesem Fall nur dann einen Sinn, wenn die Bombe hochgeht (dann weiß man, dass das Photon den unteren Weg gewählt hat) oder wenn trotz bekannter Anwesenheit der Bombe einer der Detektoren anspricht und die Bombe nicht hochgeht (dann weiß man, dass das Photon den hindernisfreien oberen Weg gewählt hat). Ist unbekannt, ob eine Bombe vorhanden ist, und D_1 spricht an, könnte das auch an der Interferenz bei fehlender Wegentscheidung liegen. Dann passt das Bild, dass das Photon einen bestimmten Weg gewählt hat, gar nicht.

(5) Wie Kwiat, Weinfurter und Zeilinger gezeigt haben, lässt sich die Anordnung so modifizieren, dass die Bombe praktisch nie hochgeht und trotzdem praktisch immer ohne "gesehen" zu werden entdeckt wird. Sie benutzten dazu den so genannten Quanten-Zeno-Effekt (siehe Internet).

(6) Die Tatsache, dass D_2 in 25% der Fälle anspricht, obwohl eine Bombe vorhanden ist, die nicht hochgeht, formulieren manche Physiker in ihrem Jargon so als "schaue das nachgewiesene Photon erst nach, ob der 'Bombenweg' offen oder gesperrt ist, bevor es den anderen Weg bis zu D_2 geht", den Detektor D_2 zum Ansprechen bringt und so die Existenz einer Bombe meldet. Das darf man nicht wörtlich auffassen! Ich würde es lieber nicht so formulieren.

> 1. Es handelt sich um eine raffinierte Anwendung zur Demonstration, dass es im Mach-Zehnder-Interferometer ebenso wie beim Doppelspalt-Versuch keinen Weg der Teilchen in ihm ohne eine Messung gibt. Das Hindernis stellt eine solche Messung dar, die die Interferenz verschwinden lässt (WWI und Interferenz komplementär).
>
> 2. Der Versuch erläutert auch die Tatsache, dass die Interferenz bereits dann verloren geht, wenn nur die Möglichkeit zu einer Wegmessung besteht, sie nur "angedroht wird", aber tatsächlich nicht durchgeführt wird (das Photon trifft mit einer beträchtlichen Wahrscheinlichkeit gar nicht die Superbombe, obwohl sie vorhanden ist).

[An MZI und Knaller-Test kann man all das zeigen, was wir mit dem Doppelspalt gezeigt haben: Licht ist keine Strahlung klassischer Teilchen, Photonen sind unteilbare Teilchen, es herrscht der objektive Zufall mit objektiven Wahrscheinlichkeiten (z.B. bzgl. der Aufteilung an den Strahlteilern), Un-be-stimmtheit und Komplementarität, Interferenz entsteht, wenn zwischen zwei oder mehr klassisch denkbaren Möglichkeiten nicht entschieden wird, …]

Im Internet (Stichworte: liste2, forphys) oder in den „Unterrichtsmaterialien" finden Sie viele weitere Versuche, die sich mit den „Grundfakten" erklären lassen. Mit einem MZI können Sie in der Simulation experimentieren: Programm INTEROMETER.EXE der Uni München.

Auch „**verzögerte Entscheidung**" (s. Kap. 2.4.1) und „**Quantenauslöscher**" lassen sich mit dem MZI studieren (Internet: Stichwort, forphys).

4.3* Mehrteilchen-Zustände: Jetzt wird endgültig klar, dass die Wellen der Quantenphysik keine Wellen im uns umgebenden Raum sind!

Will man zwei Teilchen in einem System beschreiben, z.B. zwei Elektronen in einem He-Atom, oder zwei Photonen, die gleichzeitig aus einer Zweiphotonen-Quelle austreten, dann genügt es im allgemeinen nicht, so zu tun, als seien dies zwei unabhängige Teilchen. Nicht einmal, wenn man eine Wechselwirkung zwischen ihnen berücksichtigt, z.B. wegen der Abstoßung der Elektronen durch Coulombkräfte, erhält man eine vernünftige Beschreibung. Man muss berücksichtigen, dass die beiden Teilchen **nicht unterscheidbar** sind.

Richtige Wahrscheinlichkeitsvorhersagen für das Eintreten von Messwerten erhält man in solchen Fällen erst dann, wenn man so genannte Zweiteilchen-Zustände betrachtet. Zeilinger spricht von einem **Teilchenzwilling** (den wir uns nicht als zwei einzelne Teilchen vorstellen dürfen). Die mathematische Beschreibung möglicher Messwerte kann durch Wellenfunktionen erfolgen. Diese sind dann **Wellenfunktionen in einem abstrakten 6-dimensionalen Raum!** Drei Koordinaten sind zuständig für den Ort, an dem man das Teilchen 1 misst, und 3 für den Ort, an dem das Teilchen 2 gemessen wird. Es ist klar, dass dieser 6-dimensionale Raum nicht der uns umgebende Anschauungsraum sein kann.

Solche Zustände - man nennt sie auch **verschränkte Zustände** - haben ganz merkwürdige Eigenschaften: Eine Messung der Teilchenzahl liefert immer den Wert 2; diese ist be-stimmt. So weit nichts Besonderes. Aber ohne eine Messung hat keines der beiden Teilchen irgendwelche individuellen Eigenschaften. Zusammen haben sie z.B. den be-stimmten Impuls 0 (Gesamtimpuls), die Einzelimpulse sind völlig un-be-stimmt. Erst, wenn man den Impuls eines der Teilchen misst, erhält dieser einen be-stimmten Wert, sagen wir **p**. Mit dem Gesamtimpuls 0 ist dann nur verträglich, dass dann automatisch auch das zweite Teilchen den be-stimmten Impuls **-p** haben muss, ganz gleich „wo es sich befindet“. Wir wissen aber mittlerweile: Es hat keinen Ort, da ja gerade der Impuls be-stimmt gemacht worden ist. Deswegen spricht man hier auch von „**Nichtlokalität**“.

Man hat viel spekuliert, wie es denn möglich sein sollte, dass von einer Messung hier im Labor eine vermeintliche instantane „Wirkung“ ausgehen sollte, die auch das zweite Teilchen, vielleicht „am Rand unseres Weltalls“, in den zugehörigen Zustand bringen könnte. Es wurde sogar ein darauf aufbauendes Paradoxon konstruiert, das **Paradoxon von Einstein, Podolski und Rosen (EPR-Paradoxon)**. Heute ist man überzeugt, dass es eine solche „Wirkung“ nicht gibt. Was sich mit der Messung an einem Teilchen ändert, ist die Kenntnis über das Teilchen. Durch die Messung wurde der Zweiteilchen-Zustand mit un-be-stimmten Eigenschaften für die zwei Teilchen aufgebrochen in Einzelzustände mit einigen (zufällig eintretenden) be-stimmten Eigenschaften eines der Einzelteilchen. Die Eigenschaften des zweiten Teilchens müssen dann bekannt sein. Sie müssen ebenso be-stimmt sein und zu denen des ersten so passen, dass die be-stimmten Eigenschaften des Gesamtzustands erhalten bleiben. Und von einem Ort „am Rande des Weltalls“ zu sprechen, hat auch nicht viel Sinn, da das Teilchen ja ohne eine Orts-Messung keinen Ort hat.

Entsprechendes gilt für Mehrteilchen-Zustände mit mehr als 2 Teilchen.

Die merkwürdigen Eigenschaften von Mehrteilchen-Zuständen sind in den letzten Jahren vielfach experimentell bestätigt worden. Es ist gesichert, dass sie durch Wellenfunktionen in abstrakten viel-dimensionalen Räumen beschrieben werden, die mit unserem Anschauungsraum nichts zu tun haben. Man muss dann schließen, dass auch analog die Wellenfunktionen, die das Eintreten von möglichen Messergebnisse an einem *einzelnen* Teilchen beschreiben, ebenso in einem abstrakten Raum operieren, der allerdings wie unser Anschauungsraum 3-dimensional ist. Dafür gibt es noch weitere Argumente.

> Die Wellen(funktionen) der Quantenphysik sind keine Wellen im uns umgebenden Anschauungsraum, sondern in einem abstrakteren Raum mit i.A. hoher Dimension. Entsprechend der **Born'schen Wahrscheinlichkeitsdeutung** taugen sie nur zur Vorhersage von Wahrscheinlichkeiten für das Eintreten von Messwerten.

Solche verschränkten Zustände könnten eine wichtige Rolle spielen bei zukünftigen Quantencomputern und in der abhörsicheren Nachrichtenübertragung (Kryptografie). Quanten-Teleportation ist hier auch ein Schlagwort.

Hinweise:

1. Es ist nicht notwendig, solche Wahrscheinlichkeiten mit Wellenfunktionen zu berechnen. Dazu gibt es auch andere Verfahren. Eine bestimmte Formulierung der Quantentheorie kommt ganz ohne Wellen aus. Selbstverständlich ist sie ebenso wie die korrekte Beschreibung durch Wellenfunktionen in Einklang mit den „Grundfakten der Quantenphysik“.

2. Bei idealen elektromagnetischen Wellen kann man nach Glauber (1963) verstehen, wie man von den Wellen der Quantenphysik in abstrakten vieldimensionalen Räumen (also vereinfacht: den Wellenfunktionen) zu den bekannten **klassischen Wellen** in unserem dreidimensionalen Anschauungsraum kommt. Das haben Sie in Kap. 2.4.2 kennen gelernt. Welleninterferenz im Anschauungsraum passt hier zu Einteilchen-Interferenz in den abstrakten Räumen der Quantenphysik. Das war auch einer der Gründe, weshalb man Wellen im Anschauungsraum vor den Wellen(funktionen) entdecken konnte, also **Welleninterferenz vor Einteilchen-Interferenz**.

3. Manchmal liest man: „Quantenobjekte zeigen bei der Wechselwirkung mit Materie Teilcheneigenschaften, bei der Ausbreitung Welleneigenschaften“. In welchem Raum sollte „sich wohl ein Teilchenzwilling ausbreiten“? Wo sollte er wohl „Welleneigenschaften zeigen“? Diskutieren Sie!

<table>
<tr><td>

Kapitel 4
Zusammen-
fassung

</td><td>

Was wissen
wir jetzt über
Quanten-
physik?

</td></tr>
</table>

☺ „Grundfakten der Quantenphysik" Kap. 4.1 oder Anhang C

☺ Aus den Untersuchungen zum Messprozess mit Polarisatoren ergab sich: Jede klassisch denkbare Größe wird durch eine Messung be-stimmt. Ohne Messung ist sie i.A. un-be-stimmt. Messungen in der gleichen Situation liefern dann streuende Messwerte. Es gibt komplementäre Messgrößen/Eigenschaften, die nicht zugleich gelten.

☺ Wenn von einem Paar komplementärer Eigenschaften eine gemessen wurde, wenn diese also be-stimmt ist, wird das Messergebnis durch eine nachfolgende Messung der zweiten Eigenschaft ungültig.

☺ **Diskrete Energie-Eigenwerte** lassen sich klassisch nicht erklären. Sie entstehen dann, wenn der Raumbereich für ein Teilchen eingeschränkt wird.
Am nächsten kommen ihnen Eigenfrequenzen von schwingungsfähigen Systemen wie gekoppelten Massen, Luftsäulen, Platten etc., die ebenfalls wesentlich durch die Randbedingungen festgelegt sind.

☺ Die **Heisenberg'sche Un-be-stimmtheitsrelation** (HUR) ist eine Folge der Komplementarität zweier nicht gleichzeitig messbarer physikalischer Größen. Die bekannteste HUR bezieht sich auf gleichartige Komponenten von Ort und Impuls bzw. Geschwindigkeit.

Sie besagt, dass sich das Produkt der Streuungen/Un-be-stimmtheiten für den gleichen Zustand, hier also $\Delta x \cdot \Delta p_x$, und allgemein $\Delta A \cdot \Delta B$, der beiden komplementären Größen A und B nicht unter eine bestimmte Schwelle herunter drücken lassen. Im ersten Fall gilt: $\Delta x \cdot \Delta p_x \geq h/4\pi$

Auch für andere komplementäre Messgrößen gibt es ähnliche Relationen.

Die HUR dient zu Abschätzungen von Streubereichen, macht aber auch augenfällig, welche Größen nicht gleichzeitig als Eigenschaften eines Systems existieren können, z.B. auch nicht Gesamtenergie und kinetische oder Gesamtenergie und potenzielle Energie oder kinetische und potenzielle Energie und eben Ort und Geschwindigkeit.

☺ Eine weitere wichtige HUR ist die **Energie-Zeit-HUR**: Sie ergibt sich nicht direkt aus der Komplementarität. Ein typisches Anwendungsbeispiel ist der Zusammenhang zwischen der Linienbreite von Spektrallinien und der Dauer des Emissionsvorgangs.

☺ Das vermeintlich Erstaunliche beim **Tunneleffekt** beruht auf falsch angewandter klassischer Argumentation. Die Potenzialfunktion entspricht i.A. nicht der potenziellen Energie; aus ihr kann also auch keine negative kinetische Energie gefolgert werden. Kein Argument im Zusammenhang mit einer Potenzialbarriere verbietet den Nachweis eines Teilchens in irgendeinem Raumbereich. Tatsächlich zeigt die HUR aufgrund der Ortsmessung durch die Potenzialbarriere (durch die Lokalisierung in ihr) eine beträchtliche Un-be-stimmtheit der kinetischen Energie an. Nichts weist auf ein negatives Vorzeichen von dieser oder auf eine verbotene Zone hin.

☺ Das **Mach-Zehnder-Interferometer** (MZI) zeigt alles Wesentliche über Quantenobjekte wie auch schon der Doppelspalt. Ohne eine Ortsmessung gibt es keinen Weg von Photonen durch das MZI, hat es keinen physikalischen Sinn, von einem solchen zu sprechen. Ein solcher ist dann un-be-stimmt. Es kommt zur Interferenz. Jedes Teilchen bringt den einen der Zähler, D_1, zum Ansprechen. Der andere spricht nie an. Wird dagegen eine Ortsmessung durchgeführt, also Welcher-Weg-Information (WWI) gewonnen, verschwindet die Interferenz. Beide Zähler sprechen dann im Mittel gleich oft an. Andernfalls handelt es sich um Einteilchen-Interferenz, weil zwischen zwei klassisch denkbaren Möglichkeiten (Weg A – Weg B für ein Teilchen) nicht entschieden wird.

☺ **Welcher-Weg-Information und Interferenz** schließen sich aus, sind komplementär.

☺ Den einen Detektor (hier D1) beim **MZI** würden in klassischer Sprechweise Photonen erreichen, die gleiches Schicksal erlitten haben („symmetrischer Fall"): Jeweils eine Reflexion am Spiegel und eine am halbdurchlässigen Spiegel. Im Wellenbild entsteht also keine Phasenverschiebung: konstruktive Interferenz. D1 zählt jedes Photon. Aus Energieerhaltungsgründen registriert dann der andere Detektor nie ein Photon.

☺ Der **Knaller-Versuch** ist eine besonders drastische Variante des MZI, bei dem durch ein Hindernis in einem Arm des Interferometers, dem Knaller oder der Superbombe, eine Ortsentscheidung vorgenommen wird. Dann verschwindet die Interferenz. Im Mittel in 25% der Fälle spricht jetzt auch der zweite Detektor an und signalisiert so die Anwesenheit des Knallers ohne dass dieser explodiert. In 50% der Fälle explodiert er. Mit den „Grundfakten der Quantenphysik" sollten Sie das als natürlich empfinden. Mit Varianten des Versuchs gelingt es so gut wie immer, den Knaller nachzuweisen, ohne dass er hochgeht (Quanten-Zeno-Effekt).

☺ An **verschränkten Zuständen** (Zweiteilchen-Zuständen oder Teilchenzwillingen bzw. Mehrteilchen-Zuständen) wird klar, dass die Wellen der Quantenphysik (Wellenfunktionen) nicht im uns umgebenden Anschauungsraum, sondern in abstrakteren Räumen operieren. Diese haben i.A. mehr als 3 Dimensionen. Es ist klar, dass wir uns diese nicht vorstellen können.

☺ U.a. im Zusammenhang mit dem **EPR-Paradoxon** spricht man oft von „**Nichtlokalität**" eines Quantenobjekts, weil dieses ohne eine Ortsmessung keinen Ort hat. Allgemeiner: Die zwei Teilchen eines Teilchenzwillings haben ohne eine Messung keine individuellen Eigenschaften.

<table>
<tr><td align="center"><h2>Kapitel 4
Checkliste</h2></td><td align="center"><h2>Das sollten Sie
jetzt können:</h2></td></tr>
</table>

❑ die Grundfakten der Quantenphysik nach Anhang C sinngemäß nennen

❑ die Un-be-stimmtheit der Polarisation von Photonen erläutern, die eine Photonenquelle verlassen

❑ durch ein Experiment begründen, dass ein Quantenteilchen eine Eigenschaft, die in einer Messung bestimmt wurde, auch wirklich besitzt.

❑ begründen, dass Messungen auch in der Quantenphysik reproduzierbar sind, wenn sich das System zwischen den zwei aufeinander folgenden Messungen nicht verändert.

❑ bei Verwendung von Polarisator PO und Analysator AN die Un-be-stimmtheit der Polarisation bzgl. AN erläutern, obwohl die Polarisation bzgl. PO bestimmt war.

❑ die Komplementarität der Polarisationen bzgl. PO und AN am Versuchsergebnis erläutern

❑ durch ein Versuchsergebnis zeigen, dass nach einer Messung (z.B. AN) frühere Versuchsergebnisse komplementärer Messgrößen (z.B. PO) nicht mehr gültig sind, auch, wenn sie vorher be-stimmt waren.

❑ sich bewusst sein: Wenn von einem Paar komplementärer Eigenschaften eine gemessen wurde, wenn diese also be-stimmt ist, wird das Messergebnis durch eine nachfolgende Messung der zweiten Eigenschaft ungültig.

❑ zusätzlich zum Doppelspalt ein Experiment beschreiben, mit dem nachgewiesen wird, dass Licht keine Strahlung klassischer Teilchen ist

❑ am MZI erläutern, weshalb es ohne eine Messung keinen Weg der Photonen durch das MZI gibt, weshalb es physikalisch sinnlos ist, von einem solchen Weg zu sprechen.

❑ für das MZI erläutern, weshalb einer der Detektoren jedes Photon zählt („symmetrischer Fall"). Mit der Energieerhaltung dann begründen, weshalb der andere Detektor nie ein Photon registriert.

❑ am MZI erläutern, weshalb Welcher-Weg-Information und Interferenz komplementär zueinander sind.

❑ am Knaller-Test erläutern, inwiefern die Anwesenheit des Knallers eine Ortsmessung darstellt, die komplementär ist zur Interferenz.

❑ Einteilchen-Interferenz deuten als „Interferenz von klassisch denkbaren Möglichkeiten, zwischen denen nicht entschieden wird"

❑ Streuungen von Messwerten in der gleichen Situation (in jeweils gleich präparierten Zuständen) deuten als Folge der Un-be-stimmtheit der betreffenden Messgröße, ganz entsprechend für den dabei herrschenden objektiven Zufall. Zur Erinnerung: Wenn eine Eigenschaft eines Quantenobjekts in einem bestimmten Zustand un-be-stimmt ist, dann hat das Quantenobjekt jetzt diese Eigenschaft nicht.

❑ die HUR interpretieren als Aussage, in welchem Maß Messergebnisse komplementärer Messgrößen un-be-stimmt sind, also bei Messungen streuen.

❑ die HUR als Indiz dafür nehmen, welche Eigenschaften komplementär, also nicht zugleich gelten

❑ die HUR für Ort- und Impulskomponente nennen

❑ Un-be-stimmtheiten in der HUR klar unterscheiden von Schwankungsbereichen, z.B. im Bohr'schen Modell des H-Atoms

❑ die HUR für Ort- und Impulskomponente zu Abschätzungen nutzen, z.B. an Einfach- und Doppelspalt, beim Tunneleffekt, im Wasserstoffatom

❑ die HUR für Zeit und Energie nennen und zu Abschätzungen nutzen, z.B. für die Breite von Spektrallinien bei der Emission von Licht

❑ das Verwunderliche des Tunneleffekt deuten als unzulässige klassische Argumentation

❑ Anwendungsbeispiele des Tunneleffekts nennen

❑ diskrete Energien in quantenphysikalischen Systemen deuten als Folge eines eingeschränkten Raumbereichs

❑ analoge Situationen zu diskreten Energien in klassischen Systemen beschreiben und Gemeinsamkeiten und Unterschiede zu quantenphysikalischen Systemen nennen

❑ an **verschränkten Zuständen** (Zwei- oder Mehrteilchen-Zuständen; Teilchenzwillingen) sich vertraut machen, dass die Wellen der Quantenphysik nicht im uns umgebenden Anschauungsraum, sondern in abstrakteren Räumen operieren.

❑ wissen, dass ein Zweiteilchen-Zustand (Elektronenzwilling, Photonenzwilling) nicht aus zwei individuellen Teilchen besteht. Solche entstehen, dann mit individuellen Eigenschaften, erst bei einer Messung.

❑ eine vage Vorstellung vom EPR-Paradoxon haben.

Anhänge

A* Grundstruktur der Quantentheorie nach der Schrödinger-Gleichung

Allgemeine Vorgehensweise

In der Schrödinger'schen Formulierung stellt sich die Quantenmechanik als eine rein nichtrelativistische Teilchentheorie dar, die die möglichen

- Messergebnisse und

- Wahrscheinlichkeiten

für be-stimmte Teilchenzahlen beschreibt, also 1 Teilchen oder 2, oder 3 Teilchen etc.

Welche Messergebnisse und Wahrscheinlichkeiten sich ergeben, hängt ab

- von der Versuchsanordnung, aber auch

- davon, in welchem „Zustand" sich das System, also z.B. das Teilchen, befindet. Darauf kann der Experimentator im Prinzip Einfluss nehmen, er kann be-stimmte Zustände „präparieren".

Beide zusammen bestimmen in einem abstrakten, mathematischen Raum ein Wellenfeld, das durch eine nicht direkt messbare und komplexwertige Wellenfunktion ψ beschrieben wird. Wir beschränken uns hier darauf, die Quantenphysik für 1-Teilchen-Zustände zu beschreiben, und diese auch noch im 1-dimensionalen Raum.

Wie auch immer wir zu Wellenfunktionen ψ kommen, sie müssen der statistischen Deutung nach Born genügen, d.h. sie müssen so sein, dass die Wahrscheinlichkeit, das Teilchen in einem bestimmten Raumelement zu finden ≤ 1 ist.

Ausgangspunkt ist eine bestimmte partielle Differentialgleichung von 1926, die **Schrödinger-Gleichung für die Wellenfunktion $\psi(x,t)$**. ψ hängt vom Ort x und der Zeit t ab. Wie man auf die SG kommt, ist heute recht uninteressant. Ihre Rechtfertigung erhält sie wieder einmal - typisch für die Physik - durch die Tatsache, dass sie - in ihrem Gültigkeitsbereich - immer experimentell überprüfbare Ergebnisse liefert und in sich stimmig ist. Sie hat eine recht einfache Struktur:

(*)
$$i \cdot \hbar \cdot \psi^{\bullet} = H \cdot \psi$$

$\psi^{\bullet}$ ist die Ableitung der Wellenfunktion $\psi(x,t)$ nach der Zeit; deshalb der hochgestellte Punkt. $\hbar = h/2\pi$ („h quer") ist eine Abkürzung mit dem Planckschen Wirkungsquant h, i die imaginäre Einheit. H ist der quantenmechanische Ersatz für die Gesamt-Energie des Teilchens. Man sagt, H ist der „**Operator der Gesamtenergie**". Damit meint man, dass er kein fester Wert ist, sondern eine neuartige physikalische Größe, die Informationen über alle möglichen Energiewerte enthält (und noch Einiges mehr). H ist wie üblich aus kinetischer und potenzieller Energie zu-

sammengesetzt. Das sind aber wieder die Operatoren für die Energien, womit berücksichtigt wird, dass beide (ebenso wie Ort und Geschwindigkeit) gleichzeitig keinen be-stimmten Wert haben können. Man sagt, „der Operator H wirkt auf die Wellenfunktion $\psi(x,t)$ "; er wird deshalb immer links von ψ geschrieben.

Es gibt dann ein bestimmtes Übersetzungsschema, mit dem man in allen Fällen von makroskopisch definierten Größen zu Operatoren kommt. Damit erhält man:

(**)
$$H \cdot \psi = - \hbar^2/2m \cdot \psi'' + V(x) \cdot \psi$$

Der Term mit der 2. Ableitung nach der Ortskoordinate x enthält dabei nach dem Übersetzungsschema den Operator der kinetischen Energie und V(x) ist der Operator der potenziellen Energie, der uns hier nicht weiter interessieren soll. Damit man ihn nicht mit der potenziellen Energie des Teilchens verwechselt, wird er hier „Potenzialfunktion V(x)" (entsprechend $W_{pot}(x)$ in Abb. 69) genannt. Weil in der Schrödinger-Gleichung (*) die Ableitungen nach t (1. Ableitung) und nach x (2. Ableitung, in (**)) vorkommen, nennt man (*) eine partielle Differentialgleichung.

Unter den vielen möglichen Lösungen der SG werden nun die **physikalischen Lösungen** gesucht. Das sind diejenigen, bei denen sich in jedem endlichen Raumelement eine Wahrscheinlichkeit ≤ 1 für den Nachweis ergibt. Andere „Wahrscheinlichkeiten" hätten keinen Sinn. Solche Lösungen wären nicht im Einklang mit der statistischen Deutung nach Born.

Unter den physikalischen Lösungen sucht man sich meistens diejenigen heraus, für die die Gesamtenergie einen be-stimmten, „scharfen" Wert, E, besitzt. Solche Zustände heißen **stationäre Zustände**. Der Name hat etwas damit zu tun, dass man in solchen Zuständen bei einer Energiemessung immer den gleichen Wert, E, erhält. Ein Ansatz mit diesem be-stimmten Wert E der Gesamtenergie führt dann auf die so genannte **zeitunabhängige Schrödinger-Gleichung**:

$$H \cdot \psi(x) = E \cdot \psi(x)$$

$\psi(x)$ hängt jetzt nicht mehr von der Zeit t ab; vom ursprünglichen ψ wurde nämlich ein komplexwertiger Faktor abgespalten, der t enthält. Damit wird ein Messvorgang beschrieben: Wenn H in einem solchen stationären Zustand „auf ψ wirkt" (linke Seite der Gleichung), entspricht das einer Energiemessung. Das Ergebnis ist der Energieeigenwert E, und ψ wird dadurch nicht verändert (rechte Seite). Für sie sucht man Lösungen ψ, die

- zu endlichen Wahrscheinlichkeiten führen, also **physikalische Lösungen** sind, und

- die den vorliegenden „**Randbedingungen**" für $\psi(x)$ an den Rändern des Bereichs genügen, in dem ψ gesucht wird.

$$- \hbar^2/2m \cdot \psi'' + V(x) \cdot \psi = H \cdot \psi$$

Ihre Lösungen sind häufig reelle Zahlen. In einigen Fällen sind auch sie noch komplexwertig wie die Lösung der zeitabhängigen Schrödingergleichung.

In einfachen Fällen können Sie mit Ihren Kenntnissen Näherungslösungen für $\psi(x)$ z.B. mit Hilfe eines Tabellenkalkulationsprogramms bzw. eines spezialisierten Programms (wie **SCHROEDINGERS SCHLANGE**, s. Internet) bestimmen.

Viele Probleme der Quantenphysik können mit der Schrödinger-Gleichung gelöst werden, aber auch mit ganz anderen Verfahren.

Die Randbedingungen sind durch die Versuchsanordnung festgelegt.

Für rechnerische Zwecke ist es manchmal günstig, den Anteil der kinetischen Energie, also den mit der 2. Ableitung, zu isolieren:

$$\hbar^2/2m\ \psi'' = [\ V(x) - E\ ]\ \psi$$

Dann liegt eine Differentialgleichung vor, die mit numerischen Methoden relativ leicht lösbar ist, wie das z.B. das Programm „**SCHROEDINGERS SCHLANGE**" macht, oder wie Sie es mit einer Tabellenkalkulation machen könnten. (In bereitgestellten Unterrichtsmaterialien könnten Sie erfahren, wie Sie vorzugehen hätten.)

Es stellt sich dann heraus, dass sich eine Reihe von Lösungen ergibt, jede jeweils zu einem bestimmten Energiewert E. Man nennt diese Werte E **Energie-Eigenwerte** E_n, die man häufig mit der Nummer n durchnummeriert.

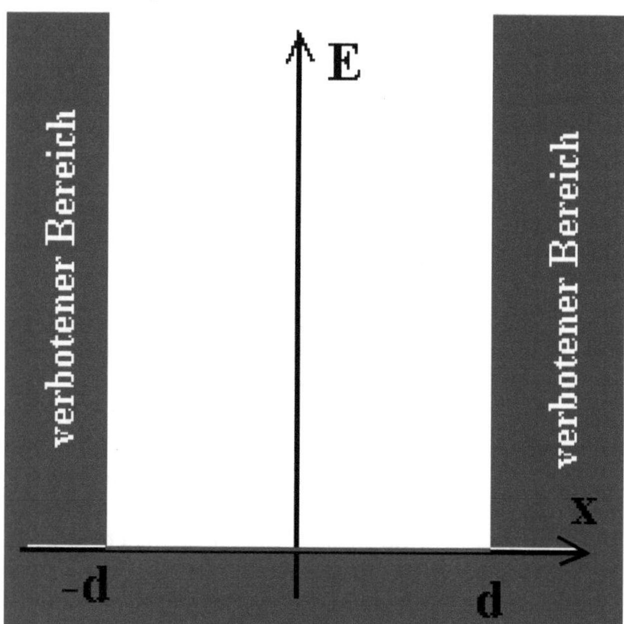

Abb. 83: Potenzialtopfmodell des eindimensionalen (linearen) Potenzialkastens. Das Elektron kann sich nur im weißen Bereich „aufhalten".

Es lässt sich nachweisen, dass man **jede beliebige physikalische Lösung**, die mit der Versuchsanordnung bzw. den Randbedingungen in Einklang ist, durch Überlagerung aus stationären Lösungen erhalten kann. Durch die Beschränkung auf die stationären Lösungen ist also keine andere physikalische Lösung verloren gegangen.

Führt man in einem Zustand, der zu einer **stationären** Lösung der zeitunabhängigen Schrödinger-Gleichung gehört, Energiemessungen durch, so erhält man immer denselben be-stimmten Wert E_n.

Führt man in Zuständen, die zu **beliebigen** Lösungen der zeitabhängigen Schrödinger-Gleichung für das vorliegende Problem, die vorliegende Versuchsanordnung bzw. die vorliegenden Randbedingungen gehören, Energiemessungen durch, dann erhält man streuende Messwerte, aber immer einen Energiewert E_n aus den möglichen Energiewerten der stationären Lösungen, niemals einen anderen! Grund ist eben, dass sich für solche Zustände die Lösung durch eine Summe von Lösungen für be-stimmte Energiewerte E_n (durchnummeriert mit der Nummer n) erhalten lässt.

Das Energiespektrum für eine bestimmte Versuchsanordnung ist vollständig durch die stationären Lösungen der zeitunabhängigen Schrödinger-Gleichung für dieselbe Versuchsanordnung festgelegt.

Aber in aufeinander folgenden Messungen kann man i.A. durchaus unterschiedliche Werte E_n erhalten. Wenn die zeitunabhängige Schrödinger-Gleichung für die vorliegende Versuchsanordnung diskrete Energiestufen liefert, dann wird auch jede Messung an beliebigen Lösungen für die vorliegende Versuchsanordnung ausschließlich einen dieser diskreten Energiestufen liefern: Für eine solche Versuchsanordnung liegt ein „**diskretes Energiespektrum**" vor. Damit hängt die Beobachtung zusammen, dass man z.B. bei Atomen unterhalb einer Grenzenergie ausschließlich diskrete Energiestufen findet.

In manchen Fällen ist das Verfahren sehr einfach, auch mit Ihren Mitteln, nachvollziehbar:

Das Elektron im linearen Potenzialkasten:

1. **Entscheidung:** Es sollen nur **stationäre Zustände** mit scharfer Energie E untersucht werden, nicht etwa Zustände für ein hin und her laufendes Teilchen. Dann reicht die zeitunabhängige Schrödinger-Gleichung für Teilchen der festen Energie E aus.

2. Die zeitunabhängige SG: $H\,\psi = E\,\psi$ ist hier sehr einfach, weil das Potenzial V im Energieoperator H entweder 0 ist oder unendlich. Dort spielt es aber ohnehin keine Rolle, weil dort ψ verschwindet. Es verbleibt die Form der SG:

$$\hbar^2/2m\ \psi'' = -\,E\ \psi \qquad \hbar \text{ ist hier } h/2\pi\ (\,\text{„h quer"}\,)$$

   (mit der 2. Ableitung nach dem Ort x). Sie entspricht gerade die Schwingungsgleichung für eine harmonische Schwingung mit sin und cos als bekannten **Lösungen**. Eine Auswahl unter den möglichen Lösungen wird getroffen durch die Randbedingungen.

3. **Randbedingungen:** Im dunklen Bereich (von Abb. 83) und an seinem Rand muss die Wellenfunktion 0 sein, weil dort das Elektron niemals nachgewiesen wird. Die richtigen Sinusse oder Cosinusse lassen sich jetzt leicht zeichnerisch auswählen, indem Sie geeignete Sinusse

oder Cosinusse in die Topfbreite einpassen: Durch Einsetzen in die SG von der Form (*) ließe sich leicht

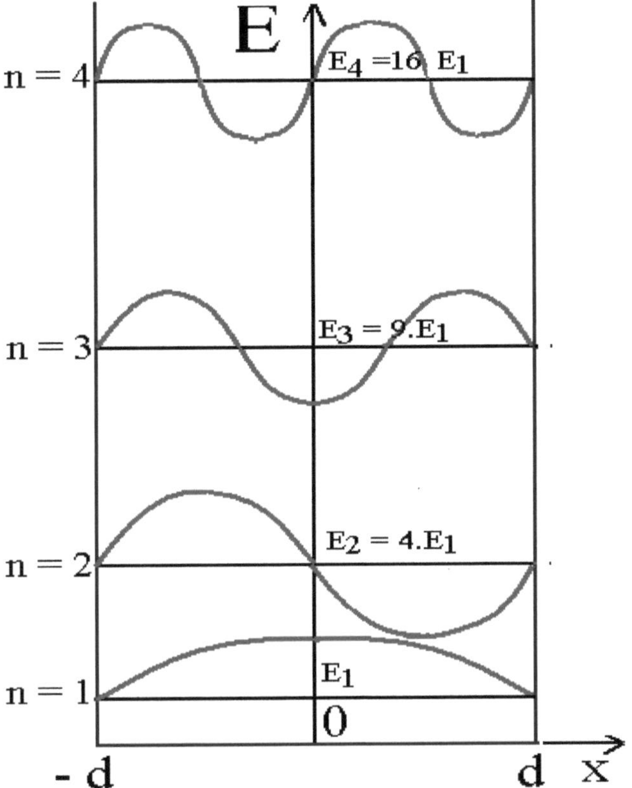

Abb. 84: *Wellenfunktionen, eingepasst in den eindimensionalen unendlich hohen Potenzialtopf (schematisch). Nur solche Lösungen der SG (und ähnliche mit höherer Energie) erfüllen die Randbedingungen und sind normierbar. Das ist eine ganz eigenartige Darstellung. Die vertikale Achse hat hier zwei verschiedene Bedeutungen: Sie ist erstens zuständig für die Potenzialfunktion $W_{pot}(x)$ oder Gesamtenergie E; zweitens für den ortabhängigen Teil der Wellenfunktion (grau). Dabei wird aber jeweils die x-Achse auf den Wert der Gesamtenergie E_1, E_2, ... verschoben, der für den betreffenden stationären Zustand erlaubt ist. Sie müssen sich also viele nach oben verschobene x-Achsen vorstellen.*

nachprüfen, dass die ausgewählten Lösungen wirklich die SG lösen. Ausnahmsweise sind für dieses Beispiel die Lösungen ψ alle reelle Zahlen. U.a. weil dies im Allgemeinen nicht so ist, mussten wir schließen, dass es sich bei den Wellenfunktionen nicht um anschauliche Wellen im Anschauungsraum handelt.

4. Unter den gewonnenen Lösungen sind die **physikalischen Lösungen** auszuwählen. Das sind diejenigen, deren Vorfaktor so ist, dass die Wahrscheinlichkeit, ein Elektron überhaupt irgendwo im Kasten zu finden, 1 ist. Wenn P(x) = $|ψ(x)|^2$·dx die Wahrscheinlichkeit ist, ein Teilchen in einem Intervall der Breite dx um den Ort x herum zu finden, dann müsste man über alle solche Intervalle summieren und 1 erhalten. Solche Lösungen heißen „normierbar". Sie könnten diese Rechnung mit Hilfe der Integralrechnung ohne Weiteres durchführen. Es reicht aber, wenn Sie das Prinzip der Vorgehensweise verstanden haben.

5. Der Faktor $|ψ(x)|^2$ von der Wahrscheinlichkeit $|ψ(x)|^2$·dx heißt übrigens **Wahrscheinlichkeitsdichte.**

6. Damit haben Sie die SG für diesen Fall vollständig ge-

löst. Die einzigen physikalischen Lösungen ergaben sich für bestimmte Energiewerte E_n, nämlich:

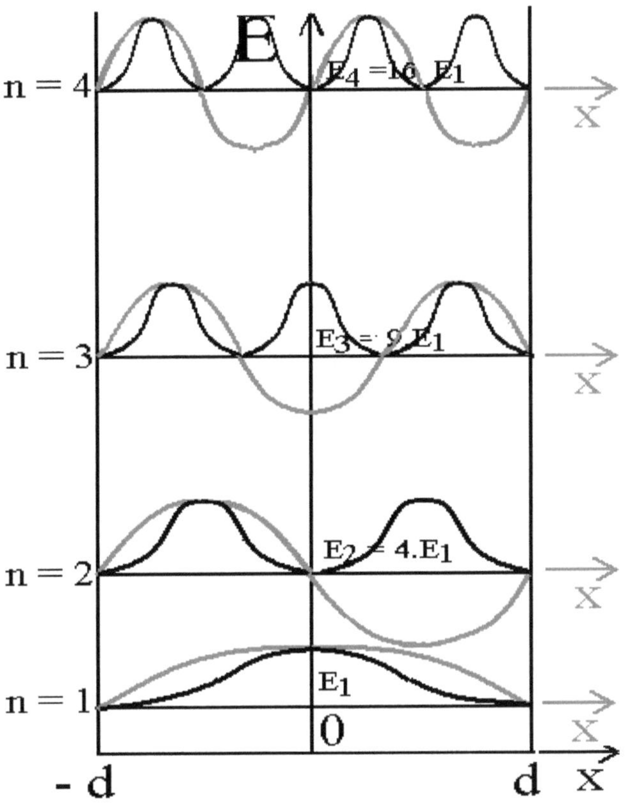

Abb. 85: *Wahrscheinlichkeitsdichte $|ψ(x)|^2$ für die Wellenfunktionen von Abb. 84 (schematisch). Es sind Knoten und Bäuche erkennbar. Am häufigsten wird das eine Elektron in den Bäuchen nachgewiesen, nie in den Knoten. Ganz entsprechend zu Abb. 84 ist die Wahrscheinlichkeitsdichte aufgetragen für den Nachweis des Teilchens am Ort x (dunkelgrau) mit jeweils verschobenen x-Achsen.*

$$E_n = h^2 /(32md^2) \cdot n^2 \qquad n = 1, 2, 3, ...$$

Diskussion:

1. Die einzig möglichen Energien E_n wachsen quadratisch mit n.

2. Es gibt einen Grundzustand mit der Energie

$$E_1 = h^2 /(32md^2) .$$

Das Elektron kann keine tiefere Energie einnehmen. Man nennt diese Energie **Nullpunktsenergie**, weil man Elektronen selbst am absoluten Temperatur-Nullpunkt, wo klassische Teilchen in einem Gas ihre kinetische Energie verlieren, nicht 'einfrieren' kann.

3. Allgemein gilt für die Energie E_n:

$$E_n = E_1 \cdot n^2 \qquad n = 1, 2, 3, ...$$

4. Das Elektron in einem stationären Zustand des Potenzialkastens kann keine Energie abgeben, wenn es in dem stationären Zustand verbleibt. Wir wissen ja: das ist **kein** Zustand, der einem hin- und her laufenden Teilchen entspricht; das Teilchen wird in ihm nicht beschleunigt, und sendet damit keine elektromagnetische Welle wie ein Dipol ab.

5. Das Elektron kann Energie abgeben, wenn es vorher

in einen höheren (so genannten „angeregten") Zustand gebracht wurde und wenn es sich dann wieder in einen tieferen Zustand begibt. Die Differenz-Energie wird dann z.B. in Form von **einem** Photon abgegeben.

[Nicht alle energetisch möglichen Übergänge sind auch „erlaubt": Das wird durch **„Auswahlregeln"** bestimmt, die darauf beruhen, wie die Wellenfunktionen von Ausgangs- und Endzustand „zusammenpassen".]

6. Der Potenzialkasten stellt eine unscharfe Ortsmessung dar mit $\Delta x = 2 \cdot d$. Zu diesem gehört dann eine Impulsunschärfe Δp. Im Grundzustand ist der Betrag des Impulses $p_1 = h/\lambda = h/4 \cdot d$. Klassisch kann man so argumentieren: Der Impuls ist unbestimmt innerhalb der 2 extremen klassisch denkbaren Möglichkeiten - p_1 und p_1. Daraus folgt eine Impulsunschärfe $\Delta p = 2\,p_1 = h/2d$ und für die HUR:

$$\Delta x \cdot \Delta p = \ h$$

Wie bei den früheren Fällen kann man die Ortsunschärfe Δx für sich beliebig klein machen, d.h. das Teilchen im Potenzialkasten beliebig stark einengen. Dann muss aber auch die Impulsunschärfe gemäß der HUR steigen, damit auch p_1, damit auch die Grundzustandsenergie

$$E_1 = p_1{}^2/2m = \ h^2 /(32md^2) \ .$$

Man spricht auch von „Lokalisierungsenergie", weil mit zunehmender Lokalisierung (Einengung) die Grundzustandsenergie steigt.

> **Man kann nicht beides zugleich haben: ein genau lokalisiertes Elektron und eine geringe Energie.**

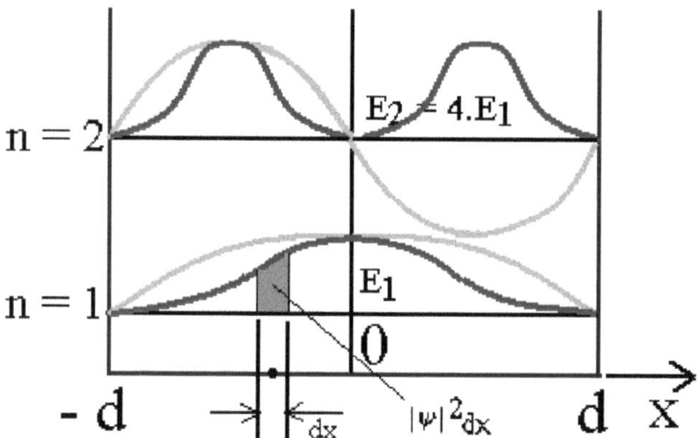

Abb. 86: Ausschnitt aus Abb. 85; definiert die Wahrscheinlichkeit (grau), ein Teilchen im Intervall dx um den Punkt x herum zu finden.

7. Es bilden sich **stehende Wellen** für die Wellenfunktion aus. Es gibt **Knoten und Bäuche**. Die Wahrscheinlichkeit P(x), ein Elektron an einem Ort x im Potenzialkasten zu finden, hängt von $|\psi|^2$ ab, aber auch von der Intervallbreite um diesen Ort herum: $P(x) = |\psi|^2 \cdot dx$. Die Wahrscheinlichkeit, ein Teilchen genau am Ort x zu finden, ist stets 0; es ist ja schließlich beliebig unwahrscheinlich, **genau dort** das Teilchen zu finden . Wenn Sie jeweils gleiche Intervallbreite dx wählen,

hat die Wahrscheinlichkeit P(x) Maxima an den Stellen der Bäuche, und Minima an den Stellen der Knoten. An den Knoten werden Sie also so gut wie nie das eine Teilchen finden. Die Nachweiswahrscheinlichkeit P(x) ist in der Abb. 85 dargestellt.

Zu den stehenden Wellen kam es, weil sich wieder einmal zwei klassisch denkbare Möglichkeiten überlagerten, die Möglichkeit A, dass sich das eine Elektron nach rechts bewegt oder die Möglichkeit B, dass sich dieses eine Elektron nach links bewegt. Weil zwischen beiden Möglichkeiten nicht entschieden wurde, überlagerten sich beide Möglichkeiten und ergaben die stehende Welle mit Knoten und Bäuchen, die Minima und Maxima in einer Interferenzfigur entsprechen.

8. Es gibt auch Zustände, die einem hin und her laufenden Teilchen entsprechen. Zu ihnen gehört keine scharfe Energie E: In aufeinander folgenden Energiemessungen wird man in der Regel jeweils einen anderen Energiewert aus dem Spektrum der möglichen Werte E_n erhalten (Abb. 87).

Obwohl ein solcher Zustand anfangs wie ein klassisches Teilchen lokalisiert sein kann, wird er schnell „auseinanderlaufen": keine Ähnlichkeit mit einem klassischen Teilchen!

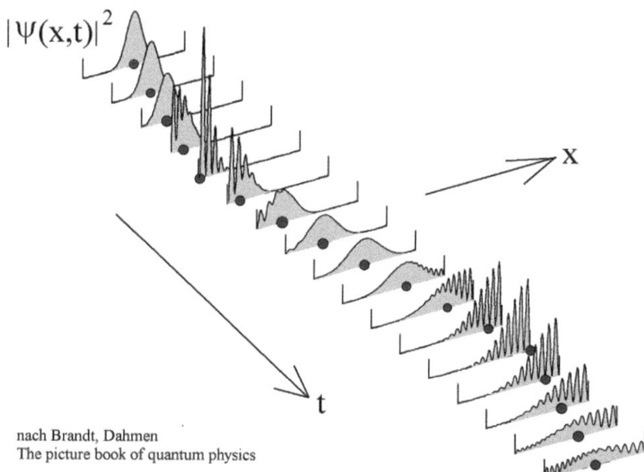

Abb. 87: Wahrscheinlichkeitsdichte $|\psi(x,t)|^2$ einer Lösung der zeitabhängigen Schrödinger-Gleichung für ein hin und her laufendes Teilchen im linearen Potenzialkasten mit unendlichen Wänden. Man erkennt wie das Maximum der Wahrscheinlichkeitsdichte (dicker Punkt) hin und her wandert, aber auch wie die Verteilung immer weiter auseinander läuft. In einem solchen Zustand hat das Elektron keine bestimmte Energie. Darstellung nach Brandt, Dahmen, The picture book of quantum mechanics

Aufgabe:

Schätzen Sie nichtrelativistisch ab, welche Grundzustandsenergie ein Elektron haben müsste, das im Atomkern lokalisiert wäre. Ist das Ergebnis plausibel? Der Kern habe einen Radius von $r = 10^{-14}$ m.

Anwendung: Farbstoffmolekül

Aufgabe: Bestimmte Farbstoffmoleküle bestehen im wesentlichen aus einer langen Kette vieler C-Atome. Sie besitzen frei bewegliche Elektronen, die sich längs der Kette bewegen können. Ganz grob entspricht diese Situation der eines linearen Potenzialtopfs mit unendlich hohen Wänden. Ein Molekül mit der chemischen Strukturformel nach

Abb. 88 ist ein Beispiel. Unterschiedliche Farben erhält man durch unterschiedliche Kettenlänge. Die Länge und damit auch die Breite 2·d des Potenzialtopfs ist in der Größenordnung von 1 nm.

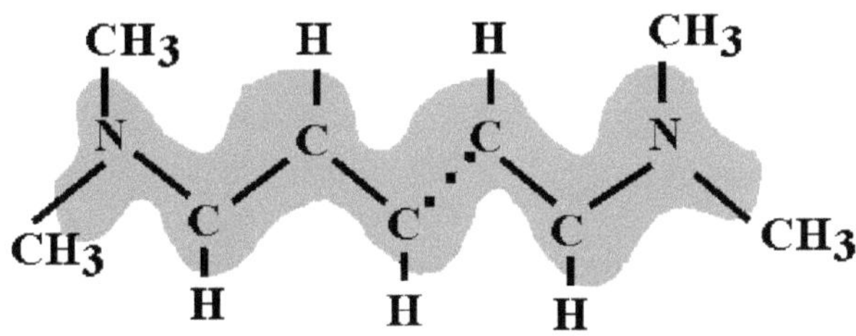

Abb. 88: *Strukturformel für ein Farbstoffmolekül. Im blauen Bereich findet man vornehmlich die frei beweglichen Elektronen. Durch Einbau weiterer –C-H-Gruppen kann man die Kettenlänge vergrößern.*

a) Berechnen Sie die Energiestufen des frei beweglichen Elektrons in diesem Molekül in Abhängigkeit von n.

b) Berechnen Sie die Energiedifferenzen E_4-E_3, E_5-E_4, E_6-E_5. Was geschieht, wenn Sie das Molekül mit Licht bestrahlen, dessen Photonenenergie einer dieser Differenzen entspricht?

c) Berechnen Sie die Wellenlänge des Lichts, mit dem Sie im sichtbaren Bereich das Molekül anregen können.

d) Erklären Sie, weshalb das Molekül ein Farbstoffmolekül ist.

e) Wie ändern sich Energie und Wellenlänge der Absorption von n = 5 auf n = 6, wenn die Kettenlänge 2·d von 1 nm auf 1,5 nm vergrößert wird?

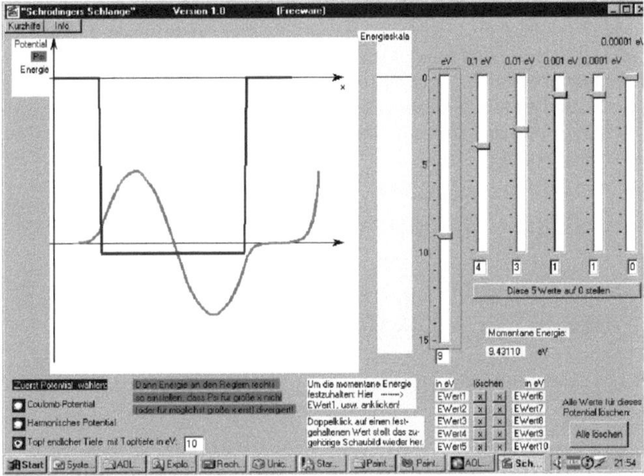

Abb. 89: *Bildschirmfoto vom Programm „SCHROEDINGERS SCHLANGE" für einen Potenzialkasten mit endlich hohen Wänden. Die endliche Tiefe hat zur Folge, dass die Wellenfunktion am Rand des Potenzialkastens nicht exakt 0 ist. Mit den Schiebereglern wird die Energie soweit verändert, bis die Wellenfunktion überall auf dem Bildschirm endlich bleibt. Das ist ganz rechts noch nicht ganz gelungen.*

Wie eine solche Lösung der zeitunabhängigen Schrödinger-Gleichung numerisch durchgeführt wird, können Sie mit dem Programm **„SCHROEDINGERS SCHLANGE"** aus dem Internet (Autor: Küblbeck) für verschiedene Potenziale studieren (S. Abb. 89) oder fast genauso leicht mit einem Tabellenkalkulationsprogramm selbst programmieren (siehe z.B. **Schüleraktivierende Unterrichtsmaterialien, Band 3, Atomphysik, ISBN 978-3-8370-1321-4**).

Allgemein gilt: In einem stationären Zustand hat es keinen Sinn von einer Bewegung des Teilchens zu sprechen. (Trotz be-stimmter Gesamtenergie E haben kinetische und potenzielle Energie keinen exakten Sinn.) Es hat auch keinen Sinn, anzunehmen, dass das Elektron dabei zwischen den Wänden hin- und her schwingt. Man braucht deshalb auch nicht annehmen, dass das Elektron dabei beschleunigt wird und eine elektromagnetische Welle abstrahlt wie ein schwingender Dipol: **In einem stationären Zustand ist das Elektron strahlungsfrei.** Es hat auch keinen Sinn zu fragen, wie das Elektron über die Knoten der Wellenfunktion hinwegkommt, wo es sich ja nicht an einem be-stimmten Ort „aufhalten" kann. Es „kommt" nicht, weil von einer Bewegung in solchen Zuständen zu reden physikalisch sinnlos ist.

Heisenberg beschritt schon in den Anfangsjahren der Quantenmechanik einen anderen, aber prinzipiell gleichwertigen Weg, indem er nicht Wellenfunktionen berechnete, sondern sofort Beziehungen zwischen den möglichen Messwerten aufstellte und aus diesen die Messwerte oder deren Mittelwerte bestimmte. Da er die möglichen Messwerte (und andere Werte) in einem 'Matrizenschema' anordnete, wurde seine Form der Quantenmechanik früher als 'Matrizenmechanik' bezeichnet. Diese Matrizen entsprechen den wenige Seiten früher erwähnten Operatoren. Heute spricht man mehr vom „Schrödingerbild" und „Heisenbergbild" der (einen) Quantenmechanik und drückt damit aus, dass beide gleichwertige Formulierungen der Quantenmechanik sind. Häufig sind Wellenfunktionen nützlich. Aber man kann sie im Prinzip ganz vermeiden.

Abb. 90: *Werner Heisenberg (1901 - 1976), einer der Väter der Quantentheorie und ihrer „Kopenhagener Deutung". Er fand und deutete die Un-be-stimmtheitsrelation, entwickelte aber auch eine zu Schrödinger gleichwertige Quantentheorie (Nobelpreis 1932).*

B Erzeugung von Röntgenbremsstrahlung

In einer üblichen Röntgenröhre prallen hochbeschleunigte Elektronen mit einheitlicher Energie im keV-Bereich auf eine Schwermetall-Anode.

(Eine Röntgenröhre (Abb. 90) besteht aus einem Hochvakuumgefäß, in das eine geheizte Glühkathode und eine gekühlte Anode aus einem Schwermetall hineinragen. Durch eine Spannung im kV-Bereich zwischen Kathode und Anode werden die aus der Kathode 'herausgedampften' Elektronen zur positiven Anode hin beschleunigt.)

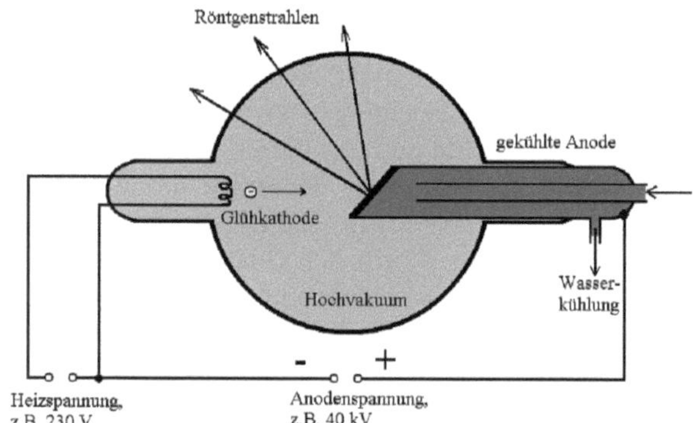

Abb. 91: *Aufbau und Beschaltung einer Röntgen-Röhre wie sie etwa Ihr Zahnarzt einsetzt*

Unterhalb einer bestimmten Energie der auf die Anode prallenden Elektronen wird man allein die Entstehung von **Röntgenbremsstrahlung** beobachten: Beim Abbremsen der Elektronen wird deren kinetische Energie ganz oder teilweise in Form von elektromagnetischer Energie bzw. als Röntgenquanten abgegeben. Etwas Ähnliches hatten Sie schon bei der Dipolstrahlung gesehen:

> Beschleunigte elektrische Ladungen geben elektromagnetische Strahlung ab.

Wird die Elektronenenergie nicht gleich beim ersten Stoß in Form eines Photons mit maximaler Energie abgegeben, dann wird die Restenergie des Elektrons dazu benutzt, Energie an das Anodenmaterial abzugeben, das sich dadurch aufheizt, oder aber es werden ein oder mehrere weitere Photonen erzeugt. Deshalb also die Kühlung! Weil bei den vielen aufprallenden Elektronen alle möglichen Prozesse mit der Erzeugung beliebig vieler Photonen in Konkurrenz zueinander ablaufen (Abb. 91), beobachtet man das bekannte kontinuierliche Röntgenbremsspektrum der ausgesandten Photonen.

Seine **kurzwellige Grenze**, entsprechend einer Frequenzobergrenze und **maximaler Photonenenergie**, ergibt sich aus der Tatsache, dass dabei das stoßende Elektron seine gesamte kinetische Energie in Form eines einzigen Photons freisetzt. Aus ihr ergibt sich ein recht genaues Verfahren zur Bestimmung des **Planckschen Wirkungsquants** (S. Aufgabe).

Bei genügend hoher Elektronenenergie kann aus inneren Schalen der Elektronenhülle ein Elektron herausgeschlagen werden. Wird diese Lücke durch ein Elektron aus einer höheren Schale wieder aufgefüllt, wird die frei werdende Energie in Form von einem Röntgenphoton mit diskreter Energie frei gesetzt. Die möglichen Photonenenergien sind charakteristisch für das Atom. Diese zweite Art der Röntgenstrahlung heißt deshalb **charakteristische Strahlung**.

Aufgabe:

Berechnen Sie das Plancksche Wirkungsquant aus der kurzwelligen Grenze des Röntgenbremsspektrums mit den Daten: Elektronenenergie E = 50 keV, Wellenlänge an der kurzwelligen Grenze $\lambda = 2{,}48 \cdot 10^{-11}$ m.

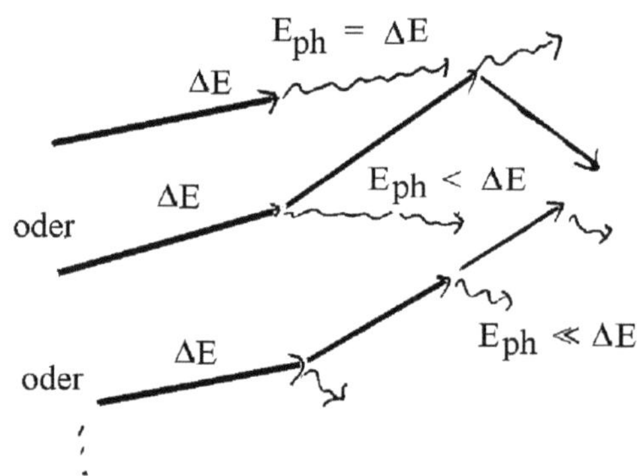

Abb. 92: *Wenn das „stoßende" Elektron mit der kinetischen Energie ΔE nicht in einem Stoß seine ganze Energie abgibt, können weitere Photonen mit kleinerer Energie entstehen. Die verschiedenen Prozesse laufen bei verschiedenen Atomen alle in Konkurrenz zueinander ab. So entsteht das kontinuierliche Röntgen-Spektrum mit Photonen unterschiedlichster Energien.*

$E = 50 \text{ keV} = 50 \cdot 1{,}6 \cdot 10^{-16} \text{ J} = 8 \cdot 10^{-15} \text{ J} = h \cdot f = h \cdot c / \lambda$

$\Rightarrow \quad \lambda = h \cdot c / 8 \cdot 10^{-15} \text{ J} = 6{,}6 \cdot 10^{-34} \text{ Js} \cdot 3 \cdot 10^{8} \text{ m/s} / 8 \cdot 10^{-15} \text{ J} = 6{,}6 \cdot 3 / 8 \cdot 10^{-11} \text{ m} = 2{,}48 \cdot 10^{-11} \text{ m}$

$\Rightarrow h = 2{,}5 \cdot 10^{-11} \cdot 8 \cdot 10^{-15} / 3 \cdot 10^{8} \text{ Js} = 2{,}5 \cdot 8 / 3 \cdot 10^{-34} \text{ Js} = 6{,}66 \cdot 10^{-34} \text{ Js}$

C Grundfakten der Quantenphysik

1. Von Teilchen bzw. Teilchenzuständen spricht man in der Quantenphysik, wenn die Objekte **als ungeteilte Einheiten auftreten** und wenn man die beteiligten Objekte **zählen** kann.[*]

   Photonen, Elektronen, Protonen, Neutronen, Atome, Moleküle etc. sind in diesem Sinn **Quantenteilchen**, aber **keine klassischen Teilchen.** Teilchenzwillinge oder **Mehrteilchenzustände** haben kein klassisches Analogon.

2. Klassisch denkbare Eigenschaften eines Quantenobjekts sind messbar. Aber: Ohne eine Messung ist eine klassisch denkbare Eigenschaft i.A. **un-be-stimmt.** Erst durch eine Messung können klassisch denkbare Eigenschaften **be-stimmt** werden.

   Bei einem Teilchenzwilling ist die Teilchenzahl bestimmt, nämlich 2. In manchen Zuständen kann die Teilchenzahl auch un-be-stimmt sein (z.B. in kohärenten Zuständen; solche Zustände mit un-be-stimmter Teilchenzahl kommen klassischen Wellen am nächsten, z.B. elektromagnetischen Wellen.)

3. Es gibt Paare von klassisch denkbaren Eigenschaften, die ein Quantenobjekt nicht gleichzeitig haben kann. Mindestens eine der Eigenschaften ist dann un-be-stimmt. Solche Eigenschaften bzw. die zugehörigen Messgrößen heißen **komplementär.**

   Paare von komplementären Messgrößen sind z.B.:
   - Ort und Geschwindigkeit eines Teilchens (gemeint sind gleichgerichtete Koordinaten von Orts- und Geschwindigkeitsvektor)
   - Welcher-Weg-Information und Interferenzfigur
   - Gesamtenergie und kinetische Energie
   - Gesamtenergie und potenzielle Energie
   - potenzielle und kinetische Energie
   - elektrische und magnetische Feldstärke bei einer elektromagnetischen Welle

   Da ein Quantenteilchen nicht gleichzeitig Ort und Geschwindigkeit haben kann, dann hat es auch keinen Sinn, von einer **Bewegung (im klassischen Sinn)** zu sprechen oder von einer „**Bahn**" eines Quantenteilchens.

4. Wenn ein Quantenobjekt, das jeweils in den gleichen Zustand präpariert wird, in diesem Zustand eine be-stimmte Eigenschaft nicht hat, liefern Messungen streuende Messwerte dafür. Es gilt der **objektive Zufall mit objektiven Wahrscheinlichkeiten** gemäß der Born'schen Wahrscheinlichkeitsdeutung.

5. Für Paare komplementärer Messgrößen gibt es eine **Heisenberg'sche Un-be-stimmheits-Relation** (HUR).
   Sie besagt, dass sich das Produkt der Streuungen (Un-be-stimmtheiten) der beiden Messgrößen nicht unter eine gewisse Schwelle herabdrücken lässt.

6. Interferenz tritt auf, wenn zwischen zwei oder mehr klassisch denkbaren Möglichkeiten nicht entschieden wird (**"Interferenz von klassisch denkbaren Möglichkeiten"**).

7. Wird der Raum, in dem man Quantenteilchen nachweisen kann, eingeschränkt, so entstehen als mögliche Messwerte u.a. **diskrete,** d.h. deutlich getrennte **Energie-Messwerte** mit Energielücken zwischen ihnen.

8. **Klassische elektromagnetische Wellen** entsprechen im Idealfall Zuständen mit un-be-stimmter Photonenzahl (kohärente Zustände). Der Erwartungswert (Mittelwert) der Photonenzahl ist dabei häufig extrem groß.

> **Wegen all dieser Eigenschaften sind Quantenteilchen (Mikroteilchen, Quantenobjekte oder auch Teilchenzwillinge und Mehrteilchenzustände) keine klassischen Teilchen.**

---

[*] Genauer meint man mit Teilchenzuständen meistens Zustände mit einer be-stimmten Teilchenzahl.

D Der Doppelspalt-Versuch mit klassischen Wellen

Eine klassische ebene Welle (Wasserwelle, Schallwelle oder elektromagnetische Welle) der Wellenlänge λ falle senkrecht auf einen Doppelspalt mit Spaltabstand d. Im Abstand D vor dem Spalt stehe ein Schirm, der mit geeigneten Sensoren belegt ist. Der Schirmabstand D sei sehr viel größer als der Spaltabstand d.

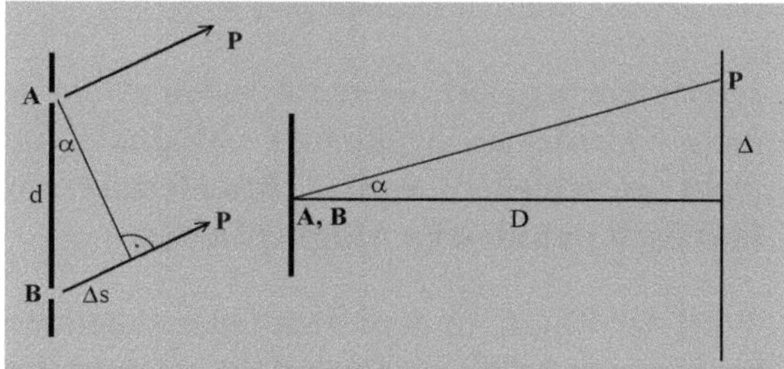

Abb. 93: Geometrie des Doppelspalt-Versuchs

An jedem der Spalte A oder B entstehen nach dem Huygens'schen Prinzip Elementarwellen, die annähernd ein System von Kreiswellen bilden, das sich auf dem Schirm, z.B. in einem Punkt P, überlagert. Wir nehmen an, dass dort die beiden Wellen gleiche Amplitude haben. Zwischen den Wellenstrahlen AP und BP entsteht ein Wegunterschied Δs. Wenn dieser ein ganzzahliges Vielfaches der Wellenlänge λ ist, haben bei P die sich überlagernden Wellen immer gleiche Phase. Es treffen dann zwei Wellenberge, zwei Wellentäler oder auch zwei Nullstellen zusammen und verstärken sich (**konstruktive Interferenz**). Es entsteht ein Maximum „mit maximaler Schwankung", ein Ausdruck, der besonders bei Wasserwellen klar ist.

Wenn D >> d verlaufen die Wellenstrahlen AP und BP quasi parallel („**Parallelennäherung**").

Wenn der Wegunterschied eine halbe Wellenlänge, also $\lambda/2$ ist, sind die beiden Wellen immer gegenphasig. Es trifft dann z.B. ein Wellenberg auf ein Wellental, die beiden Wellen heben sich gegenseitig auf (**destruktive Interferenz**). Bei Wasserwellen ist dort die Wasseroberfläche ständig in Ruhe. Daran ändert sich nichts, wenn die beiden Wellen zusätzliche zu $\lambda/2$ noch ein ganzzahliges Vielfaches von λ als Wegunterschied haben.

Damit haben wir die beiden Interferenz-Bedingungen:

Maximum (konstruktive Interferenz):

$$\Delta s = k \cdot \lambda \quad k \in Z$$

Minimum (destruktive Interferenz):

$$\Delta s = \lambda/2 + k \cdot \lambda \quad k \in Z$$

Nach Abb. 92 gilt:

$$\sin(\alpha) = \Delta s/d \qquad (1)$$
$$\tan(\alpha) = \Delta/D \qquad (2)$$

Mit (2) lässt sich α bestimmen. Daraus ergibt sich dann mit (1) z.B. die Wellenlänge λ.

Bei kleinen Winkeln ($\alpha < 5^0$) geht's noch einfacher: Dann gilt $\sin(\alpha) \approx \tan(\alpha)$ und der Winkel α fällt heraus („**Kleinwinkel-Näherung**"):

$$\Delta s/d \approx \Delta/D$$

Mit $\Delta s = k \cdot \lambda$ (k $\in$ Z) für das k-te Maximum folgt dann z.B. die Wellenlänge λ. :

$$\lambda = \Delta/D \, d/k \, .$$

Mit **Parallelennäherung** und **Kleinwinkelnäherung** wird die Anwendung der Interferenzbedingung zur Wellenlängenmessung besonders einfach.

E Das ist der rote Faden in diesem Buch

Versuch / Überlegung	Haupt-Folgerung 1	Folgerung 2
Doppelspalt-Versuch mit Licht	Licht ist keine Strahlung klassischer Teilchen	Bei Licht sind Wellen*erscheinungen* beobachtbar.
Fotoeffekt	Licht ist eine Strahlung von Photonen.	Bei Licht sind Teilchen*erscheinungen* beobachtbar.
G-R-A-Versuch am Strahlteiler	Photonen zeigen sich als unteilbare Einheiten. Photonen sind eindeutig Teilchen entsprechend der quantenphysikalischen Teilchendefinition.	Beim Strahlteiler zeigt sich der objektive Zufall. Gesetzmäßig ergibt sich aber: Bei sehr vielen Versuchen werden in jedem Zähler im Mittel 50% der Photonen nachgewiesen.
Doppelspalt-Versuch mit Licht reduzierter Leistung.	Bereits einzelne Photonen zeigen beim Doppelspalt-Versuch Einteilchen-Interferenz. Licht ist keine Strahlung von klassischen Wellen. Photonen sind keine klassischen Teilchen.	Bei der Interferenz zeigt sich der objektive Zufall. Die Welle bestimmt gesetzmäßig die Wahrscheinlichkeit für das Eintreten eines zufälligen Messwerts.
Modifizierter G-R-A-Versuch kombiniert mit dem Doppelspalt-Versuch	Die Interferenzfigur mit ihren streuenden Einzelereignissen kommt nicht durch ein "Zusammenwirken" der Photonen zustande: echte Einteilchen-Interferenz.	
präparierter Doppelspalt	Von einem Photon, das an einer bestimmten Stelle der Interferenzfigur gefunden wird, kann nicht herausgefunden werden, durch welchen der beiden Einzelspalt es durchtrat. ("Der Durchtrittsort ist un-be-stimmt.") Eine Messung des Durchtrittsorts der Photonen ist aber möglich (WWI) . "WWI und Interferenzfähigkeit sind komplementär zueinander" - man kann nicht beides zugleich haben. Interferenz (auch Einteilchen-Interferenz) tritt auf, wenn zwischen zwei oder mehr klassisch denkbaren Möglichkeiten nicht entschieden wird.	Die Entscheidung, ob ein Interferenz-Versuch oder ein WWI-Versuch durchgeführt werden soll, kann sogar erst später - evtl. lange nach Ablauf des Versuchs - gefällt werden („verzögerte Entscheidung"). Die Entscheidung hängt von der Willkür des Beobachters ab. Dies gehört zu den klarsten Hinweisen darauf, dass man auf keinen Fall behaupten darf, ein Photon zeige in einer bestimmten Situation eine „Teilchennatur", in einer anderen eine „Wellennatur".
Verallgemeinerung	Alle klassisch denkbaren Eigenschaften eines Quantenteilchens sind messbar (z.B. auch ein Durchtrittsort durch den Doppelspalt). Erst durch eine Messung wird eine klassisch denkbare Messgröße be-stimmt (z.B. der Durchtrittsort). Sie ist dann Eigenschaft des Quantenobjekts. Andernfalls ist die Messgröße un-be-stimmt. Sie ist dann nicht Eigenschaft des Quantenobjekts. Ein Quantenobjekt kann komplementäre Eigenschaften nicht gleichzeitig besitzen. Von zwei komplementären Eigenschaften ist mindestens eine un-be-stimmt. Kohärente Zustände mit un-be-stimmter Photonenzahl kommen klassischen elektromagnetischen Wellen sehr nahe. Bei sehr großer mittlerer Photonenzahl macht sich ...	

Versuch / Überlegung	Haupt-Folgerung 1	Folgerung 2
Verallgemeinerung (Fortsetzung)	… hier nur eine sehr geringe relative Streuung bemerkbar.	
Millikan-Versuch	Elektronen sind eindeutig Teilchen im Sinne der Quantenphysik.	
Elektronenbeugung an Kristallen / Doppelspalt-Versuch mit Elektronenstrahlen	Bei Elektronenstrahlen einheitlicher Geschwindigkeit zeigen sich Wellen*erscheinungen:* Elektronen sind keine klassischen Teilchen. Teilchen mit dem Impuls p = m·v lässt sich eine Wellenlänge λ = h/p = h/m·v zuordnen. (deBroglie-Hypothese).	(Kristallgitterbeugung lässt sich *qualitativ* mit Wellen, aber auch korpuskular deuten. Zu einer vollständigen korrekten Beschreibung müssen Kristall und Teilchen quantentheoretisch beschrieben werden.)
Doppelspalt-Versuch mit Elektronenstrahlen bei geringer Leistung der Elektronenquelle	erst allmählicher Aufbau einer Interferenzfigur; Elektronen sind keine klassischen Wellen; Elektronen zeigen am Doppelspalt Einteilchen-Interferenz: Elektronen sind keine klassischen Teilchen.	zufällige Teilchennachweise mit gesetzmäßig bestimmter Wahrscheinlichkeitsverteilung
Born'sche Wahrscheinlichkeitsdeutung der Welle(nfunktion)	Die Welle ermöglicht die Vorher-Berechnung von Wahrscheinlichkeiten für das Eintreten von zufälligen Messwerten.	(Die Wahrscheinlichkeiten unterliegen den Gesetzen der Quantentheorie.)
Der Messprozess mit Polarisationsfiltern untersucht.	Die Polarisation eines Photons aus einer Photonenquelle ist i.a. un-be-stimmt. Sie kann aber durch ein Polfilter be-stimmt werden. Messungen der Polarisation sind reproduzierbar. Analog sind im Idealfall alle quantenphysikalischen Messungen reproduzierbar (vom Idealfall weichen teilchenverbrauchende Messungen ab). Die Polarisationen bzgl. unterschiedlicher Polarisationsrichtungen sind komplementär zueinander. Eine nachfolgende Messung macht dann die vorausgehende ungültig.	
Verallgemeinernde Mitteilung	Analog sind Ortskoordinate x ("Ort") und gleichgerichtete Geschwindigkeitskoordinate v_x ("Geschwindigkeit" bzw. "Impuls") komplementär zueinander. Kein Quantenteilchen kann gleichzeitig Ort und Geschwindigkeit als Eigenschaften haben. Es gibt keine "Bahn" eines Quantenteilchens.	
Potenzialkasten	Wird ein Teilchen auf einen bestimmten Raumbereich eingegrenzt, zeigen sich evtl. neben kontinuierlichen auch diskrete Energiestufen.	Weil zwischen zwei klassisch denkbaren Möglichkeiten (Bewegung nach links und Bewegung nach rechts) nicht unterschieden wird, entstehen durch Interferenz Maxima und Minima der Nachweiswahrscheinlichkeit.
Beispiele erläutern Anwendungen und Bedeutung der HUR	HUR als Folge der Komplementarität	
Mitteilung, dass auch Elektronen polarisierbar sind - Spin	Fermionen und Bosonen je nach Spin / Pauli-Prinzip	
Tunneleffekt	Bei korrekter quantenphysikalischer Argumentation (HUR) selbstverständlich	

Stichwortverzeichnis